Hankel/Isaak
Die moderne Inflation

Wilhelm Hankel
Robert Isaak

Die moderne Inflation

Ein Fall für Exorzismus
oder Moderation?

Ergebnisse einer Werkstattkonferenz
des Bologna-Center der Schule für
fortgeschrittene internationale Studien (S.A.I.S.)
der Johns Hopkins-Universität, Washington D. C.
unter Leitung von Karl Deutsch
(Harvard University, Wissenschafts-Center Berlin)

Bund-Verlag

CIP-Kurztitelaufnahme der Deutschen Bibliothek

Hankel, Wilhelm:
Die moderne Inflation: e. Fall für Exorzismus oder Moderation? / Wilhelm Hankel; Robert Isaak. –
Köln: Bund-Verlag, 1981.
ISBN 3-7663-0490-9

NE: Isaak, Robert:

© der deutschen Ausgabe by Bund-Verlag GmbH, Köln
Lektorat: Hermann Adam
Herstellung: Heinz Biermann
Umschlag: Josef Bauer, Köln
Druck: Buch- und Offsetdruckerei Emil Mühl Bayreuth GmbH
ISBN 3-7663-0490-9
Printed in Germany 1981
Alle Rechte vorbehalten, insbesondere das des öffentlichen Vortrags, der Rundfunksendung und der Fernsehausstrahlung, der fotomechanischen Wiedergabe, auch einzelner Teile.

Nicht die »sachlichen« Zusammenhänge der »Dinge«, sondern die »gedanklichen« Zusammenhänge der »Probleme« liegen den Arbeitsgebieten der Wissenschaften zugrunde.

Max Weber (1904)

Inhalt

Vorwort 11
Inflation: Gesellschaftliche Droge, Krankheit oder Normaltemperatur? 11

Teil I
Wilhelm Hankel
Die moderne Inflation: Gründe, Hintergründe, Illusionen . . 31

A. Prolog: Inflationem esse delendam? 33
1. Die drei Paradoxa der gegenwärtigen Inflationsdebatte . . 33
2. Inflation = Verteilungskampf + geldtechnischer Fortschritt 35
3. Inflation: gesellschaftliches Krankheits- oder Fortschrittssymptom? 37
4. Faktoren hinter der modernen Welt-Inflation 41
   a) Kreditäre Zahlungsbilanzdefizitfinanzierung (äußeres deficit-spending) 41
   b) Monopolistischer cost-push und die Folgen 43
   c) Die Alterslasten der »senilen« Reichtumsgesellschaft (vom Klassenkampf zum Generationenkonflikt) 43
5. Der Weg in Welt-Depression und demokratische Scheinalternativen 44

B. Inflationsgründe und -hintergründe 49
1. Inflationen – gewollt oder ungewollt? 49
2. Zwei Kapitel banktechnischen Fortschritts 54
   a) Der Bankkredit trennt sich vom Geld 54
   b) Das perfekte Kreditsystem der modernen Xeno-Märkte (das OPEC-Beispiel) 58
3. Cost-push oder von der realen Preis- zur realen Beschäftigungsanpassung (Schumpeters Vision heute) 72

4. Der Sozialstaat frißt seine Kinder:
   Vom Klassenkampf der armen zum Generationenkonflikt
   der »senilen« Gesellschaft 78
5. Fazit: Geldillusion – bei wem? 89

C. Inflationsillusionen – oder was erklärt die Quantitätstheorie? 93

Teil II
Robert Isaak
Moderne Reaktionen auf Inflation: Private und Öffentliche . 115

Vorbemerkung 117

A. Individuelle Strategien und wechselnde Lebenschancen .. 118

B. Strategien von Unternehmen und Institutionen 135

C. Staatliche Anti-Inflationsstrategien 146

D. Demokratische Paradoxa in einem sich verändernden
   internationalen System 159

Teil III
Schlußfolgerungen: Leben und Überleben in inflationären
Zeiten (Ergebnisse einer Aussprache über Gründe, Hinter-
gründe und Folgen moderner Inflation am Bologna-Center
der Johns Hopkins-Universität am 30. April 1981 unter der
Leitung von Karl Deutsch 177

A. Teilnehmer 179

B. Wilhelm Hankels Thesen: Moderne Inflation, Gründe,
   Hintergründe, Illusionen 181

C. Robert Isaaks Thesen: Moderne Anti-Inflationsstrategien
   – private und öffentliche 191

D. Diskussionsbericht (erstellt von Dipl. Vw. Wolfgang
   Schill) 197

   I. Differenzierung zwischen Inflation und Hyperinflation 197

   II. Inflation als Ursache des Widerspruchs zwischen
       Umverteilungs- und Status-quo-Zielen 197

   III. Sozialversicherungen, die Bedeutung der Altersstruktur
        und die Einflüsse auf die Risikobereitschaft 198

IV. Bedeutung des Elitenwechsels 200

V. Preisniveau und Preisstruktur 201

VI. Kosten der Inflation versus Kosten der Inflationsbekämpfung 202

VII. Inflation und die Nord-Süd-Diskussion 206

VIII. Steuern oder Inflation als Mittel der Innovationsförderung 207

IX. Widersprüche zwischen beiden Papieren 208

X. Schlußworte 210

E. Bedeutsame Veröffentlichungen auf dem Gebiet der Inflation 212

Vorwort

Inflation: Gesellschaftliche Droge, Krankheit oder Normaltemperatur?

Wer bezweifelt, daß die moderne Inflation die politische und soziale Stabilität der westlichen Demokratien bedroht? Die Gefahr droht jedoch nicht nur *in* den Gesellschaften, sondern auch *zwischen* ihnen. Denn die Inflation gefährdet nicht nur Prosperität, Wohlfahrtsstaat und Entwicklungsstand, sie belastet zunehmend auch den Zusammenhalt der über die Weltwirtschaft vereinten Nationen, ihren Integrationsgleichschritt und -fortschritt.
Selten waren sich ökonomische Wissenschaft und politische Praxis einiger in Diagnose wie in Therapie: Die Rettung von Rechtsstaat, Leistungsgesellschaft und Weltwirtschaft verlange gleichermaßen eine energischere Inflationsbekämpfung als bisher, ehe die Inflation noch größere Schäden anrichte, eine Inflationsbekämpfung auch um den Preis (zeitweiliger oder dauernder?) Beschäftigungsopfer!
Doch wie die Sphinx, ein uraltes Geschöpf, ihr Geheimnis bis heute bewahrt, läßt uns die moderne Inflation (obwohl nur der jüngste Ausbruch der ältesten Geldkrankheit überhaupt) gleich zweimal rätseln. Ihr erstes Mysterium: Obwohl wir über Inflation buchstäblich »alles« wissen, *was* sie ist (ein Prozeß ständig steigender Preise, d. h. fallenden Geldwerts), *woher* sie kommt (daß nämlich immer »zuviel« Geld »zuwenig« Güter jagt) und *wohin* sie führt (daß die Gesellschaft mit der Zeit ihr Real-Einkommen und -Vermögen statt über Leistung und Produktivität über Glücksspiel und Macht zu verteilen beginnt), wissen wir dennoch nicht, *wie wir sie vermeiden*.
Denn es gibt kaum ein Rezept der Inflationsbekämpfung, keine Technik der Geldproduktionskontrolle, die in der zweieinhalbtausendjährigen Geschichte des Geldgebrauchs nicht versucht worden wäre und die nicht als letztlich erfolglos wieder verworfen werden mußte. Weder Verstaatlichung noch Entstaatlichung des Geldwesens, weder seine Bindung an seltene und teuere Edelmetalle noch seine rigorose Mengenbegrenzung durch ebenso sachkundige wie unabhängige Noten(Kontroll)banken, weder gesetzliche Gebote der

Geldwertstabilisierung, noch vertraglich zugesicherte Geldwertsicherungsklauseln, weder Internationalisierung noch Nationalisierung der Geldpolitik haben uns dem Ziel, den *Wert der Geldeinheit* ebenso sicher, unbestechlich und zeitlos zu machen wie den Zollstock oder die Grammeinteilung der Waage (und vor allem auch so nachprüfbar!), auch nur einen Schritt näher gebracht.
Im Gegenteil: Das »monetäre Metermaß« schrumpft ständig, allen Bemühungen und Einsichten der Verantwortlichen zum Trotz. Es mißt Leistung und Gegenleistung unterschiedlich, je nachdem ob in Gegenwart oder Zukunft, in der einen oder anderen Währung derselben internationalen Währungsfamilie geschuldet oder gefordert. Pfennig oder Groschen, in den Kaufmannsbüchern des späten Mittelalters noch Großgeldeinheiten einer für uns heutige märchenhaften Kaufkraft, finden kaum noch einen Automatenschlitz, der sie als Zahlungsmittel schluckt, und werden im Kiosk an der Ecke längst durch Bonbons, Kaugummi und anderen Kleingeldersatz verdrängt!
Nur: Wen stört dieser unaufhaltsame Real-Wert- und Kaufkraftverfall der Geld*einheit,* der die Großmünzen von gestern in das Kleingeld von heute, der Gegenwarts-DM und -Dollars in Groschen und Dime von morgen verwandelt, wirklich? Obwohl die Inflation noch jedes zu Leb- oder richtiger: Arbeitszeiten verdiente Real-Einkommen und -Vermögen mit der Zeit entwertet und damit die Grundlagen von Marktwirtschaft (Leistung = Produktivität) und Rechtsordnung (Anspruch = Anspruch, gleichviel wie lange die Frist zwischen Begründung und Erfüllung vereinbart sein mag) verletzt hat, ist die Gesellschaft, die auszog, das Zusammenleben ihrer Mitglieder berechenbar und gerecht zu gestalten, dennoch nicht in den sozialen Dschungel zurückgefallen, in dem Zufall anstelle von Kalkül, Vitalität anstelle von Kreativität das Überleben bestimmen.
Und dies ist das zweite Rätsel der Inflationssphinx: Obwohl die Inflationsrate die Produktivitätsgrundlagen der Marktwirtschaft und die Prinzipien des Vertragsrechtes immer wieder verletzt, sind Wirtschafts- und Rechtsordnung, statt an dieser »Amfortaswunde« zu verbluten, permanent gekräftigt und weiter entwickelt worden. Obwohl die Inflationsrate die unproduktive Spekulation noch zu allen Zeiten zur gleichberechtigten (und oftmals rentableren) Alternative der produktiven Investition und Innovation aufsteigen läßt, ist der Strom des gesellschaftlichen Wandels und Fortschritts niemals versiegt, sondern immer breiter und reißender geworden. Und obwohl die Inflationsrate, die es gibt, seit wir sie (wie unvollkommen auch immer mit unseren Indexwerten) erfassen, noch jede Zukunft

teuerer macht als alle goldenen Vergangenheiten bisher und damit *gegen* Recht und Ordnung korrigiert, was Väter und Großväter für ihre Kinder und Enkel im Schweiße ihres Angesichts erarbeitet hatten, haben es dennoch diese Kinder und Enkel bei *weniger* Arbeit und *mehr* Inflation weit besser gehabt als ihre Vorfahren.
Wenn daher die modernen Anwälte der Inflationsanklage, gleichviel ob in Wissenschaft, Politik oder Publizistik in einem kardinalen Punkt in Beweisnot geraten, dann in dem, daß es ihrer Klientel, den Geldbenutzern (übrigens aller Zeiten und Systeme), bei Inflationen, selbst säkularen, immer schlechter gegangen sei! Die uns bekannte Geld- und Wirtschaftsgeschichte belegt – von der historischen Ausnahme der kriegsfinanzierenden Hyperinflation einmal abgesehen – das schiere Gegenteil. Wir fragen daher: Müssen in der modernen westlichen Gesellschaft Inflationsfolgen (und -kosten) anders, nämlich höher bewertet werden als in allen früheren Stadien der Entwicklung? Und wenn ja – warum?
Schon die Frage so zu stellen, mahnt zur Vorsicht. Besteht nicht auch in der Gegenwartsgesellschaft eine offenkundige Diskrepanz zwischen *befürchteten* und *eingetretenen* Inflationsraten? Trifft es denn zu, daß wenn unter dem Eindruck einer allgemeinen Inflationsphobie die an sich gleichrangigen (konstitutiven) Ziele des demokratischen und sozialen Rechtsstaats wie Sicherung von Vollbeschäftigung, Verteilungsgerechtigkeit oder Real-Einkommen und -Vermögen, außenwirtschaftliches Gleichgewicht usw. dem *einen* Ziel der Geldwertsicherung untergeordnet werden, sich die anderen *danach* (also deswegen?) um so leichter erreichen lassen? Wenn nicht gar nach Ausschaltung der Inflation »von selbst« einstellen?
Leider verwirklicht die inflationsfreie (oder inflationsfrei gemachte) Gesellschaft ihre übrigen unverzichtbaren Ziele weder leichter noch von selbst, auch wenn der sozialer Progressivität unverdächtige Monetarismus (eine Reinkarnation altliberalen Laissez-faire-Denkens) dieses behauptet. Der Konflikt zwischen dem Primat der Inflationsbekämpfung und den übrigen, nicht minder legitimen Zielen einer nicht nur auf Produktivität, sondern auch (Verteilungs)Gerechtigkeit festgelegten Gesellschaft bricht nämlich immer dann (vermutlich sogar nur dann) auf, wenn diese Ziele falsch, d. h. durch Gebrauch daneben zielender Methoden (oder Instrumente) angestrebt werden; wenn es beispielsweise eine Gesellschaft nicht mehr wagt, ihre eigenen (systemimanenten) Inflations*quellen* trocken zu legen (in unserem Falle die exzessive Liquiditätsüberproduktion von der Geldverfassung unkontrollierter freier, transnationaler Kredit-

märkte), und statt dessen unvermeidliche Inflations*symptome* bekämpft: nationalen Preisanstieg und privaten Selbstschutz der Geldbenutzer gegen den Geldwertverfall.[1]

Erst bei falscher Inflationsbekämpfung drohen die sozialen Kosten der (zudem meist noch erfolglosen) Geldwertstabilisierung größer zu werden als die Primärschäden der Inflationsrate selbst. Denn dann werden der Markt- und Leistungsgesellschaft innewohnende Dynamiken zurückverwandelt in (risikoscheue) Statik, werden die in der Rechtsordnung offengelassenen Freiheitsgrade für Fortschritt und Wandel wieder zugunsten der bestehenden Besitzverhältnisse beschnitten.

Den Hintergründen und Folgen des zutiefst *besitzkonservativen* Grundzugs moderner Antiinflationspolitik gilt das Interesse der beiden folgenden Analysen, wobei der eine Autor (Wilhelm Hankel) das Thema vom dynamischen Wechselspiel zwischen geld- und produktionstechnischem Fortschritt, der andere (Robert Isaak) es vom nicht minder dynamischen Wechselspiel des Verhaltens individueller Geldbenutzer in der sie umgebenden Geldwirtschaft aufrollt.

Bevor wir jedoch in diese Analyse eintreten, ist »vor der Klammer« zu klären, warum gerade hier und jetzt, nach einer Ära beispielloser realer Wohlstandssteigerung und -nivellierung, die allen sozialen Gruppen und Klassen in allen westlichen Demokratien mehr gebracht hat, als sich vor gut 130 Jahren die Verfasser des »Kommunistischen Manifests« vorstellen konnten, nämlich das nicht von Marx und Engels, wohl aber von Schumpeter richtig vorausgesehene Ende des innergesellschaftlichen Klassenkampfs, sich eine Abkehr der (Besitzstands-)Gesellschaft von ihren eigenen motorischen Kräften abzeichnet: der Ablehnung von Fortschritt und Wandel durch das Wagnis.

Eines Wagnisses, das nur durch und bei Inflation, genauer: unterschiedlichen Inflationserwartungen seine innovativen Funktionen erfüllt (denn eine Gesellschaft, in der jeder alles gleich – falsch oder richtig – voraussieht und einkalkuliert, kann sich nur konservieren, nicht verändern!) und dessen Bestrafung statt Pämiierung folgerichtig auch *jede* Dynamik tötet. Nebenbei ein Ziel, das linke Wachstumsgegner mit rechten Savonarolas der Inflationsbekämpfung um fast jeden (Wachstums- und Beschäftigungs-)Preis auf eine ihnen wohl selber nicht ganz geheuere Weise kurzschließt: nämlich über die ihnen gemeinsame Verketzerung der dynamischen Existenzgrundlage unserer westlichen Leistungs- und Wohlstandsgesellschaft!

Weil in der westlichen Wohlstands- und Sozialstaatsgesellschaft *jeder* etwas zu verlieren hat (mühsam erworbene Vermögens- und/oder Versicherungsansprüche, in hartem Berufskampf errungene Real-Einkommenspositionen usw.), sind buchstäblich *alle* gegen Inflation – oder richtiger: fürchten sich fast alle sozialen Gruppen und Klassen vor der mit einer Inflation verbundenen Verlustchance, der inflationsbedingten Minderung von Real-Vermögens- und -Einkommensstatus, der »ungewollten Umverteilung«!

Wenn daher im demokratischen Meinungsspektrum die Politiker aller Glaubensrichtungen und -werte (von schwarz bis rot, blau bis grün, einig wie noch nie in der westlichen Ideologiegeschichte) den höchsten Rang unter den gesellschaftspolitischen Zielen der Inflations*bekämpfung* zuerkennen (noch vor der Abschaffung der Herrschaft von Menschen über Menschen, sei es am Arbeitsplatz oder in der Gesellschaft), dann reflektieren sie nur zu genau oder zu *beflissen*, die volonté des tous einer in puncto Inflationsablehnung »klassenlosen Gesellschaft«. Denn diese hat insoweit nur ein Ziel: die Wahrung ihres im bisherigen Berufsleben erreichten ökonomischen Besitzstandes, der für sie Geschäfts- wie Legitimationsgrundlage ihres Politikverständnisses überhaupt darstellt.

Dagegen wäre überhaupt nichts einzuwenden, wenn die mit der Zementierung von wirtschaftlichen Vermögens- und Einkommensbesitzständen motivierte Inflationsablehnung nicht nur erstens ein Widerspruch gegen das (Über)Lebensgesetz jedes marktwirtschaftlichen Systems überhaupt wäre, dessen Dynamik (nicht Statik) sich nicht nur in den globalen Wachstumsraten, sondern auch und gerade in den (produktivitätsabhängigen) Entgelten der die Dynamik treibenden (Personen) Gruppen niederschlägt. Noch gefährlicher erscheint den Verfassern, daß zweitens die hinter der modernen Inflationsverketzerung sichtbar werdende Inflations*erklärung* (oder -theorie) einen höchst illusionären Aktionsspielraum der im Währungstheater auftretenden und handelnden dramatis personae suggeriert, den es in der rauhen Gegenwart der Welt-Geldwirtschaft seit längerem nicht mehr gibt. Denn wenn theoretisch noch so wohl begründete und auch mit beispielloser Härte eingesetzte Antiinflationstherapeutika (von Geldverknappung, Superzinsen über exzessive Wechselkursausschläge bis zu Sparhaushalten und gewerkschaftlichen Lohnverzichten) so enttäuschend magere Resultate zeitigen, wie die Stabilitätsbemühungen westlicher Regierungen seit Beginn der siebziger Jahre, dann liegt das kaum noch an den men, die den Mut zum unpopulären Handeln nicht hatten, auch nicht an den facts, die sich nicht theoriegerecht genug verhielten, auch nicht an den unerwartet eskalierenden Mineralölpreisen (allein), sondern wahrscheinlich doch an den Theorien selber.² Denn welche Spielart moderner Inflationstheorie man auch immer herausgreift: die heute als überholt geltenden (keynesianischen) Übernachfragemodelle mit oder ohne Kostendruckverfeinerung oder die einseitig liquiditätsorientierten Konzepte der monetaristischen Übergeldversorgung (die so weit von den Übernachfrage- und Kostendruckmodellen auch wieder nicht entfernt sind), sie alle gaukeln dem Währungspolitiker von heute gleich zwei, das Denkgebäude tragende, in der Wirklichkeit aber abhanden gekommene Prämissensäulen vor: a) daß seit und durch die »Lösung« der festen Wechselkursscharniere zwischen den einzelnen Welt-Währungen (der Preisgabe des sog. Weltwährungssystems von Bretton Woods) jeder nationale Währungsraum wieder »sein« Geld(mengen)-Angebot selber bestimmen könne und damit frei von den Zwängen importierter Inflation geworden sei und daß b) dank der seitdem mächtig ins Kraut geschossenen freien transnationalen (Xeno-)Kreditmärkte ein ebenso unparteiischer wie unbestechlicher Währungstaxator bereitstünde, an dem jeder Währungsbenutzer (ergo auch jeder Währungspolitiker) ablesen könne, wie es um den Inflationsbefall einer Währung bestellt sei. Wenn also mal der Schweizer Franken und die DM, mal der US-Dollar oder das wie Lazarus von allen Toden immer wieder auferstehende Pfund Sterling im Wettbewerb der Währungen den Titel des Weltmeisters der jeweils stabilsten Währung erhalten, dann folge aus dieser Bewertung (die natürlich immer richtig ist) auch eine klare Dienstvorschrift an die Manager schwach gewordener Währungen für vorgeschriebenes antiinflatorisches Handeln, gemäß den bekannten (liquiditätsverknappenden) Rezepten!³

Nur eine Frage bleibt offen: Was geschieht eigentlich, wenn der Taxator (der allzu freie Xeno-Kreditmarkt nämlich) die zu taxenden Währungen (im Kreditwege) selber produziert und die aus dem (selbstproduzierten) Inflationsgefälle resultierenden Währungsbewegungen (von den schwachen in die starken Währungen) auf diesem Wege auch noch selber finanziert?

Wie auch immer man die Frage beantwortet: Die traditionellen Inflationstheorien und die aus ihnen abgeleiteten Antiinflationstherapien gehen unverändert davon aus, daß es stets einen national geschlossenen Währungsraum gibt und daß es im nationalen, von der monetären Außenwelt abgeschotteten Währungstreibhaus stets möglich ist, über Begrenzungen der nationalen Geldmenge ein nichtinflatorisches Finanzierungsklima zu erzeugen: ein objektiv bestimmba-

res *Gleichgewichts*system von Preisen der Geldnutzung (Zinsen) und des Geldumtausches (Wechselkursen).
Was aber, wenn diese theoretische Doppelprämisse (die zwar ältestes Gedankengut verarbeitet, aber nicht unbedingt gegenwartsnahes) nicht (mehr) stimmt? Wenn beispielsweise das jenseits der Währungsgrenzen angebotene transnationale Geldangebot das national verknappte Geldangebot für immer mehr Geldbenutzer (Geldnachfrager) substituiert? Und wenn die auf den transnationalen Märkten tätige und mächtige Geldnachfrage ihr eigenes Geldangebot und ihre eigenen Finanzierungspreise (Zins, Wechselkurs) selbst bestimmt? Wenn dem so wäre, dann würde sich offenbar ein Phänomen wie die Welt-Inflation zum ersten Mal in der Geldgeschichte nicht mehr (wie im traditionellen Inflationstheorie- und -therapieverständnis unterstellt) aus der Summe nationaler (home made) Inflationen addieren und in andere Währungsräume exportieren lassen; sie würde vielmehr im ungeregelten monetären Niemandsland der (notenbankaufsichtsfreien) Xeno-Kreditmärkte entstehen und von dort in die nationalen Währungsräume importiert werden. Wie? Über den klassischen Ausgleichsmechanismus kreditär finanzierter Leistungsbilanzdefizite, nicht nur der westlichen, sondern auch der östlichen und (soweit noch kreditwürdig) auch der südlichen Welt.
Wenn in der Weltwirtschaft (dem derzeit einzigen geschlossenen, aber wie gesagt: unbeaufsichtigten Währungsraum) wie seit Beginn der siebziger Jahre mit von Jahr zu Jahr steigender Tendenz, Leistungsbilanzdefizite kreditiert werden können und nicht mehr durch eigene (Gegen)Leistung: (reale Exportsteigerungen) abgearbeitet werden müssen, dann ist dies eindeutig ein Fall exogener, jenseits nationaler Währungszuständigkeiten erzeugter und zu verantwortender Weltinflation, den abzuwehren, es zur Zeit weder eine allgemein akzeptierte Theorie[4], vor allem aber kein Instrumentarium gibt!
Die Frage ist jedoch: Wie gefährlich und gesellschaftszerstörerisch ist diese zur Zeit und wohl noch auf absehbare Zeit mit dem eingesetzten Instrumentarium unbekämpfbare Inflation? Rechtfertigt sie den verdächtigen Eifer ihrer Bekämpfung, vor allem aber die Angst vor sozialer Besitzstandsminderung?
Nun, der seinen Original-Savonarola wie ein unter der Lupe zappelndes Insekt beobachtende Machiavelli notierte schon in seinen Discorsi (zwischen 1512 und 1522): »Meistens werden Umwälzungen durch die Besitzenden hervorgerufen, denn die Furcht zu verlieren erweckt bei ihnen das gleiche Verlangen wie bei denen, die etwas zu erwerben trachten... Dazu kommt, daß... ihr Verhalten bei den

Besitzlosen das Verlangen nach Besitz weckt, um entweder an denen Rache zu nehmen, von denen sie ausgeplündert werden, oder um auch ihrerseits Reichtümer und Ämter erwerben zu können, die sie von ihnen mißbraucht sehen.«[5]

Man redet weder der Inflationspermissivität noch einem (ohnehin zu Unrecht perhorresziertem) Machiavellismus das Wort, wenn man daran erinnert, daß in den gut 2½ Jahrtausenden nachgewiesener Geldgeschichte die Inflation die Regel, die Nichtinflation die Ausnahme gewesen ist – auch wenn moderne Monetaristen dies gelegentlich bestreiten.[6]

Ist Inflation deswegen normal?

Die Antwort fällt leichter, wenn man Inflation als Folge des allen Geldbenutzern (und nicht nur den Geldproduzenten allein) zugute kommenden geldwirtschaftlichen Fortschritts begreift. Denn Ausbreitung der Geldwirtschaft und Verbilligung der Geldproduktionskosten (dank großer Ausbringung per Stück) sind offenbar simultane Prozesse. So führt ein gerader Weg über die bessere Ausnutzung knapper und teurer Geldrohstoffe (Edelmetalle) über die Verwertung billiger Geldrohstoffe (Papiergeld) in den bargeldlosen modernen Überweisungs- und Kredittransfer. Umschlagshäufigkeit und Auslastungsgrad der verfügbaren Geld- und Krediteinheiten steigen ins kaum noch Meßbare!

Nur: Was besagen pure Umsatzsteigerungen und bessere Ladekapazitätsauslastungen im Transportwesen? Nichts – wenn nicht die bewegten und an den Mann gebrachten Güter einer realen (nutzenbringenden) Nachfrage entsprechen. Erst die über den Geldtransport mögliche Ausnutzung von Real-Ressourcen, die Mobilisierung brachliegender Real-Ersparnisse (= toter Gütervorräte) für den Investitions- und Innovationsprozeß steigern die Gesamtproduktivität der Volkswirtschaft, machen den Geldfortschritt gesellschaftlich nutzbar. Die für jedes, insbesondere aber das moderne Inflationsverständnis relevante Frage lautet: Besteht zwischen der »Synchronizität« des technischen Geldfortschritts und der Verbesserung der realen Lebensverhältnisse durch immer höhere Produktion und Konsumtion nicht zufällig in den Ländern und Systemen, die über ein für ihre Zeit entwickeltes Geld- und Kreditwesen verfügen, ein (kausaler oder funktionaler) Zusammenhang, und wenn ja – welcher?

Mit dem Versuch einer Antwort auf diese für unser modernes

Inflationsverständnis wesentlichen Frage befaßt sich der erste Beitrag dieser Studie. Wilhelm Hankel zeigt, daß jede Inflationsperiode eine auf anderen Wegen schwer vorstellbare (und finanzierbare) gesellschaftliche Innovation verwirklicht hat.

Roms öffentliches, wenn auch weidlich mißbrauchtes Geldschöpfungsmonopol brachte zum ersten (aber auch letzten!) Male in der Wirtschaftsgeschichte Staats- und Währungsgrenzen zur Deckung: Im gemeinsamen Markt ums (römische) Mittelmeer gab es ein einheitliches Währungs- und Preissystem. Die spätmittelalterliche Dezentralisierung feudalistischer Seignioragepivilegien verfestigte zwar das Neben- und Gegeneinander konkurrierender Territorialherrschaften, stattete diese aber mit den notwendigen Finanzmitteln aus, die Grundlagen einer regional ausgreifenden Infrastruktur zu legen (Wege-, Kanal-, Hafenbau), die später den Sprung in die weiträumige Verkehrs- und Marktwirtschaft erleichterte. Die Erfindung von privater Banknote und -kreditschöpfung finanzierte den Aufbau des modernen Industriekapitalismus; weil die Banken historisch *vor* der Industrie entstanden und jeden Investitionsfinanzierungsservice leisteten – ohne jede äußere Entwicklungshilfe (von wem auch?) –, spielte das Geld für die ökonomischen Klassiker die Rolle eines Schleiers (Ricardo), es lagere über den realen Produktionsverhältnissen, aber stimuliere sie nicht. Mit der Bindung des inneren Geldumlaufs an Zu- und Abnahmen der zentralbankverwalteten Goldreserven (Goldstandard) begrenzte im 19. Jahrhundert die Zahlungsbilanz als goldene Bremse an der Kreditmaschine (Schumpeter) den einheimischen Inflationsgrad. Im monetären Nationalismus (v. Hayek) der dreißiger Jahre des 20. Jahrhunderts stieg die Geldpolitik zum Hauptakteur der inneren Vollbeschäftigungs- und Wohlfahrtstaatserfordernisse auf; die Weltwirtschaft wurde mehr oder weniger abgeschaltet. Im Währungsakkord von Bretton Woods (1944) wurde ein das erste Vierteljahrhundert nach dem Zweiten Weltkrieg prägender Kompromiß zwischen der neuen Freiheit vom Ausgleichszwang der Zahlungsbilanz und den Geboten der restaurierten *einen* Welt-Wirtschaft (Kooperation und Koordination) gefunden. In der Post-Bretton-Woods-Ära kontrolliert floatender Wechselkurse ist aus der über den Weltwährungsfonds (IWF) limitierten Zahlungsbilanzkreditgewährung eine über freie, transnationale (Xeno-)Kreditmärkte getreten, ein neuer und gefährlicher Transmissionsriemen der Welt-Inflation ... usw. usw.

Was ist der gemeinsame Nenner dieser schwer auf einen Nenner zu bringenden Geschichte? Immer folgte einer Verbesserung der Geld-

seite (Finanzierungstechnik) eine Verbesserung der (so finanzierten) Real-Seite: Mit dem reichlicheren und billigeren Geldangebot wuchsen auch Produktion und Produktivität, erweiterten sich die starken Grenzen der (Ressourcen-)Umverteilung. Aber immer mußte der zeitweilige Überschuß des geldtechnischen über den realen Produktivitätsfortschritt mit einer Zunahme der Inflationsrate »bezahlt« werden. Aber ebenso gelang es immer wieder, den zeitweiligen Inflationsvorsprung wenn auch mit einiger Verspätung einzufangen: durch eine Kombination aus Schüben realer Produktivitätssteigerung und den (bank)technischen Geldfortschritt bremsenden Reformen der Geld*verfassung*. Aus den inflationsbremsenden Zahlungsbilanzen wurden im 19. Jahrhundert den Geldumlauf regulierende Zentral(Noten)Banken, sie wurden nach dem Zweiten Weltkrieg zunächst mit zunehmender Tendenz durch Welt-Zentralbanksurrogate, wie den IWF, den Zehner-Club der währungsstärksten nationalen Zentralbanken und ähnliche Gremien *supranational* überdacht und überwacht. Inzwischen (seit Preisgabe des Bretton Woods-Systems und voranschreitender Ölpreiseskalation) ist die »Reserveverlustbremse« an der inneren und äußeren Inflationsmaschine wieder abgeschaltet: Freie Wechselkurse und freie Xeno-Kreditmärkte tolerieren home-made-Inflation und finanzieren fast jedes äußere Leistungsbilanzdefizit. Statt die (inflationierten) Währungen zu »bewerten«, »recyclen« die Xeno-Kreditmärkte die Welt-Inflation!
Das neue, und in der bisherigen Geldgeschichte einmalige *Laissez-faire internationaler Kreditschöpfung* durchbricht somit das alte und gewohnte Schema, wonach jede monetäre Herausforderung durch geld- und banktechnischen Fortschritt, durch einen Sprung nach vorn in eine neue Phase größeren und rascheren Produktivitätfortschritts – und in eine die monetäre (und liquiditäre) Überschußproduktion wirksamer als bisher kontrollierende Geldverfassung – beantwortet wird.
Der Abwehrkampf gegen die Welt-Inflation der siebziger und achtziger Jahre läßt – laut Hankel – sowohl ein konstitutionelles wie reales Therapiedefizit erkennen. Konstitutionell müßten die unbeaufsichtigten (transnationalen) Kreditmärkte in die Geldverfassung integriert werden – und zwar möglichst bevor ihr nicht mehr auszuschließender Kollaps aus überzogener Liquiditätsproduktion, die sich über das Einfrieren überzogener Schuldnerpositionen selber illiquide macht (selfilliquidating), eine Wiederkehr von 1932 (fast) unvermeidlich macht. Real geht oder ginge es darum, durch eine zwischen den westlichen Industrieländern akkordierte, Zahlungsbilanzspan-

nungen moderierende Wachstumspolitik das Inflationsproblem expansiv (durch vermehrtes Güterangebot) statt restriktiv (durch Nachfrage- und Beschäftigungsverluste) wenn nicht zu lösen, so doch zu mildern, und zwar ebenfalls, bevor ein nicht mehr auszuschließender Beschäftigungskollaps nationale Integrationsverzichte (Einbußen weltwirtschaftlicher Kooperation) erzwingt.

Wie aber läßt sich vernünftige, Produktivität und Integration fördernde, nicht hemmende, Inflationsbekämpfung praktizieren, wenn der *innergesellschaftliche Pluralismus* (den Dahrendorf treffend als die Zersetzung der Konkurrenz- zur Konsenswirtschaft diagnostiziert, in der nicht mehr wie im klassischen Modell die Einkommen an die vorgegebenen Preise angepaßt, sondern die Einkommen und damit die Preise ausgehandelt werden) die Fixierung gesellschaftlicher (Real-Einkommens- wie -Vermögens)Besitzstände geradezu zum Programm erhebt? Denn wie können sich die Konsenspartner vor der von ihnen als unvermeidlich erwarteten Inflationsrate besser und sicherer schützen als durch ihre Antizipation in die von ihnen bestimmten Aktionsparameter? Indem sie sie ihren Preisen, Verträgen und Projektkalkulationen zuschlagen!

Der moderne, zu Verteilungsmacht gelangte soziale Partikularismus erzeugt zwar nicht die Inflation, deren Bekämpfung er lautstark von Regierungen und Zentralbanken verlangt. Aber seine Inflationserwartung oder -furcht verfestigt und beschleunigt die bestehenden Inflationstendenzen und erhöht damit ungewollt die Kosten der Inflationsbekämpfung, und zwar zu Lasten der schwächeren, über weniger Selbstschutzmacht und -möglichkeiten verfügenden Randgruppen der Gesellschaft.

Zeichnet sich doch am keineswegs fernen Horizont der westlichen Altersgesellschaften ein ganz neues Motiv für politisch unerläßliche Umverteilungsprozesse ab: Die Tatsache, daß die alten Leute nach ihrer Pensionierung ein zweites, aber unproduktives Leben führen, die nachwachsenden jungen Leute, die aus ihren Einkommensabgaben die sich verschlechternde Altersproportion der Gesellschaft finanzieren müssen, aber weitgehend (dank der Kinderlosigkeit derselben Pensionäre) fehlen, macht über kurz oder lang entweder Riesensprünge in der Produktivitätsrate oder (sollten diese ausbleiben) eine Neuverteilung zwischen Renten- und Arbeitseinkommen notwendig, soll nicht statt des begrabenen Klassenkampfes ein neu ausbrechender *Generationenkonflikt* die Existenzgrundlagen der Gesellschaft gefährden. Wurden die Umverteilungsspielräume der Inflation in der Vergangenheit überwiegend *investitorisch* gebraucht und genutzt, könnten sie in Zukunft eine wachsend *redistributive* Rolle im Verhältnis von Arbeits- zu Nicht(mehr)-Arbeitseinkommen spielen und einer in puncto Rentnerpolitik notorisch schwachen Regierung das schwierige Geschäft mit den politisch undurchsetzbaren Reformen erleichtern!

Denn genau das ist das Dilemma der sich über partikularistische Gruppenmacht und besitzstandsorientiertes Realwertdenken vor der Inflation »selbstbeschützenden« Konsenswirtschaft: Sie vertieft nicht nur die sozialen Gräben und Spannungen zwischen den starken (besitzenden und organisierten) Gesellschaftsgruppen und den schwachen (wie Jungen, Arbeitslosen usw.); sie nährt auch noch durch ihre (kalkulierbaren) Inflationserwartungen eine kollektive Inflationsmentalität oder richtiger: -fatalität, die die Regierenden dann in irgendeine (unkalkulierbare) Antiinflationspolitik treibt, die dann wiederum nur die sozialen Spannungen verschärft statt entschärft. Aber vielleicht noch gravierender ist, daß das von den Monetaristen so favorisierte Konzept der geldillusionsfreien, verteilungsneutralen Gesellschaft sich letztlich ad absurdum führt. Denn diese Gesellschaft verliert, wenn die Bewertungsfunktion des Geldes für Vermögen, Einkommen, Preise auf einen Index oder sonstigen Realwertindikator übergeht, mit den Geldfunktionen auch die Geldvorteile, behält aber die Nachteile der alten vorgeldlichen Tausch- oder Naturalwirtschaft bei.

Der Wachstumsnachteil dieser geldlosen Wirtschaft ist beträchtlich; (arbeitsproduktiver) Produzent und (Konsumverzicht leistender) Sparer bleiben weitgehend ihre eigenen Investoren, und der technisch mögliche Fortschritt verkümmert in der (betrieblichen wie sektoralen) Inzucht traditioneller Produktionsfunktionen, nämlich der von braven Bauern und Handwerkern, die über Generationen hinweg bei ihren Leisten bleiben und als Investoren alles andere als innovativ inspiriert werden. Erst mit Einführung der Geldwirtschaft können Altproduzenten und Altsparer, also Leute mit Besitz und Tradition ihre Investorenfunktion abgeben. Die neue und unerhörte Chance, Real-Kapital über Geldschulden (= Kredite) zu erwerben, öffnet einer neuen Klasse besitzloser, aber wagnisbereiter (= unternehmerischer) Investoren den Weg, außerhalb und jenseits der traditionellen Sektoren (vor allem der Landwirtschaft), neue Zentren der Produktion und Produktivität zu errichten. Erst die Geldwirtschaft ermöglicht die Trennung der Sparer- von der Investorfunktion und schafft das Finanzierungsklima, in dem neue Ideen (Produktionen und Verfahren) wirtschaftlich erprobt und verwertet werden, in dem Leute ohne eigenes (erarbeitetes, erspartes oder ererbtes) Real-Kapital die Rolle des dynamischen Unternehmers (Schumpeter) übernehmen. In dem neuen (Kredit-)Finanzierungsklima aber gedeiht auch – und unvermeidlich – die Inflation. So erfindet die Geldwirtschaft nicht nur den neuen, dynamischen Unternehmertyp, sie sorgt auch für seinen niemals mehr abreißenden Nachwuchs! Freilich nur solange ihr neues Finanzierungslicht leuchtet – mit allen Schatten, die es wirft!

Die Monetaristen, die ausziehen, die Welt vom Übel der Geldillusionen und der unverdienten, über den Inflationsmechanismus bewirkten Umverteilung zu befreien, verfallen selber der Illusion, als ob eine (über das Indexdenken) verteilungsgerecht gemachte Besitzstandsgesellschaft dynamischen Unternehmen etwas bieten und damit auch nur eines unserer modernen Sozialprobleme lösen könnte: weder Vollbeschäftigung noch sozialen Ausgleich, weder Innovation noch strukturellen Wandel,– ja vermutlich noch nicht einmal das Inflationsproblem selber, weil es nicht an der Ursache, sondern immer nur am Symptom kuriert würde. Denn Nicht-Geld- wie *Nicht-Mehr*-Geldwirtschaft prämiieren, weil stationär, immer nur den bestehenden Besitzstand, wobei Mangel und überkommene Besitz- und Rollenverteilung »ihre« Form der *Gerechtigkeit* vorschreiben. In der Geld-(und Markt-)wirtschaft aber triumphiert die (dynamische) *Freiheit* des Ressourcenerwerbs (mittels Geldbesitz und -schulden) über die (statische) *Gerechtigkeit* der alten Ressourcen- und Produktionsmittelbesitzer. Die Geldwirtschaft macht möglich, was bislang unmöglich war: Daß über die realen Spielräume (und Grenzen) von Arbeitsproduktivität und Sparen hinaus reales Kapital gebildet und investiert werden kann *durch die über den Geldeinsatz (inflatorisch) erzwungene Ressourcenumverteilung*.

Inflation – so wird nunmehr deutlicher – spielt auf allen Stufen und in allen Phasen des Entwicklungsprozesses die Rolle des »Freisetzers«: von *Rechten* wie *Ressourcen*. Sie überwindet nicht nur die Statik und Besitzstandsmoral veralteter Strukturen. Indem sie Dynamik *vor* überkommenes Besitzrecht stellt, öffnet sie nicht nur das Produktivitätspotential und -reservoir der Gesellschaft dem tüchtigsten und wagemutigsten Investor, der das Risiko nicht scheut und auch die Inflationsrate der Zukunft anders beurteilt als seine konservativen Konkurrenten. Die aus der modernen Kreditfinanzierungspraxis nicht mehr wegzudenkende Inflationsrate verändert daher mit der Verbesserung der Produktions- und Lebensverhältnisse auch Gesellschaft und Staat einschneidender und nachhaltiger als alle von Ideologen (meist ökonomischen Dillettanten) ersonnenen Revolutionen zusammengenommen. Niemand hat dies scharfsichtiger und neidvoller kommentiert als das Dioskurenpaar der Weltrevolution: Marx und Engels in ihrem »Kommunistischen Manifest« von 1848. Ersetzt man ihren zeitbedingten Terminus Bourgeoisie durch den zeitloseren der Geldwirtschaft, so läßt es sich nicht besser ausdrücken: »(Sie) hat, wo sie zur Herrschaft gekommen, alle feudalen, patriarchalischen, idyllischen Verhältnisse zerstört. Sie hat die buntscheckigen Feudalbande ... unbarmherzig zerrissen und kein anderes Band zwischen Mensch und Mensch übrig gelassen als das nackte Interesse, als die gefühllose bare Zahlung ... (Sie) hat die heiligen Schauer der frommen Schwärmerei der ritterlichen Begeisterung, der spießbürgerlichen Wehmut in dem eiskalten Wasser egoistischer Berechnung ertränkt.«[7] Sie hat mit einem Wort die Chance kalkulierbar und den Fortschritt finanzierbar gemacht!

Nur, daß das Bewertungspendel immer wieder zur überwundenen Statik zurückschlägt, daß immer dann, wenn der élan vital einer Epoche verfliegt, die inflatorischen Freiheiten des »offenen« Ressourcenerwerbs und -transfers verketzert, die alten Herrenrechte an Besitz und etablierter Verteilungsgerechtigkeit (gleichviel, wie »ungerecht« sich diese pro futuro auswirken mag) neu entdeckt werden. Läuft eine Dynamik aus, wie derzeit in der westlichen Leistungsgesellschaft mal wieder, interessieren sich die bislang risikofreudigen Investoren und Innovateure mehr dafür, Erreichtes zu sichern als es zu gefährden; dann wird die Bewahrung von Besitzständen groß, die Freiheit der Systemänderung mit monetären (= evolutorischen) Mitteln dagegen klein geschrieben. Nur kann es durchaus dazu kommen, daß die neuen Gerechtigkeiten nicht nur die alten Freiheiten vertreiben. Eine Gerechtigkeit, die das Erworbene schützt, das zu Erwerbende nicht mehr wahrnimmt, könnte sich schon bald ad absurdum führen. Denn fiat justitia pereat mundi ist weder ökonomisch noch politisch die bessere Alternative dafür, die »Grenzen des Wachstums«, (umwelt)sauber kalkuliert, zu erweitern und das noch ständig zunehmende Potential menschlichen Wissens und Könnens produktiv zu nutzen.

Die ihre Produktivitätsgrundlagen permanent erneuernde dynamische Markt- und Unternehmergesellschaft braucht daher, wie jeder Sozialorganismus, eine seine Funktionen anreizende Körpertemperatur. Nur fehlen uns bis heute klare und zeitlos erprobte Maßstäbe. Wir wissen weder, wo die Normaltemperatur, noch die äußerste

Überlebensschwelle – die 42° Celsius-Marke unserer Gesellschaft – liegt. Das Fehlen eines mit dem Funktionieren von Rechtsstaat und Marktwirtschaft kompatiblen Inflationsthermometers macht in Wahrheit die Inflationsbekämpfung so schwer. Weder weiß man, wieviel Inflationsrate gebraucht wird, den unerläßlichen Prozeß sozialen, strukturellen und technischen Wandels am Laufen zu halten, noch wieviel Inflationsrate man den modernen Besitzstandsgesellschaften zumuten kann und vielleicht sogar muß!
Gerade weil die Gesellschaft der Zukunft genauso wie die Gesellschaft der Vergangenheit mit der Inflation leben und überleben muß, muß sich ihr privater Sektor auf einen *Selbst*schutz vor der unvermeidlichen Preissteigerungsrate besinnen. Dieser beginnt zu Haus: Mit dieser Gebrauchsanweisung für das wirtschaftliche Leben und Überleben (= rationelles Disponieren) in einer inflationsträchtigen Markt- und Geldwirtschaft befaßt sich der zweite Beitrag dieser Studie. Robert Isaak weist auf die Verwirrung einer Gesellschaft hin, die sich einerseits dem »konservativen Impuls« hingibt und mehr Versprechen erwartet als eingelöst werden können, andererseits aber ihren Willen zur Selbsthilfe permanent verwässert. Er präsentiert vier Typen privatwirtschaftlicher Strategien, um mit dem öffentlich ungelösten Inflationsproblem fertig zu werden: Ihre Szenarien spielen auf der Ebene des einzelnen, der Unternehmung und des Staates und reichen von Selbstverteidigung zu Angriff, von kurzfristigen zu langfristigen Vorkehrungen. Es sind dies die Verhaltensweisen des *Defätisten, Trittbrettfahrers, guten Hausvaters* und des *dynamischen Unternehmers*.
Diese reinen Strategietypen (die in der konkreten Situation auch kombiniert werden können) werden unter den Gesichtspunkten der Risikoeinschätzung, des Zeithorizonts, der Leitmotive, Konsumgewohnheiten und charakteristischen Anlageformen und -gewohnheiten entwickelt. Der Inflationsprozeß spielt dabei die Rolle eines sozialen (vom einzelnen nicht zu beeinflussenden) Phänomens, der in den fortgeschrittenen westlichen Industriegesellschaften allen sozialen Gruppen eine Beschleunigung des Lebenstempos und der Unsicherheitserwartungen beschert und damit Probleme, die keine Gruppe aus eigener Kraft lösen kann, weil diese die sozialen Distanzen innerhalb wie zwischen den Gruppen vergrößern statt verkleinern. Nur Inflation baut à la longue die bestehenden Ungleichheiten in der Besitz- und Einkommensstruktur ab, während die Inflationsbekämpfung sie konserviert. Die Inflationsbekämpfung erzeugt damit letztlich ein falsches Bewußtsein: Die Leute *glauben* und

erwarten von der Inflationsbekämpfung, daß sie ihre Probleme verkleinert, während sie sie in Wahrheit vergrößert. Auf derselben Rolltreppe laufen alle schneller, aber keiner kommt deswegen schneller an!

Die unvermeidliche Folge ist, daß der einzelne, der versucht, seine persönliche Unabhängigkeit so weit zu treiben wie nur möglich, gerade damit alle Versuche unterläuft, das Problem *politisch* zu lösen. Olsons berühmte These von der Unvereinbarkeit individueller und kollektiver Vernunftaktionen wird von Isaak am Beispiel des inflatorischen Selbstschutzes exemplifiziert.[8] Die Vorväter-Vorstellungen von Vorsorge prägen auch noch die postindustrielle Gesellschaft. Nur, die Mittel- und Arbeitslosen von heute *erstreben* sie zwar, können sie aber nicht mehr verwirklichen; sie fallen daher unfreiwillig in Defätisten- oder Trittbrettfahrerrollen, die aus dem liberalen Versprechen der materiellen Unabhängigkeit ein Zerrbild machen. Auch die guten Hausväter im Sessel der Privat- und Staatsmanager sind ständig der Versuchung ausgesetzt, unheilige Allianzen mit Defätisten und Trittbrettfahrern zu schließen, die ihnen von den Freibeutern des nationalen und internationalen Kreditschöpfungskartells nahegelegt werden. Und das dynamische Unternehmerverhalten (Schlüssel jeder langfristigen Produktivitätsentfesselung und das Heilmittel gegen Inflation *und* Arbeitslosigkeit) wird sowohl durch die unkalkulierbar gewordenen Risiken der Gesamtentwicklung wie die zeitweilige Sicherheit vorgaukelnden Hausvater- oder Status-quo-konservierenden Strategien entmutigt. Das für Fortschrittsprojekte mit hohem Produktivitäts- und Beschäftigungseffekt verfügbare Geld wird »todsicher«, aber steril angelegt.

Antiinflationsrhetorik wird so der gemeinsame ideologische Nenner für die Krankheitsdiagnosen aller führenden Neo-Konservativen. Nicht mehr die Überlebensprobleme der Armutsländer der Dritten Welt beherrschen die Tagesordnung westlicher Wirtschaftsgipfel und Unternehmerseminare, sondern die Versorgungsprobleme reicher, seniler Gesellschaften, die ihre Ressourcen mit Steuern überlasten. Fühlt man sich erst bedroht, nimmt die Vorliebe für demokratische Lösungen ab. Ein Stil fröhlicher Inflationsfinanzierung breitet sich aus, und nicht einmal der drohende Energieengpaß kann ihn brechen. Kurz: Die Inflation neigt dazu, die *Ressentiments* der Reichen für- und gegeneinander in den westlichen Gesellschaften weit mehr zu stimulieren als die Ausbeutung der Armen durch die Reichen. Schon im vorigen Jahrhundert bemerkte Nietzsche, daß in den Demokratien die Neidgefühle im Vormarsch seien, nicht weil man anderen ihren Erfolg mißgönnte, sondern sich schuldig fühle, freiwillig und ohne Not vor Erreichen der selbstgesteckten Ziele kapituliert zu haben. Das westliche Versprechen permanenten Fortschritts und individueller Selbstverwirklichung (das heute, in die Entwicklungsländer exportiert, deren Ansprüche unerfüllbar macht) kollidiert mit den sozioökonomischen Grenzen des Wachstums, der Unfähigkeit Produktivitätsmechanismen neu in Gang zu setzen und einem Übermaß öffentlicher Prämien für risikoscheues Verhalten. Die Inflation verteuert nicht nur die Preise, sie verhüllt mit ihrem viel zu großen Liquiditätseinsatz die sozialen Notwendigkeiten und Kosten der Anpassung – im persönlichen Bereich wie in den Unternehmungen auf der nationalen wie internationalen Ebene.

Die Ressentiments *in* den Gesellschaften zwischen Reich und Arm, Alt und Jung und *zwischen* den Gesellschaften der reichen und der armen Länder mögen zwar schwer meßbar sein, aber sie sind unübersehbar. Doch ohne Änderung der *äußeren* Daten läßt sich keines dieser *inneren* Probleme der Gesellschaft lösen. Solange wird die Inflation als Salbe auf diese und andere soziale Wunden gebraucht, als Schmiermittel industrieller Entwicklung und Schleier, der die Geldillusionen dem allzu kritischen Blick entzieht.

Isaak bestätigt vom soziologischen Ansatz des Ökonomen Hankel Vermutung: Nicht die die Produktivitäts- und Innovationskräfte der Gesellschaft eher stimulierende als vernichtende Inflationsrate ist der Erzfeind des dynamischen Unternehmers, sondern ihre falsche, Defätisten und Trittbrettfahrer ermutigende Bekämpfung!

Ist die westliche Wohlstandsgesellschaft daher nur noch über die wachsende Abhängigkeit von der Droge Inflation zu retten? Die gemeinsame, wenn auch nuancierte Antwort beider Autoren lautet: Wirtschaftskatastrophen lassen sich, ungleich Naturkatastrophen, vermeiden, denn man kann sie voraussehen, analysieren und sich deshalb auch vor ihnen schützen. Nur korrigiert sich eine inflatorische Übertemperatur im Sozialkörper immer wieder von selbst: durch Freisetzung neuer Dynamik. Inflation ist somit eine Krankheit, die ihr eigenes Heilfieber erzeugt, und unsere Gesellschaft ist so »inflationsabhängig« wie der Körper »kalorienabhängig« ist, um seinen natürlichen Wärmebedarf, der auch seine Abwehrkräfte aktiviert, zu decken.

Gefährlich wird das Stimulans der Inflation erst, wenn es entweder – wie im Fall der unsinnigen Hyperinflation – überdimensioniert verabreicht, oder – wie derzeit in den meisten westlichen Industriestaaten – mit der falschen Therapie dem Sozialkörper entzogen wird. Im

Falle Eins droht der Kollaps aus Überhitzung, im Falle Zwei aus durch Übermedikamentierung herbeigeführter Unterkühlung. Wir brauchen nur Lenins berühmte, von Keynes überlieferte Regieanweisung für die Selbstzerstörung der bürgerlichen Gesellschaft von vor 60 Jahren: »Wer (diese) wolle, brauche nur ihr Geldwesen zu zerstören«, durch den Zusatz zu ergänzen: am besten und sichersten durch eine im Namen der Inflationsaustreibung bewirkte Vernichtung ihres Produktivitäts- und Innovationspotentials![9] Denn dieser schleichende Selbstmord an den potentiellen Veränderern der Gesellschaft durchkreuzt auch alle vernünftigen Selbsthilfeaktionen des sich vor den unerwünschten Inflationsfolgen privat schützenden Publikums und macht (wie Isaak zeigt) aus einer Gesellschaft, die das Verhalten von Unternehmern und Hausvätern bestraft, eine, die risikoscheue Defätisten und asoziale Trittbrettfahrer prämiert.

Weil die Grenze zwischen Krankheit und Heilfieber selbst für erfahrene Ärzte nie eindeutig feststeht, werden sie das Herunterschlagen von Körpertemperaturen nur mit größter Vorsicht betreiben: Wechselbäder sind nichts für Kranke. Auch dem Sozialarzt würde diese Vorsicht gut anstehen, denn auch der Sozialkörper erträgt eher die Über- als die Untertemperatur, eher den Nichteingriff als den Kunstfehler. Deswegen ist Inflationsbekämpfung mehr etwas für moderierende als für operierende Ärzte. Und sicher nichts für Exorzisten.

Dem noch besseren Inflationsverständnis dienen die folgenden Seiten. Sie wurden am 30. April 1981 von einem sachverständigen Gremium führender westlicher Ökonomen, Soziologen und Politologen unter der Leitung von Prof. Dr. Karl Deutsch (Harvard University, Wissenschafts-Center Berlin) einem kritischen Test unterworfen. Er wurde (in der Niederschrift von Wolfgang Schill) als Teil III (Schlußfolgerungen: Leben und Überleben in inflationären Zeiten) beiden Arbeitspapieren beigefügt. Die Verfasser danken der Johns Hopkins-Universität für den Werkstatt-Dialog über das Thema, ihren dort versammelten Kollegen, insbesondere aber Karl Deutsch für die ebenso kritische wie konstruktive Aussprache, ihren Assistenten Susanne Oechsner und John D. Schutte für die Anfertigung sprachlich-simultaner Texte und H. Kupky für die Überprüfung des Gesamtmanuskripts. Sie allein haften für den Inhalt.

Anmerkungen

1 Hierzu eingehender: Wilhelm Hankel: Prosperität in der Krise, Wien-München-Zürich-Innsbruck 1979, S. 166 ff. (Englische Version: Prosperity amidst Crisis, Boulder Col. 1981, S. 155 ff.) und neuerdings: Währungspolitik der unechten Sachzwänge, DM-Stärke statt Vollbeschäftigung, in: Die Neue Gesellschaft, Heft 8/1981.

2 Siehe hierzu: Wilhelm Hankel, Franz Lehner: Die gescheiterte Stabilitätspolitik und ihre politischen Folgen, Von der Unvereinbarkeit wirtschaftlicher Monopol- und politischer Konkurrenzsysteme, in: Hamburger Jahrbuch für Wirtschafts- und Gesellschaftspolitik, Jg. 21 (1976).

3 Den derzeit besten Überblick über das Angebot moderner, logisch bestechender, gesellschaftlich jedoch buchstäblich nichtssagender Inflationstheorien bietet Helmut Frisch: Die neue Inflationstheorie, Grundriß der Sozialwissenschaft, Bd. 28, Göttingen 1980.
Die Verfasser betrachten ihre Studie als eine sowohl entwicklungs- wie gesellschaftstheoretische und -politische Ergänzung der Frischschen Darstellung, die zwar den Inflationsmechanismus und seine theoretischen Erklärungsmöglichkeiten brillant herausarbeitet, dagegen das gesellschaftliche Milieu der Inflation (ihre sozialen Prämissen) wie auch ihre gesellschaftlichen Folgen (sozialen Wirkungen) als offenbare »Metaökonomik« ausläßt. U. E. aber sind weder die sozialen Prämissen noch die sozialen Wirkungen der Inflation »Metaökonomik«, sondern das eigentlich zu Erklärende und zu Verstehende! Alle Inflationsmodelle der Gegenwart von Keynes bis Friedman wie auch der Vergangenheit, wie sie sich in verschiedenen Interpretationsspielarten der »nicht-tot-zu-kriegenden« Quantitätstheorie des Geldes widerspiegeln, sind nur verständlich, wenn man sie vor dem Hintergrund ihrer Zeit und deren Probleme (nicht selten auch den Problemlösungsintentionen ihrer Verfasser) sieht; sie stellen daher im Sinne von W. Euckens berühmter Unterscheidung zwar logische, aber deswegen nicht unbedingt aktuelle oder gar zeitlose Theorien dar.

4 Hierzu eingehender: Wilhelm Hankel: Währungsordnung bei weltweit ungeregelten Kreditmärkten? in: Hans-Bernd Schäfer (Hrsg.): Gefährdete Weltfinanzen, Verschuldungsproblematik und internationale Finanzpolitik, Bonn 1980, S. 21 ff. Und neuerdings: Staats- oder Auslandsschulden, welche Hypothek wiegt schwerer? in: D.B. Simmert und K. Wagner: Staatsverschuldung – kontrovers, Schriftenreihe der Bundeszentrale für politische Bildung, Bd. 174, Bonn 1981.

5 Niccolo Machiavelli: Discorsi, Gedanken über Politik und Staatsführung. Deutsche Gesamtausgabe übersetzt, eingeleitet und erläutert von Dr. R. Zorn, 2. verb. Auflage, Stuttgart 1977, I. Buch, 5. Kap. S. 23.

6 Wie z. B. Karl Brunner: Alternative Erklärungen hartnäckiger Inflation und Antiinflationspolitik, in: Artur Woll (Hrsg.): Inflation. Definitionen, Ursachen, Wirkungen, Bekämpfungsmöglichkeiten, München 1979, S. 99 ff.

7 Karl Marx und Friedrich Engels: Das kommunistische Manifest 1848 (Vierte autorisierte deutsche Ausgabe von 1890), Berlin 1970, S. 45 f.

8 Hierzu eingehender: Robert Isaak: European Politics, Political Economy and Policy Making in Western Democracies, New York, St. Martin's Press, 1980, Kapitel 1 und folgende, wo nachgewiesen wird, daß in Zeiten alles verändernden sozialen Wandels die Individuen der postindustriellen westlichen Demokratien die Maximierung ihres Selbstinteresses Kollektivmächten überlassen, indem sie soziale Verantwortung und politische Entscheidungsalternativen auf die superstrukturelle Ebene von Regierungen, Verbänden und Gewerkschaften anheben. Aber gerade dadurch erschweren sie die Anpassungsprozesse der substrukturellen Ebene derselben politischen Kultur und ihrer Werte – sei es auf der infrastrukturellen oder sozioökonomischen Prozeßebene.

9 John Maynard Keynes: The Economic Consequences of the Peace, London 1920, S. 220: »Lenin is said to have declared that the best way to destroy the Capitalistic System was to debauch the currency.«

Teil I
Wilhelm Hankel
Die moderne Inflation: Gründe, Hintergründe, Illusionen

Inflation stimuliert. Aber der Stimulus wirkt dann am stärksten, wenn der Inflationsprozeß beginnt, besonders wenn er von einem nichtinflatorischen Niveau ausgeht. Wenn die Inflation erst einmal läuft, passen sich ihr die Leute an. Haben sie sich jedoch erst einmal angepaßt, dann stimuliert weder die *Erwartung* steigender Preise, noch kann das Ausbleiben (dieses Stimulans) durch eine Beschleunigung der Inflationsrate vermieden werden. Es ist daher durchaus möglich, ein »inflatorisches Gleichgewicht« zu erhalten, in dem die Preise über Jahre im Einklang mit der Erwartungsrate ihrer Steigerung klettern... Nur: realiter, was Produktion und Beschäftigung betrifft, kann sich diese Volkswirtschaft im Zustande schwerer Depression befinden.

Sir John Richard Hicks[1]

A. Prolog: Inflationem esse delendam?

1. Die drei Paradoxa der gegenwärtigen Inflationsdebatte

Obwohl die Inflation als *die* Herausforderung der westlichen Staatenwelt (aber nicht nur ihr allein) in den vor uns liegenden achtziger Jahren gilt, jedenfalls weit mehr als in den permissiven sechziger und siebziger Jahren, und obwohl der Konsensus, daß diese Inflation bekämpft werden müsse, nicht größer sein könnte, sowohl zwischen den von Inflationsfurcht geplagten Bürgern und ihren Regierungen wie auch zwischen den von den Inflationsfolgen gleichermaßen erschreckten Regierungen selber, versperren – aller Inflation der Inflationsbekämpfungsvorschläge zum Trotz – drei völlig unbewegliche intellektuelle Felsbrocken den geraden Weg der Inflationsvermeidung:

Erstens, die westlichen Politiker wollen zwar die Inflation bekämpfen, wissen aber nicht so recht, wie? Ihre Textbücher und Regievorstellungen stammen noch aus der Zeit, als die alle Welt elektrisierenden Philippskurven eine fallende Funktion zu sein schienen: Mehr Inflation = weniger Arbeitslose. Seit sich aber die Funktion aus mehr oder minder immer noch dunklen Gründen auf den Kopf gestellt hat (manche Monetaristen würden es zwar vorziehen zu sagen: vom Kopf auf die Füße), seit mehr Inflation auch die Zahl der Arbeitslosen sprunghaft steigen läßt, scheint Inflationsbekämpfung nur noch um den Preis von Wachstums- und Beschäftigungsverlusten der Volkswirtschaft zu erzielen zu sein. Was Karl Marx vor drei Generationen noch für eine Eigengesetzlichkeit des Laissez-faire-Kapitalismus ansah: das Vorhandensein einer industriellen Reservearmee, entpuppt sich heute als die unvermeidliche Folge moderner Stabilitätspolitik – wobei es den vom Arbeitsplatzverlust Betroffenen letztlich Hekuba ist, ob sie das Opfer von Stabilisierungsmaßnahmen der eigenen Regierung oder der erfolgreichen (Export-)Konkurrenz weniger inflationierter Rivalen geworden sind.

Die inzwischen steigende Philippskurven-Funktion verrät uns nicht, ob die mit der Inflationsrate mitwachsende Arbeitslosenrate Folge der Inflation – oder ihrer Bekämpfung ist.

Zweitens, die Gelehrten wissen zwar, wohin Inflation führt, aber nicht ganz so genau, woher sie kommt. Ihr Angebot an Inflations*ursachen*-Theorien ist verwirrend wie ein früheres Kirchenkonzil. Es reicht von monetären über realen bis hin zu modischen Stimmungs- und Machttheorien, es unterscheidet zyklische von strukturellen Inflationsursachen, endogene von exogenen und bietet diesen Hypothesensalat sowohl als monokausales Einzelblatt wie als ekklektisch gemischte Salatschüssel an.

So unsicher wie in den Inflationsgründen, so sicher ist man sich in den Inflations*folgen*. Sie reichen von:

– Zerrüttung der (nichtunternehmerischen) Spar- und Geldvermögensbildung,
– Verschärfung der Verteilungskämpfe zwischen traditionellen Inflationsverlierern (Arbeitnehmer, Rentner) und traditionellen Inflationsgewinnern (sich verschuldenden Unternehmern und Sachwertbesitzern) bis hin zu
– inflatorischer Selbstbeschleunigung, Preisgabe des rechtsstaatlichen Nominalwertprinzips (Mark = Mark, Dollar = Dollar), Indexierung aller längerfristigen Geldforderungsverträge (Gläubigerpositionen) und Rückkehr zur primitiven Naturaltauschwirtschaft in moderner Form, dem Ende aller Geldwirtschaft überhaupt.

Zwar ist von alledem trotz einiger Jahrzehnte erfolgloser Inflationsbekämpfung selbst in den vergleichsweise wenigen Oasen relativer Stabilität (Schweiz, Österreich, Bundesrepublik Deutschland) nicht nur nichts eingetreten, sondern eher das Gegenteil: Spar- und Geldvermögensbildung haben sich verstärkt, dagegen ist die »inflationssichere« Real-Kapitalbildung (Investitionsrate) im Rückgang begriffen, statt Klassenkampf der Inflationsverlierer und -gewinner beherrscht ein neues Solidaritätsgefühl der Inflationsgeschädigten die politische Szene und statt Implosion findet eine permanente Explosion aller Geld- und Kreditbeziehungen statt, in den Volkswirtschaften wie zwischen den Volkswirtschaften nicht nur des westlichen Typs, sondern ungeachtet aller Entwicklungs- und Systemunterschiede. Vor der multi- oder richtiger transnationalen Kreditwirtschaft der Euro- und anderer Xeno-Geld- und Kapitalmärkte drängt sich alles an den Eingangs-, nicht Ausgangstüren.

Die Frage ist also nicht ganz unberechtigt: Wenn sich die traditionel-

len Inflationstheorien schon in den Ursachen irren, warum nicht auch in den Folgen?
Drittens, gerade der neue Konsensus nach Inflationsbekämpfung (eine Art Rousseausche volonté des tous westlicher Wohlfahrts- oder richtiger Besitzstandsgesellschaften) macht das Regieren nicht leichter, sondern schwerer. Gerade weil das bisherige Null-Summenspiel von Inflationsverlierern und -gewinnern nicht mehr aufgeht, weil sich *alle* als zumindest potentielle Inflationsgeschädigte fühlen: die einen, weil ihr Geldvermögen, einschließlich ihrer nominellen Individual- und Sozialversicherungsansprüche, die anderen, weil über den Arbeitsplatz ihr laufendes Geldeinkommen, aber auch ihr Status als arbeitendes Mitglied der Leistungsgesellschaft gefährdet ist, steht die Regierung unter erbarmungslosem Erfolgszwang der Inflationsbekämpfung. Und zwar auch die potentielle Regierung, die aus der Opposition heraus an die Macht drängt. Das politische Spektrum der alternativen Werte und Ziele ist hoffnungslos »eindimensional« geworden. Da auch die Opposition, die heute noch der Regierung Versagen in der Inflationsbekämpfung vorwirft, morgen an der Macht, kein Kontrastprogramm zu bieten hat, streitet man in der modernen Konkurrenz-Parteien-Demokratie nur noch um *unechte* statt echte Alternativen.
Und die Frage ist berechtigt, was geschieht eigentlich, wenn der Wähler diesen politischen Lärm um nichts durchschaut?

2. Inflation = Verteilungskampf + geldtechnischer Fortschritt

Vor diesem Hintergrund soll im folgenden nicht etwa die bereits bestehende Inflation der Inflationserklärungen um eine weitere vermehrt werden. Es geht uns lediglich um eine Anpassung bereits vorhandener, aber streckenweise veralteter (anachronistisch gewordener) Inflationshypothesen an die Realität moderner und weltweit verflochtener Volkswirtschaften. Denn das Versagen in der Vergangenheit brauchbarer Inflationstheorien signalisiert nur in einer freilich hoch-sensitiven Materie ein allgemeines Phänomen: In Zeiten raschen gesellschaftlichen Wandels ändern sich die Fakten (und Rahmenbedingungen) der Wirtschaft schneller als (die zu ihrer Erklärung benutzten) Theorien. Oder wie es Friedrich Engels schon vor gut 100 Jahren formulierte: »Die Bedingungen, unter denen die Menschen produzieren und tauschen, variieren von Land zu Land und innerhalb jedes Landes von Generation zu Generation. Politische Ökonomie kann daher niemals dieselbe für alle Länder und Epochen sein.«

Die folgende Analyse zerfällt darum in einen analytischen Teil B., in dem für das moderne Inflationsverständnis wichtige Änderungen gesellschaftlicher Daten und ihre Auswirkungen auf das wirtschaftliche Verhalten beschrieben werden (»Gründe und Hintergründe«), und einen mehr kursorischen Teil C., in dem die »Milieuabhängigkeit« einiger, auch heute noch gern benutzter Inflationstheorien, vor allem der nicht totzukriegenden Quantitätstheorie des Geldes, nachgewiesen wird, die – weil sie einmal richtig (im Sinne von aktuell = wirklichkeitsbezogen) war – es nicht unbedingt heute noch oder wieder sein muß (Geld-Illusionen oder was erklärt die Quantitätstheorie?).

Eingeübt und erprobt wird dabei ein approach, der darauf abzielt, *die* große zeitgenössische Antinomie der politischen Ökonomie zwischen Struktur- und Verhaltensanalysen zu überwinden. Inflation – das ist unser im folgenden zu beweisendes »Vorurteil« (das, was Schumpeter die jeder wissenschaftlichen Analyse vorgegebene Vision nennt) – ist stets das Ergebnis eines aus gewissen Strukturen (oder institutionellen Gegebenheiten) abgeleiteten Verhaltens der Geldbenutzer, notabene eines aus ihrer Sicht sogar höchst *rationalen* Verhaltens. Wir behaupten, daß sich für jede der uns bekannten Inflationen, einschließlich der unseren im zweiten Drittel des 20. Jahrhunderts, ein dahinter stehender *Verteilungskampf* um, wie immer als zu knapp empfundener, Ressourcen nachweisen läßt. Nur erklärt dieser Verteilungskampf allenfalls die Inflations*symptome*: steigende Preise und nachträgliche Verdünnung und Umverteilung bereits verdienter oder beanspruchter Realvermögen und -einkommen. Dagegen verschweigt die nackte Machtanalyse die eigentlichen Inflations*motive* und *-ursachen*. Denn jede gesellschaftliche Struktur produziert ihre eigenen Verteilungsinteressen und -kämpfe.

So sind die vorkapitalistischen Inflationen der Antike und der späten Feudalzeit bis tief ins 18. Jahrhundert hinein in erster Linie Verteilungs- oder richtiger Aneignungskämpfe des Staates gegen das Ressourcenpotential seiner Untertanen, ein Verteilungskampf zwischen öffentlichem und privatem Sektor. Die Kreditinflationen des 19. und früher 20. Jahrhunderts, in denen das Geldmonopol der Staaten durch das Aufkommen von Geld- und Notenbankverfassungen *konstutionell* beschnitten, wenn nicht gar gebrochen wird, signalisieren einen ganz neuen Verteilungskampf innerhalb des privaten Sektors, zwischen Kapital und Arbeit, der noch immer im Gange ist, wenn auch mit abnehmender Schärfe.

Und unsere Inflation heute? Sie wird (und das wird zu zeigen sein) zunehmend dominiert von zwei ganz neuen Verteilungskämpfen, einem *innerhalb* der westlichen Wohlfahrtsdemokratien zwischen den Nutznießern und den Zukurzgekommenen des Wohlfahrtsstaates, und das sind nicht mehr die sozialen Klassen (Arm und Reich), sondern die *Generationen* (Alt und Jung), denn die Altersversorgung ist zu einer Hauptaufgabe öffentlicher Finanzen aufgestiegen, die Kinder-, Jugend- und Berufsversorgung dagegen weitgehend eine der privaten Finanzen geblieben. Der andere und viel schwerer lösbare Verteilungskampf spielt sich zunehmend *international* zwischen reichen Industrie- und Energieexportstaaten auf der einen, armen Noch-Nicht-Industrie- und Energiedefizitstaaten der Dritten oder richtiger Vierten Welt auf der anderen Seite ab.

Gekämpft wird, wie immer, mit der *Geld- und Kreditwaffe*. Ihre gegenüber früheren Zeiten unglaubliche Verfeinerung, um nicht zu sagen Überperfektionierung, der *banktechnische Fortschritt*, auf den seine Ingenieure, die modernen Großbanken, verständlicherweise stolz sind, erklärt zwar Ubiquität und Vitalität der gegenwärtigen Welt-Inflation, aber nicht ihre tiefere Ursache, denn Geld und Kredit sind nur Transportmittel der angestrebten Besitzstruktur und -verteilung. Wir müssen daher die Chauffeure oder richtiger Auftraggeber dieses weltweiten Geld- und Kreditservices, dessen Folge – nicht Ursache – die Welt-Inflation ist, ermitteln. Welches sind die politischen und ökonomischen Umweltbedingungen, die sie zwingen, so – und nicht anders zu handeln?

3. Inflation: gesellschaftliches Krankheits- oder Fortschrittssymptom?

Wir können die wichtigsten Ergebnisse, die im folgenden zu beweisen sein werden, in einigen wenigen Sätzen zusammenfassen:
Schon die Geschichte der Geldwirtschaft, die eine Geschichte der überwiegend erfolglosen Inflationsbekämpfung ist, deutet darauf hin, daß die Inflationsschäden – von kurzlebigen Extremsituationen wie Kriegs- und Revolutionsfinanzierungen einmal abgesehen – offenbar als geringer bewertet worden sind als die permanenten Vorteile der Geld- und später der Kreditbenutzung. Denn wenn Geld und Inflation untrennbar miteinander verbunden sind wie

siamesische Zwillinge, steht es der Menschheit seit über 2½ Jahrtausenden frei, sich des unerwünschten Inflationszwillings durch Abschaffung des Geldzwillings zu entledigen! Inflationsschäden her oder hin – die Geld- und Kreditbenutzungsvorteile scheinen zu überwiegen. Es lohnt sich zu fragen, welche das eigentlich sind?

Der Vorteil jeder Geldwirtschaft vor jeder Nicht-Geldwirtschaft liegt in der Trennung der Investor- von der Sparerfunktion. In der Nicht-Geldwirtschaft entscheidet der Sparer, in der Regel der Ressourcenbesitzer (Boden- und Kapitaleigentümer), was, wieviel und für wen investiert wird und werden darf. Die bereits Besitzenden bestimmen Fortschritts- und Entwicklungstempo der Gesellschaft.

In der Geldwirtschaft wird nicht nur das Finanzierungsmonopol der Ressourceneigner gebrochen. Die in Geld- und Kreditschulden der Investoren ausgedrückte *Wagnis- und Risikobereitschaft* entscheidet nicht nur über das mögliche (wenn auch nicht immer realisierte) Fortschritts- und Entwicklungstempo. Es findet eine permanente Umstrukturierung und Öffnung der gesellschaftlichen Eigentums- und Besitzverhältnisse statt. Die alten Rechte bleiben zwar *nominal* erhalten und werden auch durch das formale Recht geschützt, aber die über den Geld- und Kreditgebrauch mögliche Finanzierung neuer Real-Vermögen – jenseits und über die Vorgaben der realen Altsparer hinaus – *dynamisiert* die Gesellschaft nicht nur wirtschaftlich und sozial. Es entstehen permanent auch neue politische Führungsschichten und -systeme. Ein Prozeß, den Karl Marx und Friedrich Engels bereits im »Kommunistischen Manifest« von 1848 zutreffend beschrieben, als sie den Sieg der Bourgeoisie über den Feudalismus und Absolutismus dem Vordringen der »baren Zahlung« anrechneten. Hätten sie statt barer Zahlung *Kreditinflation* gesagt, hätten sie den Vorgang noch exakter ausgedrückt. Denn der mit Kreditmitteln ausgestattete Investor ist es, der in der modernen Geldwirtschaft letztlich sogar darüber entscheidet, wieviel der Sparer unter den neuen Bedingungen überhaupt noch sparen kann. Denn die Trennung der Investitions- von der Sparfunktion mittels der Kreditfinanzierung reduziert das Sparen von einem Akt der Vermögens*bildung* in einen der Vermögens*verteilung*, der Sparer erwirbt nur noch Geldansprüche auf das vom Investor (durch Wagnis- und Verschuldungsbereitschaft) gebildete Real-Vermögen.

Drei Schlußfolgerungen springen aus dieser (kurzgefaßten) Analyse der gesellschaftlichen Funktionen der Geld- und Kreditfinanzierung unmittelbar ins Auge:

Erstens, die den Sparrahmen sprengende (inflatorische) Geld- und

Kreditausweitung ist immer der Ausweis einer *dynamischen* (nichtstationären) Gesellschaft, ein Aspekt, auf den zuerst Knut Wicksell, in voller Tragweite der damit verbundenen gesellschaftlichen Konsequenzen aber später Joseph Schumpeter hingewiesen hat.
Der Widerstand gegen zuviel Dynamik (= Kreditinflation) in der Gesellschaft geht daher immer von den besitzenden Schichten aus, den bereits sparfähigen Vermögensbesitzern und Hoch-Einkommensbeziehern, die bei zuviel Dynamik oder Kreditinflation zu Recht um ihren Besitzstand besorgt sein müssen: die schleichende Aushöhlung der Kapitalbildungs- oder richtiger: Kapitalbildungs*begrenzungs*funktion des Sparens.
Eine moderne, dynamische und sich evolutionär – nicht revolutionär – verändernde Gesellschaft hat daher nicht die Wahl, *ob* sie Inflation will oder nicht, sondern nur: *wieviel* Inflation sie sich ohne Kampf der »have's« gegen die »havenot's« der Neu-Investoren leisten kann.
Deswegen wird Inflation – so gedeutet – *zweitens* interessant, wenn Systeme, aus welchen Gründen auch immer, *schwache Regierungen* hervorbringen, nicht mehr starke. Schwache Regierungen sind immer der größeren Versuchung ausgesetzt, die von ihnen anvisierten Entwicklungs-, Umstrukturierungs- und Besitzverteilungsziele durch Inflation passieren zu lassen, als starke, die sie ja offen, durch Machtmittel erreichen können.
In den Entwicklungsländern der Dritten Welt wird dieser Aspekt offener diskutiert als in den Besitzstandsdemokratien des Westens. Hier zwingen Rücksichtnahmen auf das Wählerpotential des Besitzbürgerstandes und daraus resultierende Eindimensionalitäten des Politik-Angebotes konkurrierender Parteien zu machtkonservierender Heuchelei: Man gibt Inflationsbekämpfung vor, wobei die wirkliche, aber immer nur rhetorisch behandelte Frage ist: ob man diese (dynamik-vernichtende) Inflationsbekämpfung wirklich will? *Denn Inflation ist längst zu einem Mittel anders nicht durchsetzbarer politischer Ziele geworden.*
Doch wehe, man gibt es laut zu!
Drittens, moderne inflatorische Entwicklungs-, Umstrukturierungs- und Umverteilungspolitik wird politisch wie technisch um so leichter, je mehr der geld- und kredittechnische Fortschritt in der Gesellschaft, symbolisiert durch die reale Produktivitätsrate (Produktionsergebnis je eingesetzter Kapital- oder Arbeitsstundeneinheit) vorauseilt. Die großen, säkularen (nicht die temporären kriegsfinanzierungsbedingten) Inflationen, z. B. des Frühkapitalismus im 16. und 17. Jahrhundert oder des jetzigen Spätkapitalismus ab der 2. Hälfte

des 20. Jahrhunderts, haben als notwendige (wenn auch nicht hinreichende) Bedingung große Sprünge im Geld- und Kreditschöpfungspotential der jeweiligen Kreditapparate zur Voraussetzung. Ob und inwieweit dieses hoch elastisch gewordene Finanzierungspotential von der jeweiligen Kreditnachfrage genutzt wird, anders gesagt: ob und inwieweit aus Inflationspotential Inflationsrealität wird, hängt weitgehend vom élan vital, dem Wagemut und der Risikobereitschaft der investierenden und innovierenden Unternehmer und von Regierung und Wirtschaft ab.

Daraus folgt, daß immer dann, wenn (aus welchen Gründen auch immer) der reale Produktivitätsfortschritt, wie derzeit in allen westlichen Industriegesellschaften, an Schwungkraft verliert, das Inflationsproblem virulent wird. Es rückt, obwohl immer vorhanden, plötzlich ins politische Bewußtsein. Inflationem esse delendam!

Ist die Regierung »schwach«, die Wirtschaft (einschließlich ihres Kreditapparates) »stark«, wird das vorhandene Finanzierungs- und Inflationspotential auch stark genutzt – und von der Regierung letztlich toleriert, allen demokratisch vorgeschriebenen Lippenbekenntnissen zum Trotz.

Dabei muß bis zum Beweis des Gegenteils sogar offenbleiben, ob eine solche Politik des verschämten (und niemals öffentlich zugegebenen) Inflations-*Laissez-faire* auf lange Sicht und unter dem Blickpunkt späterer Generationen nicht mehr nützt als schadet. Denn auch die um ihren heutigen Besitzstand bangenden Antiinflationsinteressenten in den Reichtumsgesellschaften sind die Enkel und Erben einstmals inflatorisch gebildeter Real-Vermögen, einschließlich des dazu gehörenden Know-how und sogenannten Human-Kapitals.

»Unsere« Inflationserklärung kombiniert also (ohne in der Aufzählung der einzelnen Faktoren vollständig sein zu wollen) einige für unsere Zeit und »ihre« Inflationsrate typische *monetäre, wirtschaftliche* und *politische* Eigentümlichkeiten, enthält sich dabei aber (so gut es geht) jeder Wertung. Denn wieviel Inflation sich unsere, trotz aller Unterschiede von Land zu Land, in Besitzstruktur und Mentalität doch recht homogene westliche Gesellschaft leisten kann, ist nur vordergründig »berechenbar«: an einem Index oder sonstigen Realwert-Indikator. Denn »Geld ist kein Mechanismus, sondern eine menschliche Einrichtung, eine der bemerkenswertesten überhaupt. Selbst die einfachsten Formen des Geldes ... können nicht funktionieren ohne ein Mindestmaß von Vertrauen. Aber je mehr sich dieses Vertrauen ausbreitet, desto ausgeklügelter, wirtschaftlicher werden die Geldformen und zugleich um so zerbrechlicher. Eine voll

entwickelte Geldwirtschaft ist daher ebenso störanfällig wie instabil.«
(Hicks)[2] Nur: Je entwickelter die Geldwirtschaft wird, desto raffinierter werden nicht nur die Formen ihrer Geldtechnik, ihres Angebots an benötigten Finanzierungsmitteln, sondern auch die (Selbst) Schutztechniken dieser Gesellschaft und ihrer Geldbenutzer, sich vor diesen »inhärenten Instabilitäten« (Eucken) zu schützen. Die Frage ist jedoch: Muß dieser Schutz deswegen auch und immer *politisch* geboten und organisiert werden? (Siehe hierzu vor allem Robert Isaak im folgenden Kapitel.)

4. Faktoren hinter der modernen Welt-Inflation

*a) Kreditäre Zahlungsbilanzdefizitfinanzierung
(äußeres deficit-spending)*

Der atemberaubende banktechnische Fortschritt unserer Zeit hat die Grundlagen unserer überkommenen *Geldverfassungen* zerstört. Sie beruhten auf der beruhigenden, inzwischen aber höchst trügerischen Sicherheit, daß sich die Kreditschöpfung der nationalen, privaten Bankenapparate unter Aufsicht und Kontrolle ihrer (gleichfalls nationalen) öffentlichen Zentralnotenbanken vollziehe. Davon aber kann seit Liquidation des Weltwährungssystems von Bretton Woods und der Preisgabe des Prinzips fester, im Zahlungsbilanzdefizitfall zu monetärer Anpassung verpflichtender Wechselkurse nicht mehr die Rede sein. Das Regime der flexiblen Wechselkurse hat aus allen westlichen Defizitländern (inzwischen zählen auch die bisherigen Überschußländer wie die Bundesrepublik Deutschland und zeitweise Japan dazu) de facto-Reserveländer werden lassen, die (wie im alten Bretton Woods-System praktisch nur die USA) ihre Leistungsbilanzdefizite nicht mehr ausgleichen, sondern (bei mehr oder minder tolerierter Wechselkursschwankung) mit Hilfe des privaten, transnationalen Bankapparates finanzieren.

Dank der privaten Xeno-Geld- und -Kreditmärkte, die seit dem Sturz des Bretton Woods-Systems erst richtig aufgewacht sind, können in allen westlichen Industrie- und Defizitländern *national überzogene Ausgabenniveaus* zu den gegebenen, und zudem noch permanent steigenden Kosten und Preisen (ohne jeden deflatorischen Gegendruck) durchgehalten werden; statt der Exportrate steigen Inflationsrate und Rate der Auslandsverschuldung.

Gleichzeitig nehmen die Xeno-Märkte und die an ihnen operierenden Akteure ihre eigene (subjektive) Bewertung von Wechselkursen und Währungen vor und finanzieren die daraus resultierenden *Währungsbewegungen*. Wenn diese Wechselkurs- und Währungsbewegungen nicht, wie 1973 von der Mehrzahl der Währungstheoretiker erwartet, *objektive* Zins- und Inflationsdisparitäten widerspiegeln und ausgleichen, dann, weil diese Märkte nicht nur bewerten, sondern gemäß ihrer Bewertung auch handeln, d. h. diese Spekulation finanzieren. Die Liquiditätsreserven der Xeno-Märkte repräsentieren somit ihrer Funktion und ihrem Charakter nach weitgehend das, was Keynes die (hochspekulative) M_2-Kasse im Gegensatz zur real benötigten M_1-Kasse nannte – inzwischen in buchstäblich astronomischen Größenordnungen. Wenn es somit permanent zur Selbsterfüllung von Markt-Antizipationen kommt, dann nicht wegen der besseren Einsicht, sondern der größeren (Finanzierungs-)Macht dieser Märkte.

Die Xeno-Märkte bilden somit der Funktion nach ein weltweites (globales) privates Kreditsystem mit praktisch unbegrenzter Kreditschöpfungsautonomie, das in Konkurrenz zu den nationalen – unter Zentralbankaufsicht geordneten – Kreditsystemen steht und das Gut Finanzierung weltweit zu *ubiquitären* Bedingungen anbietet, freilich nur an Adressen eigener Wahl und ausgesuchter Bonität.

Die Primärausrichtung der Xeno-Märkte auf bankmäßige, also mikroökonomische Geschäfte macht sie jedoch weitgehend blind für die Folgen der Makro-Ebene. Was auch immer sie finanzieren: den cost-push moderner Multis, ausgesuchte Großvorhaben in Industrie-, Ostblock- und fortgeschrittenen Entwicklungsländern, es schlägt sich in den *Reservepositionen* an sich defizitärer Volkswirtschaften nieder. Dank dieser permanenten »Reserveproduktion aus Auslandskrediten« können diese Länder ihre zunehmend wachsende innere Staatsschuld aus privater Auslandsverschuldung finanzieren, das *innere* in ein *äußeres* deficit-spending verwandeln. Ein in der Aufbauphase dieser doppelten Schuldenpyramide hochinflatorischer Vorgang, der bei Übergang in die Abbauphase jedoch schlagartig *Kollabierungsgefahren* heraufbeschwört; denn die Tilgung dieser Auslandsschulden – falls sie je ernsthaft in Erwägung gezogen werden sollte! – erfordert eine Aktivierung der bislang passiven Leistungsbilanzen der Schuldnerländer, ohne daß ersichtlich ist, wer oder welche Ländergruppe die mit der Tilgung verbundenen gigantischen Exportüberschüsse der westlichen Industrieländer aufnehmen und bezahlen könnte. Sicher nicht die auch weiterhin defizitären Ostblockstaaten und Entwicklungsländer!

Wenn es somit bei Erreichen oder Annäherung der äußeren Verschuldungsgrenzen an den Xeno-Märkten zu einem jähen Umschlagen bisheriger Welt-Inflations- in Welt-Depressionstendenzen, analog denen der dreißiger Jahre kommen sollte, hängt auch dieses mit der völlig denaturierten *Welt-Geldverfassung* zusammen.
Sie ist daher das Schlüsselproblem für die Erklärung und Bekämpfung der modernen Welt-Inflation.

b) Monopolistischer cost-push und die Folgen

Die Schumpeter-Vision der *monopolistischen* (preis- und selbstfinanzierten) *Markt- und Innovationsstrategien* ist zum eigentlichen Motor modernen industriellen Wachstums und Fortschritts geworden. Die daraus resultierende *Kosten*(cost-push)-*Inflation* ist jedoch nur die unvermeidbare Folge der permanenten Verteuerung moderner Technologie und der dadurch bedingten Zunahme der Investitionsrisiken, die innerhalb kürzester Fristen abgeschrieben, d. h. im Preis hereingeholt werden müssen. Wenn jedoch die wichtigsten Industriegüterpreise – sowenig wie die industriellen Geldlöhne – nur *nach oben* und nicht mehr nach unten flexibel sind, dann entsteht für alle Preis- und Lohnfixierer im Falle von Nachfrageausfall und/oder -restriktion eine »unerwartete Über-Angebotssituation«. Sie führt mit der Zeit und anhaltender Inflationsbekämpfung durch Nachfragedämpfung wegen der blockierten Real-Anpassung von Preisen und Löhnen geradewegs in die *Mengen-Anpassung von Produktion und Beschäftigung.*
Mit zunehmender Ausbreitung monopolistischer Preis- und Anpassungsstrategien wächst somit die Neigung industrieller Systeme, im Aufschwung inflatorisch, im Abschwung depressiv zu übertreiben. Das im Aufschwung aufgefahrene Anti-Inflationsgeschütz trifft statt des anvisierten Preisniveau-Zieles das aus der Schußlinie zu haltende Vollbeschäftigungsziel. Die cost's der Inflationsbekämpfung (Beschäftigungsausfälle) übertreffen ihre benefit's (Preisniveau-Reduktionen), die Hinnahme der Inflationsrate wird möglicherweise billiger als ihre Bekämpfung.

c) Die Alterslasten der »senilen« Reichtumsgesellschaft
   (vom Klassenkampf zum Generationenkonflikt)

Der alarmierende Anstieg der sog. *Transfereinkommen* in allen westlichen Wohlstands-Demokratien und der damit verbundene Zwang zur *Ausweitung der inneren Staatsverschuldung* spiegelt weni-

ger die (stagnierende) Einkommens-Umverteilung zwischen den Klassen (Arm und Reich) als vielmehr mit stark steigender Tendenz die zwischen den Generationen wider (Jung und Alt).
Seit die ehemals aktiven Bevölkerungsgruppen dank der Explosion ihrer Lebenserwartungen »ein zweites Leben« in Nicht-Arbeit bei vollem Einkommensausgleich verbringen, konsumieren sie nicht nur real einen ständig wachsenden Anteil der laufenden Real-Produktion, der den jüngeren – noch – arbeitenden Bevölkerungsgruppen entzogen wird. Ein wachsender Prozentsatz dieser Altersrenten muß offen oder versteckt inflatorisch finanziert werden: über steigende Defizite der Staatshaushalte und der Sozialversicherungssysteme und die verschleierte Kreditaufnahme der Individualversicherungen.
Die moderne »Über-Nachfrage(demand-pull)-Inflation« ist somit Begleiterscheinung, wenn nicht sogar der Ausweis moderner Wohlfahrtsstaaten mit starker (demographischer) Senilität, aus dem »Klassenkampf« armer Gesellschaften entwickelt sich (dank des Wohlfahrtsstaates) der »Generationenkonflikt« der senilen Reichtumsgesellschaft.

5. Der Weg in Welt-Depression und demokratische Scheinalternativen

Was ist das (vorläufige und auf den folgenden Seiten zu beweisende) Fazit?
– In dieser Welt(wirtschaft) der total veränderten monetären Rahmenbedingungen versagen die alten Inflationstheorien, -modelle und -abwehrstrategien. Solange die ubiquitären Xeno-Kreditmärkte »alles« finanzieren, ist *nationale* Stabilitätspolitik kontraproduktiv. Sie verstärkt nur die »Multi-Nationalisierung« (= Ent-Nationalisierung) der Produktionsstandorte und trifft die nationalen small-business-Sektoren härter als die Großen (Multinationals). Ein Trend, der die unerwünschte Substitution von Arbeit durch Kapital verstärkt, denn die getöteten Kleinen produzierten arbeits-, die überlebenden Großen dagegen kapitalintensiv. Hinzu kommen die ungleichen Wirkungen jeder Hartwährungs-(Aufwertungs-)politik auf Export- und Binnensektoren, die letztlich wieder dazu zwingen, die Wechselkurse national (oder europäisch) zu manipulieren.
– Im Milieu moderner Industriegesellschaften mit monopoloiden Angebots- und Anpassungsstrategien im Unternehmenssektor, demographisch vorgegebener und politisch honorierter Über-Nachfrage der wahlentscheidenden älteren (nicht mehr arbeitsproduktiven) Generationen im privaten Sektor versagen die bewährten und

traditionellen Rezepte der Inflationsbekämpfung früherer Zeiten und Strukturen. Nachfragerestriktionen, gleichviel ob keynesianisch oder monetaristisch instrumentiert, scheitern an allen drei für unsere Zeit und Struktur charakteristischen Faktoren: am internationalen Kreditangebot, das die Durchschlagskraft nationaler Kreditpolitik auf das nationale small business beschränkt, am cost-push der nationalen Preis- und Lohnfixierer, der Nachfragerestriktionen und Beschäftigungsrestriktionen kurzschließt, und am Altersproblem kinderloser Gesellschaften, die aus der Alterslast (im Gegensatz zur Kinderlast) eine Sache öffentlich garantierter Real-Einkommen und ihrer öffentlichen (noch dazu inflatorischen) Finanzierung machen.
– Noch gefährlicher aber ist der »logische« Weg in die Welt-Depression. Die Regierungspolitik zielt zwar auf die vermeintliche Inflationsursache, den (nominalen) Nachfrageüberhang, verstärkt aber (ungewollt) nur Kostendruck und reale Beschäftigungsanpassung. *Das heißt: Die moderne Stagflations-Krise (Fortgang der Inflationsbeschleunigung trotz Depression) ist weitgehend das Ergebnis falscher Inflationsbekämpfung, eine Krankheit, die weit mehr mit falscher Therapie als echter (organischer) Krankheit zu tun hat.*
Hinzu kommen die Rückwirkungen auf das politische System. Der Mißerfolg der Anti-Inflationspolitik und die damit verbundene Frustration der Wähler mit ihren Erwartungen löst mangels politischer Alternativ-Programme weder bei den Regierungs- noch bei den Oppositionsparteien Lernprozeße aus. Im Gegenteil: Die Eindimensionalität der auf dasselbe Anti-Inflationskonzept festgelegten Parteien-Konkurrenz heizt den Verbalradikalismus in allen westlichen Parteien und ihrer Programmatik an: Gerade weil man um *Scheinalternativen* und *unechte Grundpositionen* streitet.
Die Regierungsparteien, von der Erosion ihres Wählerpotentials bedroht und von der Opposition der laxen Geldmoral geziehen, werden durch den Mißerfolg ihrer bisherigen Inflationsbekämpfung in die Eskalation ihrer falschen Politik der Nachfragerestriktion getrieben. Diese vernichtet zunehmend die (kapital)schwachen, preis- und kreditabhängigen kleinen und mittleren Unternehmen, wodurch sich indirekt (durch Dezimierung der Konkurrenz) der Marktanteil und die monopolistische Marktmacht der Großen verstärkt. Diese Zerstörung der Schutzschichten (Schumpeter) stärkt zunächst den ohnehin vorhandenen cost-push. Geraten aber auch die Großen an die Grenzen ihrer Preiserhöhungs- und Selbstfinanzierungsspielräume, passen sie sich – nach Ausquetschen der Subventionszitrone – in Arbeitszeiten und Beschäftigung an.

Da im Zuge dieser Rezessionsverschärfung aller nachfrage-restringierenden Industrie-Volkswirtschaften auch deren *Exportdruck* zunimmt, die Weltwirtschaft auf Dauer und nach Ausschöpfung aller (noch) vorhandenen Auslands-Verschuldungsmöglichkeiten nur soviel Exportdruck der »starken« Nationen verkraften kann, wie die Importfähigkeit der »schwachen« Nationen zuläßt – also nicht allzu viel –, erreicht die Weltwirtschaft in dieser Schlußphase der Exportkonkurrenz fast um jeden Preis sehr schnell den Punkt, an dem sie kollabiert. *Die »überhitzte«, aber mit den falschen Mittel »abgekühlte« Konjunktur schlägt um in eine sich kumulierende weltweite Depression, die statt die bestehenden Inflationsursachen zu beseitigen, sie eher noch verstärkt.* Das »Stabilitätsopfer« hat sich nicht gelohnt. Was bleibt, ist eine illusionslose, von verborgenen Nationen-, Klassen- wie Altersinteressen freie Bewertung des Inflationsphänomens. Sie ist nicht nur ein Gebot der Wissenschaftsethik, Max Webers Leitbild von der Vorurteilslosigkeit aller Sozialwissenschaft. Sie ist vielmehr ein Instrument realistischer Selbstanalyse der in unserer Gesellschaft wirkenden Prozesse, ihrer Kräfte und Gegenkräfte: Des ewigen Streites zwischen den Konservativen aller Zeiten, die das (zu ihren Gunsten) Erreichte durch Stopp der weiteren Umverteilung (zu ihren Ungunsten) konsolidieren wollen, und der zu allen Zeiten Progressiven, die erkennen, daß sich der *Status quo aller* (Nationen, Klassen oder Generationen), wenn überhaupt, *nur dann erhalten läßt, wenn die Wachstums- und Umverteilungsventile offen gehalten und nicht im Namen anachronistisch gewordener Privilegien verstopft werden!*

Inflationen – das müssen wir historisch lernen – haben die freien Marktwirtschaftsgesellschaften weniger zersetzt als andere innere soziale Petrifikationstendenzen von politischem Herrschafts- bis ökonomischem Machtmißbrauch. Vermutlich haben die über die permanente Inflationsrate der Weltgeschichte ermöglichten (und finanzierten) Umverteilungen von Real-Vermögen und -Einkommen mehr Revolutionen verhindert, als unsere derzeitige Schulweisheit sich träumen läßt. Die Frage ist also berechtigt, ob wir mit weniger, womöglich gar mit falscher Medikamentierung gegen den Inflationsbazillus unserer Zeit nicht besser führen. Keynes fragte im historischen, heute wieder hochaktuellen 30. Kapitel seiner Treatise on Money von 1930: »Wurden die sieben Wunder der (alten) Welt auf Sparsamkeit erbaut?« Seine Antwort: »Ich denke, nein« gilt noch immer.

Inflationen – das müssen wir analytisch lernen – stellen in Zeiten, in denen (aus welchen Gründen auch immer) wieder einmal die Regierungsfähigkeit abnimmt und nicht mehr zunimmt, eine Art Politik-Ersatz dar: eine systemimmanente Selbstkorrektur, an die sich die Herrschenden (aus welchen Gründen auch immer) nicht mehr heranwagen. Die Frage ist nur, führt sie auch wirklich zu den Zielen, die alle (Nationen, Klassen, Generationen) bejahen (können). Die richtige Antwort auf diese Frage ist das eigentliche Problem unserer Zeit und Zukunft.

Wenn es wahr ist oder werden sollte, daß große Entwürfe (grand designs) der sozialen Problembewältigung nicht mehr zu erwarten sind, oder – um mit Popper zu sprechen – auch gar nicht mehr, weil inhuman, erwartet werden *dürfen*, dann werden die Verteilungslösungen über den Inflationsmechanismus auf der nationalen (innergesellschaftlichen) wie internationalen (oder transnationalen) Ebene zum signifikantesten Instrument des dann allein machbaren social piecemeal engineering (Popper): Dann wird die permanente Inflation zur Alternative der abgelehnten (ideellen) Sozialutopie. Dann löst eben die moderne Welt-Inflation mehr schlecht als recht die durch Regierungsautorität nicht mehr lösbaren Probleme der aktuellen Klassen-, Generationen- und Nationen-Konflikte.

Wenn aber große Entwürfe doch noch einen Sinn und eine Zukunft haben sollen, z. B. eine Welt-Geld- und Welt-Kreditverfassung zur Eindämmung der grenzenlosen privaten Liquiditätsproduktion der Xeno-Bankkreditsysteme, oder eine innerstaatliche Sozialordnung der kinderlos werdenden Gesellschaften (zu) alter Menschen zur Vermeidung eines offenen Generationenkonflikts im postindustriellen Wohlfahrtsstaat, dann wird auch das Inflationsfeuer von selbst verglimmen wie ein Kaminbrand, dem Holz und Luft ausgehen. Mit anderen Worten: Inflation, wann immer und wo immer sie auftritt, signalisiert ein Defizit an Ordnung und Verfassung, einen Mangel an dynamischer Selbstkontrolle der Gesellschaft und somit gewiß ein Übel. Es fragt sich jedoch, ob die gesellschaftliche Angst vor dieser Dynamik und als ihre unausweichliche Folge: Lethargie und Besitzstandsdenken (das Gegenteil einer »offenen Gesellschaft« im Sinne Poppers) nicht das noch größere Übel darstellen!

Inflationsbekämpfung ist daher immer ein *Verfassungs*problem, nicht nur im technischen Sinn einer Geldverfassung, die die Geld- (= Anspruchs-) und Güter-(= Realisierungs-)seite im Gleichgewicht hält, sondern der sozialen Gesamtverfassung eines Staates, einer Staatengruppe oder einer Welt, die den Verteilungskampf so regulieren wird, daß er ein von allen Akteuren akzeptiertes Spiel wird oder bleiben kann. »Der Zustand des Geldwesens eines Volkes ist ein Symptom aller seiner Zustände«, sagt Schumpeter. Das gilt auch für die Gesamtheit der auf dem Globus vereinten Nationen.

So bewegt sich die folgende Untersuchung zwischen den beiden Enden eines langgezogenen Spektrums: der Skepsis, ob es je gelingen wird, das Inflationsproblem an der Wurzel einer den Verteilungsprozeß regelnden Gesamtverfassung zu lösen, und wenn, sicherlich nicht für alle Zeiten und Systeme und der ganz und gar Popperschen Wissenschaftsethik, daß, wenn Bestlösungen nicht zu haben sind, Zweit-Bestlösungen, zu denen wir wohl oder übel auch die Öffnung der gesellschaftlichen Strukturen über die Inflationsrate rechnen müssen, besser nicht verketzert werden sollten.

Wenn dabei eine gewisse Resignation gegenüber der Lösbarkeit des Inflationsproblems durchschimmert, dann darf daraus nicht auf des Verfassers subjektive oder fatalistische Einstellung zur Wünschbarkeit oder gar Zweckmäßigkeit der Lösung des Inflationsproblems geschlossen werden (eher auf seine Zweifel am Mut der Politiker, sie so rigoros, wie sie sich verbal artikulieren, dann auch zu bekämpfen). »Fakten an sich oder Folgerungen aus ihnen«, sagt Schumpeter zur Rechtfertigung seiner Prognose, daß sich der Privatkapitalismus zersetzen werde, »können niemals defätistisch sein«. Das gilt nur für das, was andere daraus machen oder unterlassen. Nicht die Feststellung, daß das Schiff sinkt, ist defätistisch, sondern wie die Mannschaft darauf reagiert: Ob sie sich betrinkt, in die Boote geht oder die Ärmel zum Pumpen hochkrempelt.

Der Mannschaft an Bord gilt unsere Nachricht.

B. Inflationsgründe und -hintergründe der modernen Inflation

1. Inflationen – gewollt oder ungewollt?

Die moderne Inflation der westlichen Industrieländer seit Ende des Zweiten Weltkrieges unterscheidet sich von ihren Vorgängerinnen seit Einführung der Geldwirtschaft irgendwann im geschichtlichen Morgenrot vom 6. zum 7. Jahrhundert vor unserer Zeitrechnung, also seit gut zweieinhalb Jahrtausenden weder in ihren Symptomen (steigenden Preisniveaus) noch ihren Folgen (einer laufenden Reduktion bereits verdienter Real-Einkommen und -Vermögen), wohl aber in ihrer *sozialen Bewertung*. Fast alle früheren Inflationen waren mehr oder minder bewußt *gewollt*, auch wenn ihre Verursacher noch weit davon entfernt waren, über eine in sich geschlossene (systematische) Inflations*theorie* zu verfügen. Der antike Staat bis hin zur Römerzeit »benutzte« die Inflation – technisch: sein Geldprägemonopol –, um aus seinen Münzgewinnen (der Differenz zwischen der realen Kaufkraft dieses Geldes und den stets geringeren Kosten seiner Produktion) seine öffentlichen Ausgaben zu finanzieren: vom Krieg bis zu Infrastruktur und Wohlfahrtsprogrammen. Sein Geldschöpfungsprivileg ersetzte sein Steuerprivileg; eine Staatsfinanzierungspraxis, die durchaus populär war. Denn der antike Mensch empfand die Ausbeutung durch Inflation weit weniger störend als die durch Besteuerung – wenn auch vermutlich nur deswegen, weil er den Zusammenhang zwischen der staatlichen Geldschöpfungsaktivität und den steigenden Preisen noch nicht verstand.[3]

Auch der mittelalterliche Feudalstaat knüpfte an dieser durch die Römische Reichsidee vermittelten Tradition an. Je größer die Ohnmacht der Zentralgewalten (Kaiser, Könige) wurde, je mehr Rechte und Privilegien sie den erstarkenden Territorialgewalten (Fürsten, Städte) abtreten mußten, desto länger und bunter wurde auch der Fleckenteppich lokaler Münz- und Geldsysteme; ein billiges Mittel der Fürsten und Städte, ihre Einnahmesituation kräftig aufzubessern.[4]

Der einzige Geld- und Staatsfinanzierungsfortschritt des späten Mittelalters, die Erfindung der *Staatsschuld*, entwickelte sich ebenfalls aus Verkauf und Verpfändung von Geldschöpfungs-(»Seigniorage«-) Privilegien und von staatlichem Gold- und Silberminenbesitz. Der um den »Staatskredit« erweiterte Finanzierungsspielraum der absolutistischen Renaissance- und Barockfürsten diente, wie in der Antike, zur Alimentierung des realen staatlichen Ressourcenbedarfs. Inflatorische Geldschöpfung und inflatorische Staatsverschuldung finanzierten bis tief ins 18. Jahrhundert hinein (!) den historisch ersten – und längsten – Verteilungskampf um das real vorgegebene und insoweit begrenzte Sozialprodukt, nämlich den zwischen *öffentlicher* und *privater* Verwendung der real verdienten Einkommen und Vermögen.

Der sein Geldschöpfungsprivileg virtuos handhabende Staat druckte oder prägte sich selber die Anweisungen oder Rechenpfennige auf ein Sozialprodukt, das andere – die Privaten nämlich – im Schweiße ihres Angesichts und unter erheblichem Zagen und Zittern (Risikoübernahme) erwirtschafteten. Und doch wahrte der Staat den Schein, daß er mit verhältnismäßig niedrigen Steuerbelastungen auskam.[5]

Das fehlende Inflationsbewußtsein der aufkommenden merkantilistischen und frühindustriellen *Bourgeoisie* des 17. und 18. Jahrhunderts manifestiert sich in nichts deutlicher als in ihren permanent falschen Revolten nicht gegen Teuerung und Inflation, sondern gegen die trotz aller Inflationseinnahmen mit der Zeit eben doch steigenden *Steueransprüche* ihrer Staaten und Kronen. Sowohl die »glorreiche« englische Revolution von 1688/89 wie auch die auf »Gleichheit vor der Krone« zielende Unabhängigkeitserklärung der ersten 13 US-Bundesstaaten von 1776, erst recht aber die auf »Abschaffung der Ständeprivilegien« zielende französische Revolution von 1789 sind in ihrem harten ökonomischen Kern »früh-poujadistische« Anti-Steuer- und keine Anti-Inflationsaufstände. No taxation without representation, und das obwohl die damaligen Steuerlastquoten sowohl einzel- wie gesamtwirtschaftlich im Vergleich zu den heutigen eher eine quantité negleable darstellten.

Weder die führenden Wirtschaftswissenschaftler der Zeit – Merkantilisten sowenig wie die sie befehdenden und ablösenden Klassiker – noch die großen liberalen, den Verfassungsstaat durchsetzenden Staatsrechtslehrer der Epoche (Bodin, Hobbes, Locke, Montesquieu, Rousseau) diagnostizieren die Inflation als *Negation der von ihnen legitimierten privaten (= nichtstaatlichen) Eigentums- und Besitzrechte*. Diese werden in ihrem Selbstverständnis vom Idealbild einer guten und gerechten Gesellschaft (dem ordre naturel) immer nur von Macht- und Rechtsmißbrauch gefährdet, vom Unrecht der Stärkeren, aber niemals vom Mißbrauch exzessiver Geld- und Kreditproduktion (= Inflation), der im Zeitalter der bürgerlichen Emanzipation von der Omnipotenz des ancien régime alle Rekorde schlägt.[6]

Die zeitgenössische Erklärung für diese auf uns im nachhinein so erstaunliche Inflationsblindheit der frühen Kapitalismus-Epoche liegt auf der Hand: Die Einführung und Durchsetzung der Geldwirtschaft erscheint allen Analytikern der Zeit als ein so großer, um nicht zu sagen einmaliger gesellschaftlicher Innovationsprozeß, daß man über seinen offenkundigen Vorteilen seine inflatorischen Nebenwirkungen entweder übersieht oder herunterspielt. Obwohl Bodin und Locke durchaus den Zusammenhang zwischen Ausweitung des Geldumlaufs (= Ausbreitung der Geldwirtschaft) und steigendem Preisniveau erkennen, ziehen sie keine praktisch-politisch relevanten Schlußfolgerungen aus ihren theoretisch interessanten Einsichten. Im politischen Alltag dominieren die Merkantilisten. Sie überzeugen ihre Fürsten und Bürger von den Segnungen der über Leistungsbilanz*überschüsse* »importierten Inflation«, von der ein aufstrebender Staat mit wachsenden Finanzierungsbedürfnissen sich gar nicht genug zulegen kann. Und als Hume und Smith diese merkantilistische »Geldillusion« entlarven: Die Gesellschaft lebe und prosperiere von ihren real-produzierten und -importierten Gütern und nicht von der Menge und dem Umlauf ihrer Zahlungsmittel, verfallen sie sofort in den nächsten und bis heute nachwirkenden folgenschweren Irrtum: Geld und Kredit bestimmten zwar die *absolute* Höhe nationaler Preisniveaus und damit den Kaufkraftgehalt *einzelner* Währungen, doch gingen von diesem Vorgang, vergleichbar dem einer Unterteilung der Recheneinheit Dollar oder Mark in 200 statt 100 Untereinheiten – cents oder Pfennige –, *weder nationale noch internationale Verteilungswirkungen aus!*

Humes berühmtes Geldmengen-Preisniveau-Theorem (specie-price-flow-model) »beweist«, daß die willkürliche Verdoppelung der Inflationsrate in Irland gegenüber der von England beide realen terms of trade allenfalls kurzfristig, aber niemals langfristig oder gar dauernd verändern kann. Denn die Verdoppelung des irischen Preisniveaus gegenüber dem von England korrigiert sich innerhalb kürzester Frist (quasi automatisch) durch die Umkehrung der Leistungsbilanzsalden: Irland wird zum Netto-Importeur, England zum Netto-Exporteur. Der daraus resultierende Geldfluß von Irland nach England

und der gegenläufige Güterfluß von England nach Irland gleichen gemeinsam sozusagen mit ökonomischer Lichtgeschwindigkeit die Preisniveau-Differenzen wieder aus. Inflation kann, wenn überhaupt, nur temporär stattfinden. Bei internationalem Freihandel von Geld und Gütern findet sie »eigentlich« nicht statt.[7]
Und national, in der einzelnen Volkswirtschaft?
Ricardo macht das Hume-Smithsche Vorurteil vom nur temporären Charakter jeder Inflation *institutionell* wasserdicht. Liegen nationale Geld- und Kreditproduktion der *privaten* Banken an der Kette eines *staatlichen* Geldemissionsinstituts (einer Zentralnotenbank), und bindet man deren Geldmengenproduktion (schon um den vor-konstitutionellen und vor-kapitalistischen Verteilungskampf der öffentlichen mit der privaten Hand zu neutralisieren) an feste *Deckungsregeln*, eine möglichst gesetzlich verankerte *Goldwertklausel*, kann nationale Inflation überhaupt nicht mehr stattfinden, allenfalls internationale, wenn – bei festem Goldpreis – die Weltgoldmenge steigt. In Ricardos currency-principle, das 1844 über Peels bankact Grundmuster nicht nur der englischen Notenbankverfassung, sondern auch aller kontinentaleuropäischen Notenbankverfassungen der zweiten Hälfte des 19. Jahrhunderts wurde, gibt es nur »Teuerung« im Sinne realer Preiserhöhungen, beispielsweise im Falle einer Mißernte, dagegen keine »Inflation« im Sinne einer monetären Aufblähung der Geldmenge. Ricardo definiert somit den *konstitutionellen Rahmen*, die idealen Bedingungen einer *Geldverfassung*, die es der Geldseite (der linken Seite der berühmten, von Bodin und Locke vorformulierten Quantitätsgleichung) verbietet, über die Güterseite (die rechte Seite derselben Gleichung) hinauszuwachsen. Preisniveaus (P) können in dieser geordneten monetären Stabilitätswelt nur steigen, wenn die realen Outputs (O) fallen, nicht aber, wenn – und weil – die Zahlungsmittelmengen (M) und deren Umlaufsgeschwindigkeiten in der Zeitperiode (V) steigen! (Hierzu in extenso Abschnitt C.: Inflationsillusionen – oder was erklärt die Quantitätstheorie?)
Der sich anbahnende neue Verteilungskampf innerhalb des privaten Sektors zwischen Arbeit und Kapital, den Ricardo sehr wohl (voraus-)sieht und den Marx später von ihm ableiten wird, kann jedenfalls nicht über die innere (nationale) Inflationsrate finanziert werden. Die Geldmenge wird vom (äußeren) Zahlungsbilanzsaldo, den Goldzu- und -abflüssen her bestimmt, nicht von der (inneren) Profit- und/oder Lohninflation. Die innere Einkommensverteilung ist »technisch« determiniert: durch *produktivitätsabhängige* Preis- und Ertragsrelationen; eine Theorie, die die Marginalisten der späteren

Wiener, Cambridger und Lausanner Schule bis zur Überperfektion verfeinern werden, allen voran Walras, Ricardos Meisterschüler. In seinem Modell der geschlossenen Tauschwirtschaft spielt das Geld die Rolle des die Tausch- in die Preisrelationen verwandelnden numéraire. n Güter haben nur n−1 Tauschrelationen, mit Einführung eines n+1. Gutes (des Geldes) lassen sich für alle n Güter vergleichbare Preisrelationen in der neuen Recheneinheit gewinnen. Nur, die neue Recheneinheit beziffert oder indiziert lediglich etwas, was bereits real vorgegeben ist: ein aus Produktivitäten (Kostenrelationen) und Nachfrageintensitäten vorgegebenes Bewertungsgefälle. Was Ricardo mehr intuitiv behauptete als analytisch bewies: Geld sei nur ein Schleier, der sich über die realen Produktions- und Verteilungsverhältnisse mehr verdunkelnd als erhellend lagere, beweist Walras auf logisch unanfechtbare Weise. Nur, in den Sozialwissenschaften ist logische Richtigkeit nur notwendige, nicht hinreichende Bedingung für die Erfassung der ganzen Wahrheit.

Walras' Logik stand schon zu ihrer Zeit, vor Ausbruch des Ersten Weltkrieges auf empirisch schwachen Füßen. Erst recht heute, seit sich so moderne Inflationsanalysen wie große Teile des Monetarismus aber auch des Post-Keynesianismus direkt oder indirekt auf Walras und Ricardo und ihre Hypothese von der realen Neutralität des Geldes berufen.

Denn vom Gelde, seiner Dosierung (Geldangebot), seinem Preis (dem Zins), vor allem aber der Chance, es im Kreditwege sozial unterschiedlich zu verteilen (seiner präferentiellen Zuteilung) gingen zu allen Zeiten, besonders aber im Zeitalter der kreditfinanzierten Investitionen und Innovationen ganz erhebliche reale Produktions- und Verteilungswirkungen aus.[8] Da Wissenschaftler, und nicht nur ökonomische, primär das erforschen, was ihnen Tradition und Vorgesetzte (Lehrer) aufgeben, werden sie fast eigengesetzlich zu Dogmatikern. Sie setzen sich auf ihren »Konzilen« fast ausschließlich mit Lehren und Ansichten Andersgläubiger auseinander statt mit realen Problemen ihrer Zeit und Umwelt.[9]

Weil die großen Ökonomielehrer des 19. Jahrhunderts dem Inflationsproblem keine reale (Produktions- und Verteilungs-)Bedeutung zumaßen, das Problem sich überdies durch Zahlungsbilanzanpassung und konstitutionelle Sicherungen, vor allem eine starke und vom Staat unabhängige Notenbank leicht lösen ließ, *entwickelte man auch keine, dem Inflations»fortschritt« vom 19. ins 20. Jahrhundert angepaßte Inflationstheorie.*

So erklärt sich das für die Gegenwart ebenso charakteristische wie

deprimierende Bild, daß – als die Bevölkerungs- und Wählermehrheiten in den westlichen Demokratien, einig wie selten, ohne Rücksicht auf Arbeitsplatzverluste energische und rigorose Inflationsbekämpfungsprogramme zu fordern begannen – Wissenschaft wie Politik, hilflos wie selten, nichts anderes anzubieten haben als alte Rezepte, nur ungleich stärker (und gefährlicher) dosiert als bisher: Geldmengenkontingente statt -politik, eruptive statt verstetigte Zinspolitik, Wechselkurslabilität statt -stabilität. Seit Inflation weder »gewollt« noch in bescheidenem Ausmaß »toleriert« wird und werden kann, leisten Wissenschaft wie Politik den Offenbarungseid, daß sie die Inflation, die wir haben, auch nicht bekämpfen können.
Das läßt nur einen Schluß zu: Wir brauchen eine neue Inflationsforschung, die sich a) von den Vorurteilen älterer Theorien löst und b) den Versuch unternimmt zu prüfen, inwieweit die beachtlichen Veränderungen des institutionellen, strukturellen und sozialen Umfeldes, die das 20. vom 19. Jahrhundert unterscheiden, als die bis heute nachwirkenden klassischen Ansichten über Inflation und ihre Bekämpfung entstanden, die Natur des Inflationsprozesses selber (seinen Ursprung, seine Wirkung und seine Übertragungsmechanismen) verändert haben.
Da wir den Zeitgehalt der überkommenen Inflationstheorien in einem späteren Abschnitt behandeln, konzentrieren wir uns im folgendem auf die ungleich wichtigere Frage: Wie entsteht Inflation heute, und was kann heute gegen sie unternommen werden?

2. Zwei Kapitel banktechnischen Fortschritts

a) *Der Bankkredit trennt sich vom Geld*[10]

Geldverfassungen teilen mit Staatsverfassungen, daß sie als Bollwerk gegen die letzte Krise konstruiert werden, nicht gegen die nächste. Ricardos currency-principle (die Beschränkung des Geldschöpfungsprivilegs auf eine staatliche Zentralnotenbank – nebenbei eine Forderung, die Marx so beeindruckte, daß er sie als »Maßregel« Nummer 5 in sein Kommunistisches Manifest von 1848 übernahm) sollte den Bürger vor der inflatorischen Enteignung durch seinen geldschöpfenden Staat schützen. Das Problem der Epoche war jedoch (oder wurde) der Schutz des Sparers vor der Enteignung des kreditinflatorisch finanzierenden Investors. Schumpeters – das Zeitalter prägenden – dynamischen Unternehmer hätten so gut wie keine ihrer –

den Kondratjeff(zyklus) treibenden – Innovationen finanzieren können, hätte nicht der Verlust des Banknotenemissionsmonopols die privaten Banken auf die Idee einer eigenen Innovation größter Relevanz gebracht. Sie begannen die wachsenden Kreditfinanzierungswünsche ihrer Investitionskunden weit über das ihnen überlassene Potential an Spareinlagen hinaus aus eigener Kreditaufnahme bei anderen Banken (Interbankverschuldung) zu refinanzieren.
Wicksell, der diesen Prozeß der depositenunabhängigen Interbankverschuldung als erster analysierte (in seinem für das moderne Inflationsverständnis bahnbrechenden Buch »Geldzins und Güterpreise«, das 1898 in deutsch, aber erst 1936 in englisch erschien), kam zu dem frappierenden Schluß, daß dieser »Wicksellsche Prozeß« kontinuierlicher Kreditinflation vom Liquiditätspotential der Kreditanbieter de facto unbegrenzt sei, denn diese bildeten bei Gleichschritt in der Expansion und ungetrübter Geschäftsbeziehung ein geschlossenes System automatischer Liquiditätsüberlassung. Das einzige, was diesen Prozeß der Kreditinflation stoppen könne, wäre eine ungleichgewichtige Entwicklung zwischen Zins und Profit (Geldzins und Realzins in Wicksells Terminologie). Aber gerade diese wäre nach klassischen (ricardianisch-walrasianischen Gleichgewichts-) Vorstellungen nicht zu erhoffen gewesen! Da Wicksell die klassische Verharmlosung der Inflationsproblematik nicht mitmachte, empfahl er eine ganz und gar revolutionäre Änderung der Geldpolitik: Sie sollte statt der Stabilisierung des Wechselkurses (stellvertretend für die Zahlungsbilanz) die Stabilisierung des inneren Preisniveaus anstreben.
Wicksell wurde so der Ahnherr moderner Stabilitätspolitik!
Seit Wicksell ist nicht nur klar oder sollte klar sein, daß über das bisherige Instrumentarium der Notenbanken unkontrollierte oder richtiger: unkontrollierbar gewordene Kreditsysteme nicht nur eigengesetzlich die Geldseite der Quantitätsgleichung ($M \cdot V$) von ihrer Güterseite ($Q \cdot P$) trennen und damit ihre Stabilitäts*norm* zerstören. Denn eine Bindung der Kreditexpansionsrate an den periodengleichen Produktivitätsfortschritt (die reale Zunahme von Q), den die das currency-principle in den vierziger Jahren des vorigen Jahrhunderts heftig bekämpfende Banking-Schule in England statistisch nachzuweisen glaubte, besteht natürlich nicht, weder logisch noch empirisch.
Entscheidender und folgenschwerer aber ist, daß die in der freien Kreditwirtschaft institutionell abgeschlossene Trennung der Sparer- von der Investorenfunktion nicht nur statt des Gleichgewichts das *Ungleichgewicht* zwischen beiden für die innere (Preisniveau- und

Beschäftigungs-)Stabilität einer Volkswirtschaft ausschlaggebenden Größen perpetuiert, die Anomalie zum Regelfall einer dynamischen Wirtschaft macht, worauf als erster Schumpeter (in der Exegese Wicksells) hingewiesen hat. Sie konstituiert wirtschaftliches Wachstum als wirtschaftlichen Verteilungskampf um die Real-Kapital- oder Vermögensbildung. In der alten stationären Noch-Nicht-Kreditwirtschaft bestimmten die Überschüsse der Sparer, wieviel, wie und für wen investiert wurde, in der Kreditwirtschaft bestimmen Risiko- und Verschuldungsbereitschaft der Investoren, welches Beschäftigungs-, Einkommens- und Sparerpotential überhaupt entsteht. Die (potentiellen) Sparer können ausschließlich im Rahmen des ihnen von den Investoren zugewiesenen Einkommenskontos frei entscheiden, wieviel, wie und für wen sie sparen wollen. Ihre Sparziele werden, auch wenn sie es nicht merken, von Kreditangebot und Investitionsbereitschaft vorgegeben.

Es gehört zu den unreflektierten Geschäftsgrundlagen dieses Systems, daß die Sparer mit dieser Entmachtung, um nicht zu sagen Ausbeutung, durch die moderne, nicht mehr kontrollierbare Kreditwirtschaft einverstanden sind, solange sie ihre subjektiven Sparziele voll verwirklichen können. Gefahr droht erst, wenn die Sparer entweder den Verlust ihrer Sparfähigkeit (den Verlust von Arbeitsplatz und Einkommen) oder Einbußen auf ihr bereits erworbenes Vermögen befürchten müssen. Eine Krise aus Ursache Nummer eins erlebte die westliche Welt in den dreißiger Jahren, eine Krise aus Ursache Nummer zwei seit Mitte der siebziger Jahre, seit die unbekämpfbare Inflation sowohl den bereits vorhandenen Geldvermögensstock wie auch das laufend neu zuwachsende Einkommens- und Sparpotential der Nicht-Investoren zunehmend bedroht.

Mit anderen Worten: Nur in der Krise – sei es der Beschäftigung oder der fehlenden Preisniveaustabilität (oder wenn beide zusammenfallen) – entpuppt sich die innere Labilität eines freien, von der Geldverfassung nicht mehr steuerbaren Kreditsystems. Denn dann verlangen die von der Krise Betroffenen Aktionen, die keine »nur« demokratisch (und nicht mit diktatorischen Vollmachten) legitimierte Regierung leisten kann: 1930 konnte keine Regierung ihren Banken befehlen, die Kreditkontraktionen zu unterlassen, denn das gehört zum Wesen eines Wicksellschen Prozeßes, daß er in beiden Richtungen läuft. Und heute kann keine Regierung, weder im Alleingang noch im konzertierten Verbund, die internationalen Xeno-Kreditmärkte verbieten. Ihre permanente Finanzierung überdimensionierter Leistungsbilanzdefizite von an sich reichen Industrieländern, krisengeschüttelten Ostblockstaaten und einer Reihe zukunftsträchtiger Entwicklungsländer stellt zwar – jeder Verantwortliche weiß es – einen substantiellen Beitrag zur Welt-Inflation dar, denn in allen Defizitländern werden dadurch national überhöhte Ausgaben-, Preis- und Kostenniveaus fixiert, aber jeder Verzicht auf dieses externe deficitspending würde die nationale Krisensituation sofort und schlagartig verschärfen. Es ist also nicht ganz abwegig, wenn man zum modernen Inflationsbefund der siebziger und der achtziger Jahre feststellt: Obwohl die Masse der Regierungswähler in allen westlichen Industrieländern die sich z. T. sogar beschleunigende Inflationsrate ablehnt und den Erfolg ihrer Regierung in Prozentpunkten erfolgreicher Inflationsbekämpfung mißt, sehen dieselben Regierungen in eben dieser Inflation das kleinere Übel. Die Inflation vertagt die große und noch folgenschwerere Beschäftigungskrise, die sich bei nicht-inflatorischem Ausgleich der aufgelaufenen Leistungsbilanzdefizite (ölpreisbedingt oder nicht) mit derselben Automatik einstellte wie in den dreißiger Jahren. Obwohl es kein Regierungsverantwortlicher zugeben würde: Die gegenwärtige Inflation ist zumindest stillschweigend gewollt.

Der Grund liegt auf der Hand: »Askese zu erzwingen, sind auch die bisherigen Förderer des reichlichen Lebens innerlich wenig geeignet, und der Versuch würde überdies unter ihrer Regie der Glaubwürdigkeit uneigennütziger Motive entbehren, die für die Akzeptierung des Schmerzhaften so wichtig ist. Zu fragen ist, ob der Kommunismus, der an sich die materiellen Wohlstandsziele des Kapitalismus teilt, der Versuchung des Erfolges widerstehen kann, wo er ihn zu kosten beginnt.« (Hans Jonas: Das Prinzip Verantwortung, Frankfurt am Main 1979) Die Antwort konnte auch schon vor den Ereignissen in Danzig gegeben werden, sie lautet: Nein.

Charles Meyers Verdikt über den Keynesianismus der dreißiger Jahre, er habe das damalige Struktur- und Beschäftigungsproblem hochkapitalistischer Gesellschaften binnen-inflatorisch überspielt, bis dann die Kriegswirtschaft alle Brüche heilte (seine »konservative Illusion«), wiederholt sich darum folgerichtig 50 Jahre danach auf der höheren Ebene. Die Defizite erscheinen nicht nur in den (staatlichen) Budgets, sondern weit überdimensionierter und folgenschwerer in den (überwiegend privaten) Leistungsbilanzen; sie werden nicht aus nationaler Geld-, sondern aus internationaler Kreditschöpfung finanziert. Damals wurde die öffentliche Inflationspolitik vom privaten Sektor mit Erleichterung begrüßt, heute eine im wesentlichen private Inflationspolitik vom öffentlichen Sektor, der deswegen nationale (Zusatz-)Aktivitäten unterlassen kann.[11]

Die Bühne ist verändert, das Stück dasselbe. Es müßte schon eine »starke«, also *un*demokratische Regierung sein, die wagen könnte, es vom Spielplan abzusetzen.

b) *Das perfekte Kreditsystem der modernen Xeno-Märkte (Das OPEC-Beispiel)*[12]

Seit es die Xeno-Geld- und -Kreditmärkte gibt, wird über sie gestritten. Für ihre Apologeten sind sie das derzeitige Maximum banktechnischen Fortschritts, die Perfektion eines reinen Kreditsystems, das sich völlig vom realen Sparprozeß (der Depositenhaltung von sog. Nichtbanken) und der Kreditschöpfungskontrolle durch Zentralbanken, die mittels Geldmonopol und Reserveauflagen »regieren«, gelöst hat. Für ihre Kritiker sind diese Märkte eine reine Inflationsmaschine.[13]

Tatsächlich sind sie beides. Denn die inzwischen in Billionen-Einheiten (englisch: Trillionen) zu messende Kreditexpansion der dahinter stehenden Banken hat nicht nur längst die gleichzeitige reale Expansion des Welthandels mit Längen überrundet, seit 1973, dem Beginn von Floating und Ölpreiseskalation sogar mit stark zunehmendem Tempo (vgl. Schaubild 1). So paradox es klingt: Diese sich selbst überlassenen Kreditmärkte finanzieren zunehmend aus durchaus rationalen Motiven ihre eigene Irrationalität. Mit diesem Schlüsselproblem moderner Inflationsverursachung müssen wir uns eingehend beschäftigen.

Wie können wir beweisen, daß die Xeno-Märkte seit Beginn des Floating praktisch mehr die nationale Wechselkurs- und Zinsunruhe und -unsicherheit finanzieren als den realen Welthandels- und Kapitalverkehr? Indem wir Übersicht 1 und Schaubild 1 zu Rate ziehen. Beide Zahlenwerte zeigen deutlich, daß seit Float-Beginn die »finanziellen« Umsätze (Xeno-Kredite) die »realen« Umsätze (Welt-Exporte) immer schneller überrunden. Seit 1974 haben sich die nominalen Welt-Exporte verdoppelt (real, also deflationiert sind sie nur knapp um ein Viertel gestiegen), das Xeno-Kreditvolumen dagegen hat sich um fast das Sechsfache ausgeweitet!

Jenseits aller mehr oder minder bankmythologischen Modelle zeigen diese Zahlen klar, daß der Selbstfinanzierungsgrad der Xeno-Märkte wächst – nicht fällt.

Sie zeigen aber auch, daß der einstmals strenge Zusammenhang zwischen Zahlungsbilanzdefizit der USA und dem Wachstum dieser

Schaubild 1

Welt-Export- und Xeno-Kreditmarkt-Entwicklung
– 1970 = 100, logar. Maßstab –

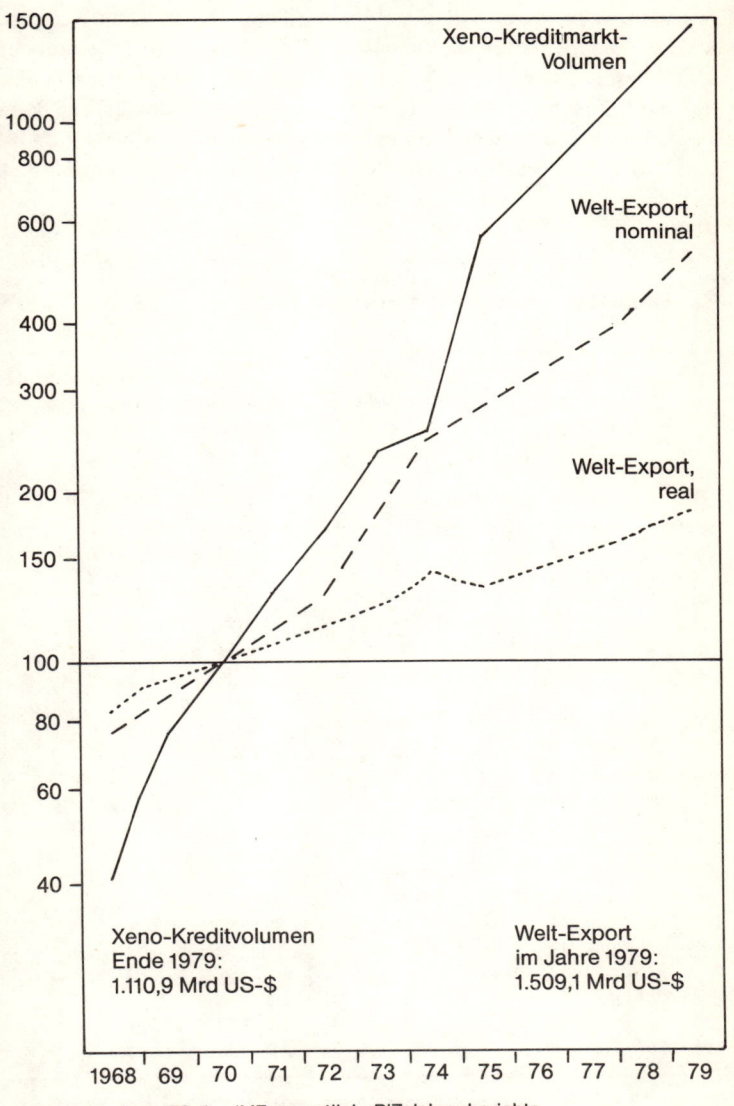

Xeno-Kreditmarkt-Volumen

Welt-Export, nominal

Welt-Export, real

Xeno-Kreditvolumen
Ende 1979:
1.110,9 Mrd US-$

Welt-Export
im Jahre 1979:
1.509,1 Mrd US-$

Quellen: IFS des IMF, monatlich; BIZ Jahresberichte.

Märkte verlorengegangen ist. Alle von den bisherigen Kapazitätsrechnern älterer und neuer Schule angenommenen strengen (und konstanten) Relationen zwischen Geldbasis (= US-zahlungsbilanzbedingte US-Dollar-Abflüsse) und Xeno-Dollar-Kreditzunahmen stimmen nicht mehr. Wie die Zahlenreihen der Übersicht 1 zeigen, standen einem Abfluß »offizieller« US-Dollars aufgrund laufender Zahlungsbilanzdefizite zwischen 1966 und 1972 von 45 Mrd Dollar 118 Mrd Dollar neue Xeno-Kredite gegenüber. In den Jahren 1973 bis 1979 eskalierte diese Relation von 87 Mrd Dollar offiziellem US-Zahlungsbilanzdefizit zu einer Xeno-Dollar-Kreditschöpfung in der

Übersicht 1

Zur Entwicklung von Weltliquidität und -handel

Jahr	Währungsreserven (Stand: Jahresende)	US-Zahlungsbilanz-Saldo	Xeno-Kreditvolumen (Stand: Jahresende)	Welt-Exporte (fob)
	Millionen US-Dollar			
1965	70 869	− 74	14 200	167 100
1966	72 712	+ 808	18 300	183 600
1967	74 453	− 3 327	24 850	192 700
1968	77 762	+ 790	31 800	215 200
1969	78 670	+ 1 552	58 300	246 600
1970	93 243	− 7 363	78 250	283 700
1971	133 643	− 27 406	100 100	317 400
1972	159 119	− 10 322	131 800	376 800
1973	183 481	− 5 147	188 600	524 200
1974	219 804	− 10 257	214 100	773 300
1975	226 856	− 5 260	442 400	769 500
1976	257 407	− 13 050	547 400	906 800
1977	317 899	− 35 430	689 700	1 030 500
1978	364 405	− 31 060	892 800	1 191 500
1979	396 242	+ 13 560	1 110 900	1 509 100
nachrichtlich:				
1966–1972		− 45 268	+ 117 600 = 1 : 2,6	
1973–1979		− 86 644	+ 979 100 = 1 : 11,3	

Quellen: IMF, International Financial Statistics, Washington D.C. (monatlich), Bank für Internationalen Zahlungsausgleich (Jahresberichte).

Größenordnung von fast 1000 Mrd Dollar! Aus der Ursprungsrelation von rd. 1 : 2,5 in den sechziger Jahren wurde mittlerweile eine von 1 : 11 mit stark steigender Tendenz!
Die Kreditschöpfung der weltweit operierenden Xeno-Kreditmärkte hat sich somit von ihrer Versorgung mit primärer (aus den USA einströmender) Dollar-Liquidität emanzipiert. Das Verbundsystem der Euro-, Asian-, Pacific- und Caribean-Banken arbeitet heute wie ein verselbständigtes, privates Notenbank- oder Zettelbankensystem des 19. Jahrhunderts, das seine Kredite praktisch zu 100 Prozent aus selbstgeschaffenen Bankeinlagen (Interbank-Schulden) und Banknoten (Certificates of Deposit) refinanziert.
Dieses Interbank-System stellt jenen eingangs beschriebenen Welt-Finanzierungsrahmen dar, der es Ländern mit passiven Zahlungsbilanzen erlaubt, ihre Defizite durchzustehen und sich mit der notwendigen (schmerzhaften) Anpassung Zeit zu lassen. Nicht zuletzt dank dieser Defizitfinanzierung können sich aber auch die Überschußländer Zeit lassen; sie können permanent mehr exportieren, als auch eigene, sonst unerläßliche Finanzierungsleistungen (Kapitalexporte) unterlassen. Mit anderen Worten: Die Kreditschöpfungsfähigkeiten der freien internationalen Geld- und Kreditmärkte schonen nicht nur Reserven der Defizit-, sondern auch der Überschußländer. Bei den Defizitländern ersetzen sie nur auf Zeit, denn sie müssen ihre Schulden ja irgendwann zurückzahlen. Bei den Überschußländern dagegen bleiben die Zuflüsse dem Reservebestand voll erhalten, denn dank der Xeno-Märkte brauchen sie weder im bisherigen Umfange Währungsbeistände, noch Kapitalexporte aus eigenen Reserven zu finanzieren!
Wie man aus Übersicht 1 ablesen kann, haben sich für alle IMF-Mitglieder zwischen 1970 und 1979 die offiziellen Reserven von 93 Mrd Dollar auf fast 400 Mrd Dollar mehr als vervierfacht, der Bestand an Devisen (US-Dollar) hat sich von 45 Mrd Dollar in derselben Zeitspanne auf über 323 Mrd Dollar sogar mehr als versiebenfacht! Aber was noch mehr zählt: Das ausstehende Xeno-Kreditvolumen hat sich in dieser Zeit von 78 Mrd Dollar auf über 1100 Mrd Dollar vervierzehnfacht; beide Summen internationaler Liquidität können, weil sie die Reserven von Defizit- und Überschußländern »schonen«, getrost addiert werden!
Es kann also kein Zweifel sein, daß die Xeno-Märkte inzwischen einen sehr viel stärkeren Typus internationaler Inflationsmaschine repräsentieren als das alte Bretton Woods-System in seiner Spätphase. Vergleicht man das Reservewachstum der sechziger mit dem der siebziger Jahre, weist die neue Inflationsmaschine einen bis jetzt

um das Elffache gewachsenen Kreditschöpfungs-Multiplikator auf! Auch wird die neue Inflationsmaschine nicht mehr von Notenbanken gewartet, die zumindest offiziell nicht mehr im aktiven Einkaufsgeschäft sind. Sie verlassen sich angeblich noch immer auf die abschottenden Wirkungen des Floating (so inkonsequent sie es auch immer handhaben) und sind buchstäblich blind für die aus der äußeren Finanzierung des Reservenzuwachses in Überschuß- und Defizitländern unvermeidlich resultierenden Inflationsfolgen!

Dazu kommt, daß diese permanente Überproduktion von Ersatz- (oder Xeno-)Dollar und Ersatz-Reserven permanent ihre eigenen Baissen (in US-Dollar) und Haussen (in starken Xeno-Währungen) finanziert – letztlich wegen der im Grunde sinnlosen und für die USA gefährlichen 1 : 1-Relation zwischen Xeno- und US-Dollar, die jeder dieser sich selbst bestätigenden Währungsbewertungen mit ökonomischer Lichtgeschwindigkeit auf den nationalen US-Dollar durchschlagen läßt. Wenn somit immer wieder gesagt wird, die USA seien an ihrer US-Dollar-Schwäche selber schuld, ist dieses nur halb richtig. Denn es ist nicht immer die innere Übernachfrage oder -inflation der USA, die ein Überangebot an US-Dollar auslöst, was den freien US-Dollarkurs gegenüber anderen Währungen drückt, sondern meist ein Überangebot an Xeno-Dollar, das auf den US-Dollar drückt. Richtig am Vorwurf ist, daß die US-Regierung selber schuld ist, wenn sie diesen *link* der privaten Bankwelt zwischen dem US- und dem Xeno-Dollar fortwuchern läßt – und nicht kappt!

Vielleicht wird es schon dieser, vielleicht auch der nächste US-Präsident sein, der, die Worte Hjalmar Schachts aus den dreißiger Jahren variierend, einem über die nächste Xeno-Dollarschwäche klagenden Besucher aus Europa oder dem Fernen Osten sagen wird: »Was klagen Sie über den schwachen Euro- oder Asian-Dollar – das ist Ihr, nicht unser Dollar. Unser Dollar heißt US-Dollar, und seit er gegenüber dem Xeno-Dollar floatet, wie alle ›normalen‹ Währungen, sehen nicht nur unsere, sondern auch Ihre Leute richtiger, wieviel wert er wirklich ist.«

Schon 1977 schätzten kompetente Beobachter, daß nur acht Prozent der Xeno-Kreditmärkte der realen Finanzierung von Importen, Exporten und Sachinvestitionen dienten, 92 Prozent demnach rein spekulativen Transaktionen: Währungsbewegungen, Wechselkursschwankungen, sogenannten hedging an den Terminmärkten, also dem, was Keynes in Abgrenzung von seinem »notwendigen Geldumlauf«, dem Transaktionsgeld M_1 das Spekulationsgeld M_2 nannte (eine funktionale Geldabgrenzung, die nichts zu tun hat mit der formalen der Monetaristen, wo M_1 Bargeld, M_2 Bankgeld darstellt). Wenn somit die Xeno-Märkte »alles« finanzieren: das Notwendige (reale Transaktionen) und das »Lästige« (Währungsunruhe), dann mag das zwar die (nationalen) Geldbehörden stören, weil sie dieses Reich der kreditären Freiheit nicht mehr im Griff haben, aber muß es deswegen eo ipso Inflationsförderung bedeuten? Ist nicht die von den Xeno-Märkten zwar finanzierte, aber nicht *verursachte* Währungsunruhe nicht viel eher eine *Folge* als Ursache bestehender Inflationsspannungen und -disparitäten?

Die Sache wird sofort deutlicher, wenn man das *Resultat* der Xeno-Kreditfinanzierungen ins Auge faßt: Kein xenokreditwürdiges Land (weder Industrie-, noch Ostblock-, noch Entwicklungsland) erleidet nämlich in Höhe seiner Xeno- oder Auslandsverschuldung Reserveverluste und muß deswegen auch keine Zahlungsbilanzanpassung vornehmen. Keynes' Wunschtraum für sein Bretton Woods-Modell – die defizitären Schuldnerländer von der für sie lästigen und für ihre Vollbeschäftigung auch nicht ganz ungefährlichen deflatorischen Anpassungspflicht zu befreien –, die Xeno-Märkte haben ihn auf eine ganz und gar unorthodoxe (und vom späten Keynes eher mit Entsetzen als mit Wohlwollen verfolgte) Weise erfüllt. Die moderne Weltwirtschaft mit eingebauten, globalen Xeno-Kreditmärkten finanziert wie eine Clearing-Union ohne eingebaute Kreditlimits und Hartwährungsauflagen praktisch alle (ölpreis- und nicht-ölpreisbedingten) Leistungsbilanzdefizite »automatisch«. Einzige (bankmäßige) Bedingung: Den Märkten und den hinter ihnen stehenden Banken müssen vernünftige (= mikroökonomisch rentable) Geschäfte angeboten werden, als ob es daran selbst im verschuldetsten Ostblock- oder Entwicklungsland je mangelte!

Die Folgen: Länder mit hohem Leistungsbilanzdefizit (= höherem nationalen Verbrauch als selbst erwirtschaftetem Sozialprodukt) können zu den gegebenen, bereits permanent steigenden Kosten- und Preisniveaus auch noch die nationale Ausgabenrate hochhalten, wenn nicht gar steigern: Die innere Inflationsrate wird von der äußeren Kreditfinanzierung reserve- und zahlungsbilanzneutral mitfinanziert. Wir wollen den Fall dieses nicht nur perfekten, sondern bereits zu perfekten Recycling übrigens nicht nur von OPEC-Geldern einmal am konkreten Beispiel – und zwar der nicht zuletzt statistischen Transparenz wegen – am OPEC-Beispiel sozusagen pars pro toto durchspielen, um zu zeigen, wie Welt-Inflation entsteht und von außen in die nationalen Räume transportiert wird, ironischerweise nicht trotz, sondern wegen der flexiblen Wechselkurse!

Die seit 1973 sprunghaft anschwellenden OPEC-Leistungsbilanzüberschüsse wie auch ihr Reflex in den seitdem passiv gewordenen OPEC-Kapitalbilanzen können geradezu als Experimentalbeweis dafür gelten, was die (von den Monetaristen abgeschriebene) keynesianische Theorie auch heute noch leistet. Diese war, wie erinnerlich, im Prinzip immer eine Erklärungshypothese für geschlossene Räume, frei von allen (die nationale Vollbeschäftigungs- und Preisniveaustabilisierungspolitik) störenden Zahlungsbilanzzwängen und -ungleichgewichten. In der finanziell geeinten (oder voll integrierten) Weltwirtschaft der achtziger Jahre aber ist kein Raum so geschlossen wie die Weltwirtschaft, und nichts so national wie die Zahlungsbilanz, weswegen man Keynes' Allgemeine Theorie aus den dreißiger Jahren heute, 50 Jahre danach, uneingeschränkt für die Analyse weltwirtschaftlicher Probleme heranziehen darf, national oder volkswirtschaftlich dagegen mit einer Vielzahl von Wenns und Abers versehen muß.

Werden (wie in allen Jahren seit 1973) in den Öl-Importländern erhebliche und zudem permanent steigende Milliarden-Summen (allein 1980: 80 Mrd Dollar) für die Ölrechnung abkassiert und auf Konten der Öl-Förderländer überwiesen, bedeutet dies, daß in den zahlenden Industrie- und Entwicklungsländern Real-Einkommen, die bislang zu Hause für Konsum- und Investitionsausgaben zur Verfügung standen, fehlen. Da diese Mittel aber menschenleeren »Öl- und Sandstaaten« zufließen, die sie selber zu Hause nur zu einem Bruchteil für Konsum und Investition ausgeben können, kehrt auch nur ein noch kleinerer Bruchteil des Ursprungsbetrages (ein Bruchteil des Bruchteiles) über die zusätzlichen (konsum- und investitionsabhängigen) Importe dieser Länder als zusätzlicher Exportauftrag an die Geschröpften zurück. Das reale Recycling über einen automatischen Exportausgleich der höheren Öl-Importkosten ist gestört. Und zwar ursächlich wegen der strukturell zu geringen Absorptionskraft der neuen Überschußländer.

So schwer und problematisch es auch sein mag, genaue Zahlen für diese Absorptions- oder Einkommensverwendungsraten der Öl-Förder- und -Exportländer zu berechnen: Man kann ganz sicher sein, daß sie *unter* denen der Öl-Verbraucher- oder -Importländer liegen. Wenn wir die nationalen Volkseinkommen mit VE, die nationalen Ausgaben für Konsum mit C, für Investitionen mit I bezeichnen, errechnet sich die nationale Absorptionsquote A = (C + I), jeweils in Prozent von VE. Findet nun als Folge der OPEC-Leistungsbilanzüberschüsse eine laufende Umverteilung von Welt-Einkommen WE von Ländern mit hohem A (Industrie- und Entwicklungsländer) zu Ländern mit niedrigem A (OPEC) statt, muß nicht nur C + I außerhalb des OPEC-Bereiches zurückgehen, wobei der C-Rückgang vor allem die armen Entwicklungsländer, der I-Rückgang die reicheren Industrieländer trifft. Auch das Welt-Einkommen WE wächst nicht mehr, oder jedenfalls langsamer, als es ohne die OPEC-Überschüsse (und Einkommensumverteilungen) der Fall wäre. Warum?

Wenn wir (für einen Moment) unterstellen, daß WE vom Konsum- und Investitionsrückgang in Entwicklungs- und Industrieländern unberührt bliebe, bedeutet dies, daß die Differenz zwischen Welt-Einkommen WE und Welt-Konsum C_W offenbar steigt und dies stärker als die Welt-Investition I_W, die in den Nicht-OPEC-Staaten an Nachfrage-, Ertrags- und Finanzierungsgrenzen stößt, in den OPEC-Staaten aber auf die begrenzte Absorptionsfähigkeit A. Das heißt: Die WE-Umverteilung von Ländern mit hohem A zu Ländern mit niedrigerem A läßt automatisch (d. h. wenn nichts dagegen unternommen wird) ein Übergewicht der Welt-Ersparnis, denn nichts anderes ist WE – C_W (= S_W) über die gleichzeitig noch laufenden und eingeplanten Welt-Investitionen I_W entstehen: $S_W > I_W$.

Ein solches (von den Investoren in aller Nicht-OPEC-Welt in der Regel weder vorausgesehenes noch eingeplantes) ex ante-Ungleichgewicht von Sparen und Investieren hat Konsequenzen: In den ölpreisgeschädigten Industrie- und Entwicklungsländern reißt mangels verfügbarer Einkommen eine Binnen-Nachfragelücke auf. Die vorhandenen Produktions- und Beschäftigungsmöglichkeiten können nicht mehr voll genutzt werden, zumindest partielle Depression und Arbeitslosigkeit bricht aus.

Wird gegen diesen Prozeß nichts oder nicht das Richtige unternommen, läuft er solange, bis WE so tief gesunken ist, daß sich S_W und I_W wieder ausgleichen. Nur ist dieser Punkt, wo $S_W = I_W$ wird, einer, der große Teile der Welt-Kapazität an Produktion und Beschäftigung außerhalb der OPEC-Region brach liegen läßt. Warum?

Weil er verlangt, daß OPECs (partieller) Mehr-Ersparnis eine sie kompensierende Minder-Ersparnis in der übrigen Welt (der Nicht-OPEC-Staaten) gegenübersteht. Mit anderen Worten: Je höher die OPEC-Staaten *ihren* Anteil an WE und S_W schrauben, was sie dank ihrer autonomen Ölpreis-Politik können, *desto kürzer müssen die Nicht-OPEC-Staaten treten*. Denn ihr Volkseinkommen VE muß solange sinken (oder im Vergleich zu OPEC langsamer steigen), bis ihre Minder-Ersparnis (ihr Verzicht auf VE- und I-Steigerung) OPECs Mehr-Ersparnis ausgleicht. Erst dann käme eine sich selbst

überlassene Weltwirtschaft wieder zur Ruhe und zu einem Gleichgewicht bei erheblicher Unterbeschäftigung, und das auch nur, falls die OPEC-Staaten dann auf eine weitere Maximierung ihrer Ansprüche an Welt-Einkommen WE und -Ersparnis S_W verzichteten!
Die keynesianische Einkommensanalyse erklärt aber auch, was auf den Welt-Finanzmärkten geschieht. Die OPEC-Staaten haben, wie schon erwähnt, eine fast absolute Liquiditätspräferenz, sowohl was Anlagewährungen wie -formen und -titel betrifft. Sie legen die den Nicht-OPEC-Staaten abgezwungenen Ersparnisse so kurzfristig wie nur eben möglich an: in Sichteinlagen ihrer Hausbanken, die sie überwiegend in gängigen Währungen (Petro-Dollar und Petro-Pfunden) gutschreiben (müssen). Die Folge: Nicht nur diese Banken, sondern auch die Xeno-Märkte, an denen sie hauptsächlich operieren, geraten unter permanenten Anlage- und Zinsdruck. Wegen ihrer permanenten Über-Liquidität können somit die von OPEC-Mitteln heimgesuchten Banken und Märkte jedes nationale Zinsniveau unterbieten, wobei sie freilich nur soweit gehen, wie dieses durch die Konkurrenzsituation vorgeschrieben wird. Verfolgen z. B. die nationalen Geldbehörden, wie z. B. die der USA seit der ersten Jahreshälfte 1980 einen super-restriktiven Kurs, um die heimische Inflationsrate und -mentalität abzukühlen, machen sie den hochliquiden OPEC-Anlegern ein zusätzliches und unerwartetes Zins-»präsent«: Die OPEC-Anleger bleiben liquide und kassieren dennoch an der Untergrenze der nationalen Super-Zinsen angenehme Zinserträge.
Die permanente Überliquidität der Petro-Dollar-Banken und -Märkte führt nicht nur zu einem permanenten Konkurrenzdruck auf die nationalen Kreditkonditionen, er zwingt die nationalen Geldbehörden in eine permanente Politik der Übertreibung, wollen sie auf ihren Märkten überhaupt noch eine Wirkung erzielen. Zu welchen strukturellen Wirkungen und Kosten dieses auf die Dauer führt, werden wir noch am »Stabilitätsmodell der Bundesrepublik Deutschland« eingehend erläutern.
Was klärt die hier nur kurz angedeutete keynesianische Analyse? Sie läßt *erstens* keinen Zweifel daran, daß von den OPEC-Überschüssen primär defensive (deflatorische und keine inflatorischen) Wirkungen auf die nationalen Kreisläufe der vom OPEC-Öl abhängigen Industrie- und Entwicklungsländer ausgehen. Diese werden zu schmerzhaften Anpassungen ihrer inneren Wachstumsraten, Beschäftigungs- und Lebensstandardniveaus gezwungen. Die Analyse macht aber *zweitens* auch klar, warum es nicht nur zu einem

unvollständigen realen (Import-Export-)Recycling kommt, sondern warum das finanzielle nicht zustande kommt: Die OPEC-Staaten sind wegen ihrer Liquiditätspräferenzen an keinem vollen Ausgleich ihrer Leistungsbilanzüberschüsse L in ihren langfristigen Kapitalbilanzen K interessiert. Der größte Teil ihrer laufenden und permanent wachsenden +L-Überschüsse wird nicht durch Defizite ihrer Kapitalbilanzen (Kapitalexporte -K) ausgeglichen, sondern durch eine hoch-liquide Reservehaltung +R. Da +L>-K, kommt es zu einem permanenten Wachstum von +R.

Daraus aber folgt *drittens*: Weil der größte Teil der laufenden Welt-Ersparnis der OPEC-Staaten (der den Ölpreis-Geschädigten im Transferweg abgenommen wird) in externer Bankenliquidität (statt etwa in realen Investitionen) angelegt wird, wächst den diese Mittel verwaltenden OPEC-Hausbanken und -märkten ein riesenhaftes und zudem konkurrenzstarkes Kreditschöpfungs- und Inflationspotential zu. OPEC wirkt somit weltweit wie ein Transformator von langfristigem Real-Kapital (Investitionen) in kurzfristiges Geld-Kapital (Bankeinlagen) und produziert aufgrund seiner »verrückten« Anlagepolitik einen weltweiten Überhang der Geld-Kapital- über die Real-Kapitalbildung: einen Welt-Liquiditätsüberhang.

Spätestens an dieser Stelle wird *viertens* klar, daß die das Reserveportefeuille der OPEC-Staaten verwaltenden Xeno-Banken und -Märkte ein für die Weltwirtschaft und sie selber gefährliches Geschäft betreiben: Sie produzieren seit langem Jahr für Jahr – mit dazu noch wachsender Tendenz – aus Liquidität Kredite, versuchen also die von OPEC betriebene (Finanzierungs-)Fristenverkürzung wieder rückgängig zu machen, ein welt- und volkswirtschaftlich vernünftiges Unterfangen, wenn auch mit erheblichen Kredit- und Liquiditätsrisiken für die ausführenden Banken behaftet. Wir werden auf diesen Aspekt der Betriebssicherheit des Systems noch zurückkommen.

Die eminente Schwierigkeit für die Xeno-Banken und -Märkte aber liegt darin, daß sie selber keine Transparenz über die insgesamt vorhandenen und laufend zuwachsenden OPEC-Guthaben besitzen; sie kennen nur ihr eigenes OPEC-Konto und nicht das der Konkurrenz, weder der institutionellen noch der in anderen Anlageformen. Außerdem stehen sie, weil unter Anlagedruck, auch unter Konkurrenzdruck: Sie müssen ihr Geschäft ausweiten, schon um im Geschäft zu bleiben. Kurz: Man muß es als eines der Funktionsgesetze der Xeno-Dollar-Märkte ansehen, daß ihre aktivische Dynamik sogar noch ihre passivische übertrifft, sie überbrücken die »Liquiditätsfalle« der OPEC-Staaten nicht nur in den Kreditfristen, sondern auch in den Kreditvolumina. An den Xeno-Märkten werden pro Jahr noch mehr Kredite neu produziert, als OPEC jährlich an Welt-Ersparnis zur Verfügung stellt.

Woher wir das wissen? Wir können es aus den verfügbaren, lückenhaften Unterlagen nur ableiten. So zeigen z. B. alle Jahresberichte der Bank für Internationalen Zahlungsausgleich (BIZ) seit 1973, daß die Kreditausleihungen der Xeno-Banken Jahr für Jahr den Reserve-Zuwachs der OPEC-Staaten (bei Privatbanken und öffentlichen Stellen) übertroffen haben, wobei angesichts der Dürftigkeit der Quellen nicht so sehr der pro Jahr nachweisbare Überhang der Kredite über die gleichzeitige OPEC-Ersparnis zu beachten ist als der Trend dieser sich bis zuletzt öffnenden Schere. (Vgl. hierzu Übersicht 2.)

Wenn aber alle Xeno-Banken zusammengenommen mehr Kredite vergeben, als der einzige sichere und stabile Welt-Gläubiger (nach Abzug seiner Eigenkredite) als Kapital- und Einlagebasis zur Verfügung stellt, ist dieser Überhang der Welt-Kredite über die Welt-Ersparnis Inflationspotential, auch wenn wir nicht genau wissen, wo (in welchen Teilen der Welt) und wie (in welchen Güter- und Dienstleistungsproduktionen) es virulent wird.

Ist dieser Trend zur Welt-Inflation OPECs Schuld? Ist er Folge der von OPEC favorisierten »schlechten« Gläubigerpolitik, die der Reserve-Akkumulation an den Xeno-Märkten eine höhere Präferenz einräumt als ausgleichender (Kapitalexport-)Anlagepolitik?

Unsere Weltwirtschafts-Analyse macht *fünftens* klar, daß OPEC unstreitig an den uns bedrohenden welt-depressiven Tendenzen schuldhaft keinen Anteil an den uns gleichzeitig bedrohenden Welt-Inflationstendenzen haben kann. Es wäre auch ein Wunder, wenn ein Partner ohne eigenes Bankensystem dieses könnte. Nein: an der Welt-Inflation ist einzig und allein das westlich dominierte System der Xeno-Banken und -Märkte schuld, und zwar in des Wortes voller Bedeutung. Eine Schuld, in die sich alle dramatis personae teilen: die den Prozeß betreiben (die westlichen Banken also) und diejenigen, die bis zur Stunde versäumen, den Prozeß zu regulieren (die westlichen Regierungen und Zentralbanken also). Denn angenommen, der Welt-Gläubiger OPEC müßte sich zur Deckung seiner Reserven nicht mit privaten Bankschulden (seinen Einlagen) begnügen, man böte ihm öffentliche Bankschulden, beispielsweise nationaler Zentralbanken oder einer (leider noch nicht existenten) Welt-Zentralbank an. Was wäre die Folge? Nicht nur wäre der jeweils zur Verfügung stehende Gesamtbetrag des auszugleichenden OPEC-

Übersicht 2

Xeno-Kredite und ihre Refinanzierung
– in Mrd US-Dollar, Jahresende –

	1975	1976	1977	1978	1979
I. Ausstehende XENO-KREDITE	428,1	523,3	650,6	836,4	1046,8
davon Industrieländer	257,9	324,0	405,4	530,8	660,3
Osteuropa	21,6	28,8	38,3	47,5	55,9
Dritte Welt	63,0	80,9	98,7	121,7	158,8
offshore und nicht aufteilbar	85,6	89,6	108,2	136,4	171,8
II. OPEC-RESERVEN (Einlagen netto)	37,5	40,1	38,8	26,1	56,2
III. OPEC-RESERVEN : XENO-KREDITE	1:11	1:13	1:17	1:32	1:19

Quelle: Bank für Internationalen Zahlungsausgleich (BIZ), 48. bis 50. Jahresbericht, unter Beachtung der dort angeführten Bemerkungen.

Sparvolumens mit einem Schlage bekannt und transparent; die Zentralbanken wüßten auch, welche Beträge sie zur Kompensation der Welt-Depressionseffekte freizusetzen hätten und ab wann kritische Inflationsschwellen erreicht würden, die man so leicht vermeiden könnte. Es fände bei Anlage der OPEC-Reserven im Zentralbankverbund und -bereich auch nicht jene weltweite Kredit- und Depositenschöpfung statt, die aus den Xeno-Märkten inszwischen jenen (hoch-inflatorischen) Wicksellschen Prozeß gemacht haben, der nur noch durch eines zu stoppen ist: eine Katastrophe.

Leider ist das noch nicht einmal alles. Denn auch im anderen größeren Liquiditätsbecken der Xeno-Märkte – ihrem hochgradig spekulativen M_2-Pool (im Keynesschen, nicht im Friedmanschen Sinn) – steckt ein geradezu brisantes und vielleicht noch explosiveres Inflationspotential, eine Art weltwirtschaftlich induzierter cost-push. Er funktioniert über den Mechanismus spekulative Wechselkursveränderung = Veränderung der terms of trade = Veränderung der Import-/Exportpreise.

Soweit nämlich diese Spekulation *Ab*wertungen erzeugt, also *terms of trade* verschlechtert, werden wegen der gleichzeitigen Importverteuerung hochgradige cost-push-Effekte importiert, soweit diese Spekulation aber *Auf*wertungen erzeugt, also die *terms of trade* verbessert, werden wegen der höheren Exportpreise cost-push-Effekte in die Partnerländer exportiert. Wegen des kreditären Zahlungsbilanzdefizitausgleichs der Schuldnerländer werden nicht nur Preisüberwälzungen möglich, sondern fällt auch jede Restriktionswirkung bei den Überschußländern aus. Die Überschußländer, die dank der Inflationsdifferenz zu ihren defizitären Absatzländern ihren Exportumsatz halten, ja sogar steigern können, wie beispielsweise die Bundesrepublik Deutschland bis in die jüngste Gegenwart hinein, exportieren somit nicht nur über ihre monetär verbesserten terms of trade Inflation *in* die Weltwirtschaft; sie importieren gleichzeitig über – die durch Xeno-Märkte finanzierten – zu hohen Ausgabenniveaus ihrer Partner auch wieder Inflation *aus* der Weltwirtschaft zu sich herein. Ein Zirkelprozeß der wechselseitigen Inflationsverursachung und -steigerung. Denn die Schuldnerländer »ersparen« sich die schmerzvolle deflatorische Zahlungsbilanzanpassung, halten also eine national zu hohe Inflationsrate durch. Die Überschußländer »ersparen« sich die ebenso schmerzvolle Umstrukturierung (Exportsubstitution), halten also eine international zu niedrige, für sie selbst aber wiederum zu hohe Inflationsrate durch, bei gleichzeitig wachsendem und permanent finanziertem Inflationsimport.

Das Finanzierungspotential der Xeno-Märkte, das buchstäblich dies alles ermöglicht: Währungsspekulation und Abwälzung der erhöhten Importpreise der Schuldnerländer in nationaler Währung wie auch der erhöhten Exportpreise der Überschußländer in internationaler Währung, setzt somit nicht nur die »innere« Anpassung der Schuldnerländer außer Kraft, sondern darüber hinaus auch die »äußere« der Überschußländer über steigende Wechselkurse, womit das »Wunder« erklärt ist, daß heutzutage exorbitante Aufwertungsraten im Gegensatz zu früher keine Schmälerungen von Wettbewerbs- und Exportkraft bedeuten müssen (so etwa das Beispiel Bundesrepublik Deutschland).

Bei Lichte besehen besteht also zwischen den Argumenten hinsichtlich des Segens und des Fluches der Xeno-Märkte gar kein Widerspruch. Diese Märkte können ohne weiteres die ihnen zugeschriebene krisenlösende Funktion eines mehr oder minder geräuschlosen Zahlungsbilanzausgleichs z. B. zwischen Ölimport- und Ölexportländern und des dazugehörenden Recycling leisten – und trotzdem hochgradig inflatorisch wirken. Ja, ihre inflatorische Wirkung hat überhaupt erst ihre krisenlösende Funktion zu Folge: So wie es bei Bestehen gewisser Geldillusionen im Inlandskreislauf (intra muros) keinerlei Schwierigkeiten bereitet, realiter zu hohe Geldlöhne vollbeschäftigungsneutral zu finanzieren – durch Ausweitung der Geldmenge und höhere Staatsausgaben, bekanntermaßen Keynes' Rezept zur Überwindung der (nationalen) Beschäftigungskrisen der dreißiger Jahre –, so läßt sich auch international ein realiter zu hohes Ausgabenniveau vollbeschäftigungs- und zahlungsbilanzneutral durchfinanzieren. Jedenfalls solange ein genügend großes Volumen von (Zahlungsbilanz-)Krediten dafür bereitsteht. Nur eines läßt sich damit nicht verbinden: das Ganze auch noch *inflationsneutral* zu halten! Denn eben gerade darin besteht das Wesen dieser Art von Krisenlösung über die alles finanzierenden Xeno-Märkte, daß man ein – an Sozialprodukt und Zahlungsbilanz gemessen – *zu hohes* nationales Ausgabenniveau durchhält und damit den realen Zahlungsbilanzausgleich über Mehrexporte und Minderimporte blockiert!

Das aber ist eine ganz neue, einmalige Situation: Die aus Gründen des Schutzes vor der »importierten Inflation« verfügte Zerstörung der in den Worten des verstorbenen deutschen Notenbankpräsidenten Blessing »perfekten Inflationsmaschine« von Bretton Woods hat lediglich zur Installierung einer noch weit perfekteren Inflationsmaschine geführt, eines Krisenlösers, der sich des höchsten Wohlwollens aller um Zahlungsbilanzausgleich und Vollbeschäftigung bangenden Regierungen erfreut. Obwohl dieselben Regierungen, die die Xeno-Märkte hofieren, zu Hause nicht müde werden zu versichern, daß sie die strengste aller Inflationspolitiken betreiben.

Die einzige schwache Entschuldigung für diese heute in allen westlichen Industriestaaten betriebene politische Heuchelei ist die vom monetaristischen Flügel der ökonomischen Wissenschaft zu verantwortende Schizophrenie, etwas als *nationale Geldillusion*: nämlich durch ein bißchen Ausgaben-Inflation die Vollbeschäftigung sichern zu wollen, zu geißeln, während man selber der viel gefährlicheren *internationalen Geldillusion* anhängt, wonach freie Kreditmärkte und freie Wechselkurse der sicherste (und einzige) Weg zur Inflationsvermeidung seien. Als ob das ideologisch gemeinte Suffix »frei« von jeder falsch konstruierten Maschine das Odium der Fehlkonstruktion nähme – ein tragischer Irrtum, der, wenn er nur v. Hayek und Friedman beträfe, auf sich beruhen könnte. Leider hat er politische Konsequenzen.

3. Cost-push oder von der realen Preis- zur realen Beschäftigungsanpassung (Schumpeters Vision heute)[14]

Der moderne Methodenstreit um die richtige Art der Inflationsbekämpfung, wie er seit Jahren zwischen orthodoxen (!) Keynesianern und Monetaristen geführt wird, erinnert stark an spätscholastische Begriffssemantik. Die meisten Keynesianer halten sich an die rechte Seite der Quantitätsgleichung und zerlegen das Totalaggregat Sozialprodukt in seine Teilkomponenten oder Ausgabenströme für Konsum, Investition und Außenbeitrag. Sind die laufenden Gesamtausgaben höher als das real verfügbare Sozialprodukt, »entsteht« Inflation, »muß« das Preisniveau steigen. Die Monetaristen halten sich an die linke Seite derselben Gleichung und erklären die Geldmenge zum wichtigsten Inflationsverursacher und Handlungsparameter (die Umlaufgeschwindigkeit des Geldes verharmlosen sie vorsichtshalber zu einer berechenbaren »Konstanten«).

Beiden Orthodoxien ist gemeinsam (was sie nicht immer mit hinreichender Deutlichkeit sehen), daß sie die »reale Seite«, das Sozialprodukt und seine Komponenten einschließlich seiner erfaßbaren Veränderungsraten als »Datum« der Geldseite ausgeben. Die Geldseite hat sich der Realseite anzupassen, nicht umgekehrt! Ob keynesianische Nachfrage-Überhangstheorie oder monetaristische Geld-Überhangstheorie der Inflation: Inflation besteht stets darin, daß ein als real gedachtes Sozialprodukt, das man kurioserweise in den fiktiven Preisen eines längst vergangenen Jahres vorstellt, hinter der Summe der Geldausgaben für Konsum, Investition und Export zurückbleibt. Die relativ zu dem verfügbaren Angebot an Gütern und Diensten zu hohen Geldausgaben erhöhen die Preise und die Preiserhöhungsspielräume. Die Preiserhöhungen bewirken einen Kostendruck, die Preiserhöhungsspielräume erlauben gleichzeitig den Kostendruck abzuwälzen, so daß sich »dank« des Nachfrage-Überhangs die Preisspirale, ohne Widerstand zu finden, weiterdrehen kann. Der Prozeß läuft national und international sozusagen simultan: Das Land, das in dieser Entwicklung Spitzenreiter ist, reißt direkt über seine Importüberschüsse (die die Exportüberschüsse anderer Länder sind) diese anderen Länder mit in die Inflation – vor allem, wenn es sich dabei um eine sogenannte économie dominante handelt, deren Währung Reservecharakter hat und von anderen Ländern, respektive von ihren Zentralbanken, angekauft wird.

Jahrelang boten die USA geradezu ein Paradebeispiel für die Richtigkeit dieser Theorie: Das amerikanische Zahlungsbilanzdefizit, durch kräftige Kapitalbilanzdefizite noch verstärkt, schmierte den monetären Nachfragemechanismus fast aller anderen westlichen Industrienationen. Obwohl die USA bis Anfang der siebziger Jahre in ihrer hausgemachten Inflationsrate hinter dem Weltdurchschnitt zurückblieben, exportierten sie – dieser Theorie zufolge – über ihre (weitgehend kapitalbilanzbedingten) Zahlungsbilanzdefizite »zuviel« Liquidität, die das Geldmengenwachstum der ganzen Welt verstärkte. Das hatte zur Folge, daß weltweit die Zinsen nie jenes Abschreckungsniveau erreichen konnten, das nach *Keynes* zur Erhaltung der Geldwertstabilität notwendig gewesen wäre.

Diese Theorie wurde nicht nur deswegen so populär, weil sie mit den *überkommenen Lehrbuchvorstellungen* übereinstimmte, sie bestätigte außerdem das ehrwürdigste aller ökonomischen Klischees, nämlich das des »alles« regulierenden Angebots-Nachfrage-Mechanismus, den sie auf höchst verwickelte makroökonomische Zusammenhänge zu übertragen wußte. Schließlich ist sie auch *politisch brauchbar*, weil sie die nationalen Regierungen entlastete: Die Inflation ist importiert, nicht »hausgemacht«.

Wäre die Angebots-Nachfrage-Theorie richtig, hätte die auf ihr aufbauende (naive) Therapie, Übernachfrage bzw. Übergeldangebot solange zu beschneiden, bis Angebot und Nachfrage wieder im Gleichgewicht sind, längst Erfolg gehabt. Aber seit der Aufgabe des Bretton Woods-Systems fester Wechselkurse wird Liquidität nicht mehr importiert, sondern durch die nationale Währungs- und Wirtschaftspolitik nach strengen Maßstäben rationiert. Seitdem erreichen die Zinssätze wieder ein seit Antike und Mittelalter nicht mehr gekanntes Höchstniveau. Die den Inflationsprozeß keynesianischer Prägung hauptsächlich treibenden Faktoren – Profite und Neuinvestitionen – gingen aufgrund dieser harten monetären Bedingungen in allen westlichen Industrieländern zurück. Dennoch blieben Preiserhöhungen und Kostendruck bestehen, bis schließlich der Kostendruck die Möglichkeiten der Preiserhöhungen überstieg, Profite in Verluste umwandelte und die Hochkonjunktur in eine *weltweite Depression* umschlagen ließ.

Warum? Weil ganz offenkundig Angebot und Nachfrage *keine voneinander isolierten*, sondern miteinander kommunizierenden Variablen sind. In allen westlichen Industrieländern spielt sich grundsätzlich der gleiche Prozeß ab: Jede von Regierung und Zentralbank vorgenommene Nachfragerestriktion restringiert über kurz oder lang auch das Angebot – das alte Ungleichgewicht perpetuiert sich auf niedrigerem Beschäftigungsniveau.

Schaubild 2 verdeutlicht diesen Zusammenhang:

Schaubild 2

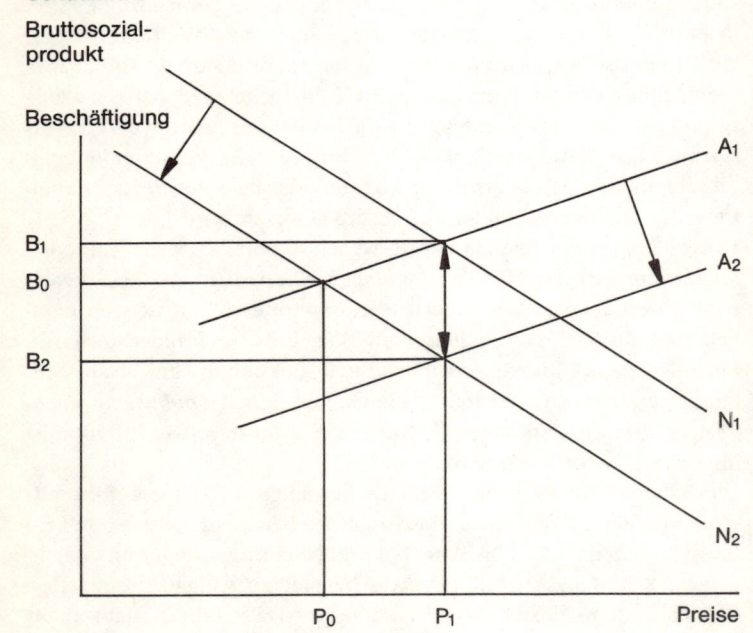

Bruttosozialprodukt

Das aus einer Angebots-Nachfrage-Konstellation A_1/N_1 resultierende Beschäftigungs- und Preisniveau B_1 bzw. P_1, das als überhöht gilt, soll reduziert werden auf das »gesunde« Beschäftigungs- und Preisniveau B_O/P_O. Nach überkommenem Rezept wird dazu die Nachfrage soweit restringiert, bis sie auf N_2 fällt. Bliebe das Angebot unverändert, würden aus der neuen Angebots-Nachfrage-Konstellation A_1/N_2 die »optimale« Preis- und Beschäftigungskonstellation P_O/B_O resultieren – die Stabilitätspolitik hätte ihr Klassenziel erreicht. Indes drückt die Nachfragereduktion realiter auch das Angebot auf A_2. Resultat: Unter der nicht intendierten Angebots-Nachfrage-Konstellation A_2/N_2 bleibt das alte überhöhte Preisniveau P_1 erhalten, während das Bruttosozialprodukt und die Beschäftigung auf das Niveau B_2 (und eben nicht bloß auf B_O) fielen. *Das neue »Gleichgewicht« kombiniert also die alte Inflationsrate mit einem Rückgang des Bruttosozialproduktes und vor allem mit der neuen Arbeitslosenrate B_O–B_2.* Wir müssen also erklären, warum nachfragebestimmende Maßnahmen von Regierungen und Zentralbanken (Kreditrestriktionen, fiskalische Sparmaßnahmen und flexible Wechselkurse) auf das Angebot der Wirtschaft durchschlagen.

In der noch immer unrevidierten Vorstellungswelt amtierender Wirtschafts- und Währungspolitiker vollzieht sich der Investitionsprozeß in einer modernen kapitalistischen Gesellschaft immer noch »klassisch«: Eine Vielzahl kleiner und mittlerer, kaum jedoch großer Unternehmen, die alle *keinen sonderlichen Markteinfluß* ausüben können, kalkulieren jede einzelne ihrer Investitionen, nicht aber die ihres Unternehmens insgesamt. Vor jeder neuen Investitionsentscheidung vergleichen sie den erwarteten Mehrnutzen mit den Mehrkosten der Finanzierung. Wenn die erwartete Netto-Rendite positiv ist, gehen sie zu einem ihnen seit langem wohlwollenden Bankier und leihen sich die notwendigen Finanzmittel. Selbst wenn sie keine Kreditfinanzierung benötigen, stellen sie einen marginalen Kosten-Nutzen-Vergleich für das geplante Projekt an, um festzustellen, ob sie ihr Kapital besser im eigenen Betrieb oder woanders »arbeiten« lassen sollen.

Diese Vorstellung des Investitionsprozesses ist in *zwei* wesentlichen Punkten *antiquiert*. *Erstens*, der größte Teil von Investitionsentscheidungen findet in beinahe jedem Sektor in allen entwickelten Volkswirtschaften nicht in den besagten kleinen und mittleren Unternehmen, sondern in Großunternehmen statt, die die Rolle von *Branchenführern* einnehmen. Moderne Industriegüter-Märkte haben seit langem eine teil-oligopolistische Struktur, die in Bereichen mit hoher

Kapitalintensität zunehmend in eine rein oligopolistische übergeht. Die großen Unternehmen jeder Branche bestimmen fast ausschließlich Art, Umfang und Tempo des Investitionsprozesses, während sich kleine und mittlere Unternehmen als Investitionsanpasser verhalten (müssen). *Zweitens*, Großunternehmen kalkulieren in der Regel nicht einzelne Projekte, sondern die Investitionen des *Unternehmens als Ganzes*. Da sie sich wie Territorialstaaten ein »ewiges Leben« zuschreiben, haben sie auch deren Budgetierungsmethoden übernommen – allerdings mit zwei wichtigen Verbesserungen: sie planen nicht einjährig, sondern berechnen ihren cash flow nach innerem Mittelaufkommen und äußeren Finanzierungsmöglichkeiten (Kreditverfügbarkeit) für mehrere Jahre.

Mit diesem veränderten Finanzierungsverhalten verändern sich auch ihre Reaktionen auf die von den Geldbehörden diktierten Fremdfinanzierungskonditionen. Eine Verknappung von Liquidität und ein Anstieg der Zinsen bewirken in den Großunternehmungen *nur finanzielle, nicht jedoch investitionspolitische Reaktionen* – ein mehrjährig konzipiertes Investitionsprogramm wird nicht einfach zusammengestrichen oder gar abgebrochen, weil über längere Perioden die von außen benötigten Finanzierungsmittel teurer werden. Den Finanzexperten dieser Unternehmen steht ein ganzes Bündel von internen Umdisponierungsmaßnahmen zur Verfügung: Man kann auf kurzfristige Finanzierungsmärkte ausweichen, die programmierten Abschreibungsquoten eine Zeitlang senken, oder – als ultimo ratio – die Preise erhöhen. Der oligopolistische Kernbereich des Investitionsprozesses mit seinen unternehmens-, aber nicht mehr projektgebundenen budgetären Finanzierungsmethoden erlaubt eine im bisherigen Umfang noch nie dagewesene *Integrierung der Finanzierungskosten* in die Produktionskosten.

Die von außen verknappte Liquidität und der hohe Zins werden wie eine Finanzsteuer zu einem festen Bestandteil der Unternehmenskalkulation. Die Finanzierungskosten werden wie betriebsexterne Steuern und betriebsinterne Kosten (z. B. für Löhne und Materialien) auf die Preise überwälzt. Wird nun die Nachfrage restringiert, liegt es nahe, ein geringeres Angebot zum alten Preis anzubieten, anstatt die gleiche Angebotsmenge zu geringeren Preisen auf den Markt zu werfen. Das ist aufgrund ihrer oligopolistischen Marktstellung den jeweiligen Branchenführern, die als Preisführer die Preiserhöhungsspielräume der gesamten Sparte abstecken, durchaus möglich. Diese oligopolistische Struktur der Wachstums- und technischen Fortschrittsindustrien ist, um keine Mißverständnisse aufkommen zu lassen, keineswegs bloß eine bedauerliche Fehlentwicklung, eine Entartungserscheinung der Marktwirtschaft und als solche korrigierbar. Sie ist vielmehr die notwendige Folge der von Innovationsschub zu Innovationsschub unvermeidbar steigenden Investitionsaufwendungen je Produktionseinheit, ein Preis des Fortschritts, auf den als erster Joseph Schumpeter hingewiesen hat.

Der Anstieg der Investitionskosten setzt sich aus zwei sich addierenden Faktoren zusammen: Erstens wird sowohl aus technologischen Gründen als auch infolge der zunehmenden Verteuerung von Arbeitskraft der investitionsbedingte Kapitaleinsatz pro Produktionseinheit und/oder Arbeitsplatz ständig größer; zweitens haben sich die Investitionsintervalle zunehmend verkürzt – aus den Investitionsschüben der an technische Stoßerfindungen gekoppelten Investitionszyklen sind inzwischen geglättete Investitionskontinuen mit ständig steigender Tendenz geworden.

Die unvermeidbare Konsequenz der unvermeidlich teurer gewordenen Investitionen: Man muß, koste es was es wolle, seine Marktposition halten und möglichst noch ausbauen, selbst in Zeiten eines harten staatlichen Restriktionsdruckes. Nur dann kann man die kaum kalkulierbaren Investitionskosten und -risiken preispolitisch einigermaßen absichern. Der Erwerb und die Verteidigung oligopolistischer und monopolistischer Positionen ist zur conditio sine qua non der Unternehmen des Fortschritts-Kapitalismus geworden.

Nur, was ist die unvermeidbare Konsequenz? Volkswirtschaft und Konjunkturen »spalten« sich in allen modernen Industriegesellschaften in einen oligopolistischen Preis- und einen konkurrenzbestimmten Mengen-Anpassungssektor; der erstere ist (oder wird) restriktionsunempfindlich, der letztere ist (oder bleibt) restriktionsallergisch.

Die moderne, nachfragerestringierende Anti-Inflationspolitik, gleichviel ob sie post-keynesianisch über hohe Zinsen oder monetaristisch über Verknappungen des Geldangebots praktiziert wird, läuft somit immer auf Verstärkung des (restriktions-robusten) Monopol- und Dezimierung, wenn nicht gar Auslöschung des (restriktionsanfälligen) Konkurrenzsektors hinaus, womit en passant auch die ideologische Voreingenommenheit des big business für alle Arten und Formen strammer (= disziplinierender) Inflationsbekämpfung klar wird: Gelobt sei, was hart macht und dabei die eigene Marktposition stärkt – und die lästige Konkurrenz der ewigen Preisunterbieter beseitigt. Nicht Gott straft diese – sondern die wesentlich besser zielende und treffende Währungspolitik!

Nur, die sich über ihre falsche Inflationsbekämpfung ihres unternehmerischen Konkurrenz- und Mittelstandssektors entledigende monopolistische Fortschrittsgesellschaft, in der das Groß- und nicht mehr die bunte Vielheit der Klein-Unternehmen den Anpassungsprozeß bestimmen, verliert mehr als seine im Konkurrenzsektor angesiedelte Preis- und Kostenflexibilität nach unten. Sie ›gewinnt‹ als Folge der falschen Inflationsbekämpfung mit der Ausweitung und Verfestigung ihres degree of monopoly ihre neue, moderne (und höchst kontraproduktive) Inflationsresistenz!

Aber nicht nur das: Die sich oligopolistisch festfressende Inflationskonstanz erzeugt bei permanenten Nachfrageentzug eine generelle reale *Über-Angebots*-Situation, die nach Ausschöpfung aller monopolistischen Preiserhöhungsspielräume irgendwann doch an die (Markt) Grenzen autonomer Preis- und Selbstfinanzierungsstrategien stößt. Der Absturz in die Mengen-(Produktions- wie Beschäftigungs-) Reduktion wird dann unvermeidlich und fällt nach Erschöpfung aller Preisanpassungsreserven nur entsprechend härter aus. Schumpeters strukturell, durch die Aufwärtstendenz der Innovationskosten vorgegebener Marsch in die Oligopolisierung wird durch die Stabilitätspolitik welcher Couleur auch immer, unheimlich und schubartig beschleunigt!

Die *Stagflation:* die Perpetuierung von Inflation bei gleichzeitiger Perpetuierung von Absatzkrise, Produktions- und Beschäftigungsverfall zunächst nur im Konkurrenz-, später auch im Monopol-Sektor wird zur (noch dazu selbst-herbeigeführten) Existenzbedingung moderner oder richtiger ›reifer‹ Industriegesellschaften.

Wie lange unter dieser *Bedingung* ihre *Existenz* überhaupt noch gesichert werden kann, steht freilich auf einem anderen Blatt. Wahrscheinlich muß die neuerliche Mode einer zumindest verbal angestrebten ›Angebotspolitik‹ (von der freilich noch nicht einmal in Andeutungen feststeht, wie sie bei ›Nachfragemangel‹ praktiziert werden soll) als erste Ahnung vom buchstäblich selbstmörderischen (= systemzersetzenden) Charakter moderner, aber leider falsch konzipierter Inflationsbekämpfung begriffen und vielleicht sogar ernstgenommen werden.

4. Der Sozialstaat frißt seine Kinder:
Vom Klassenkampf der armen zum Generationenkonflikt der »senilen« Gesellschaft

Arme Entwicklungsländer sind Gesellschaften mit mehr Kindern als alten Leuten; sie brauchen wirtschaftliches Wachstum, um mehr

Arbeitsplätze (= Beschäftigung) als bisher anbieten zu können. Reiche Industrieländer sind Gesellschaften mit mehr alten Leuten als nachwachsenden Kindern; sie brauchen wirtschaftliches Wachstum, um mehr Real-Einkommen als bisher zur Alimentierung des Lebensstandards ihrer alten (= nicht mehr produktiven) Leute anzubieten, eine für die Wirtschafts- und Sozialpolitik der modernen Wohlfahrtsstaaten neue und zunehmend bedrohlichere Herausforderung.
Inwiefern?

Solange gemäß den unser ökonomisches Denken (immer noch) prägenden *malthusianischen Grundbedingungen* die Bevölkerung einer gegebenen Volkswirtschaft rascher wächst als ihr wirtschaftlicher Output (Sozialprodukt) – eine Konstellation, die zunehmend nur noch in Entwicklungsländern anzutreffen ist und nicht mehr in Industrieländern –, dient aller wirtschaftlicher Fortschritt (die reale Produktivitätsrate, gleichviel, ob man das Mehrprodukt zum Einsatz von Arbeit oder von Kapital in Beziehung setzt) der Verbesserung und Verbreiterung der *Beschäftigungsbasis*.

Die Formel: Mehr Produktion = mehr Beschäftigung *löst sowohl das Produktivitäts- wie Gerechtigkeitspostulat, das jeder Gesellschaft, gleich welcher ideologischen Formation* (ob demokratisch, kommunistisch oder autoritär), *aufgegeben ist und an dem sie gemessen wird.*

In dieser reflektierten Grundsituation, daß Bevölkerungen zumindest potentiell rascher wachsen können als wirtschaftliche Potentiale, die man zu ihrer Beschäftigung und Versorgung benötigt, verschwimmt auch die für das ökonomische (und ideologische) Denken unserer Zeit und unseres Jahrhunderts so charakteristische Zäsur klassischer (= konservativer) und keynesianischer (= progressiver) Wohlfahrtspostulate und -maßstäbe. Was Keynesianer und Anti-Keynesianer, gleich welcher Richtung und Schattierung, mehr eint als trennt (obwohl sie diese Gemeinsamkeit meist übersehen oder verdrängen), ist, daß sich (fast) alle Sozial- oder Umverteilungskonflikte der Gesellschaft über eine real höhere Produktivitäts-(oder Wachstums-)rate lösen oder zumindest spürbar entschärfen lassen. Dabei haben die modernen ökonomischen Glaubenskämpfe um den richtigen Weg zur Verstetigung der wirtschaftlichen Wachstumsrate mit ihren theologischen Vorläufern früherer Jahrhunderte um den geraden Weg zur Himmelspforte gemein, daß es buchstäblich um nicht viel mehr als ein Jota geht. Keynesianer »glauben« an die unentbehrliche (Zyklus-)Ausgleichsfunktion staatlicher Interventionen von deficit-spending bis Investitionsförderung und Strukturpolitik, monetaristische und andere Anti-Keynesianer an den unverwüstlichen élan vital des Privatsektors, der – getrieben vom Profitstreben – auch von selbst zur Vollauslastung der vorhandenen Wirtschaftspotentiale tendiert. Beide Theologien streiten um den richtigen und kürzesten Weg zur Himmelspforte, der die Gebote der (produktivitätsorientierten) *Leistungsgesellschaft* mit denen des (gerechtigkeitsorientierten) *Sozialstaates* über die *Maximierung von Produktion und Beschäftigung* versöhnt.

In dieser Ziel-, wenn nicht auch Methodenvorstellung befangen, huldigen die theoretisch wie ideologisch verfeindeten Kirchen des modernen Keynesianismus und/oder Monetarismus derselben »konservativen Illusion« (C. S. Maier, vgl. Anmerkung 11), daß ein wachsendes (reales) Pro-Kopf-Einkommen alle sozialen Wunden früherer Zeiten und Systeme, die aus irgendwelchen Verteilungskämpfen herrühren, mit der Zeit vernarben und ausheilen läßt. Wir sahen schon: Der Kreditapparat mit seiner fast »unendlichen« Bereitstellung der dafür benötigten billigen Finanzierungsmittel hilft kräftig mit.

Was aber, wenn das reale Pro-Kopf-Einkommen zwar weiterhin wächst, aber nur noch *brutto*: *vor*, nicht mehr *nach* der sozialen Korrektur um die aus dieser Bezugsbasis zu finanzierenden Sozial- oder Transfereinkommen der progressiv wachsenden (nicht mehr produktiv verdienten) Altersrenten? Wenn, anders gefragt, das Pro-Kopf-Einkommen nur noch steigt, wenn und *weil die Bevölkerung relativ zum Wirtschaftspotential fällt statt steigt?*

Daß dieser Fall keine an den Haaren herbeigezogene Negativ-Utopie darstellt, sondern eine Zukunft markiert, die bereits begonnen hat und die – vorgegeben aus den uns aus der Vergangenheit bekannten Durchschnittsphasen generativen Verhaltens – bis tief in die Mitte des nächsten 21. Jahrhunderts anhalten wird, belegen die amtlichen Extrapolationen der Bevölkerungsentwicklung der beiden westlichen industriellen Kernländer: der USA und der Bundesrepublik Deutschland. Sie dürfen als durchaus typisch und repräsentativ für alle in puncto kulturell-demographischer Entwicklung homogenen westlichen Industrieländer gelten. So stellte erst kürzlich eine Experten-Kommission[15] für die demographische Zukunft der Bundesrepublik Deutschland fest: »Deutschland befindet sich zur Zeit in der zweiten Phase eines langfristigen Rückgangs der Fruchtbarkeitswerte. Die erste Phase erstreckte sich von den achtziger Jahren des vorigen bis zum Beginn der dreißiger Jahre dieses Jahrhunderts. Die zweite Phase begann Mitte der sechziger Jahre dieses Jahrhunderts. Im Hinblick auf die Ursachen der derzeitigen niedrigen Fruchtbarkeitswerte ist es unwahrscheinlich, *daß diese* Werte in nächster Zeit durch selbstregulierende Kräfte bis zum Reproduktionsniveau ansteigen.«

Denselben Schrumpfungstrend der Bevölkerung in den USA bestätigt eine ebenfalls kürzlich erschienene Parallelstudie von A. F. Ehrbar[16], aus der – wie im Fall Bundesrepublik Deutschland – hervorgeht, daß bis Mitte des 21. Jahrhunderts in den USA nicht nur die Gesamtbevölkerung stagnieren bis leicht zurückgehen wird, sondern – für unsere Überlegungen viel gravierender – *der Anteil der aktiven und jungen Erwerbspersonen* (zwischen 15 und 60 Jahren) *an der Gesamtbevölkerung schrumpfen und der Anteil der inaktiven und alten Leute an der Gesamtbevölkerung* (über 60 Jahre) *steil steigen wird.*

Es findet somit in den Reichtumsländern des Westens (aus welchen metaökonomischen und ökonomischen Gründen auch immer) in den nächsten zwei bis fünf Generationen eine dramatische Verschiebung in den traditionellen Proportionen zwischen Jung und Alt und dazu korrespondierend zwischen arbeits-aktiver und arbeits-inaktiver Bevölkerung statt. Und die Frage ist mehr als berechtigt: Welche Konsequenzen hat das für die Einstellungen zur und für die Forderungen an die Wirtschafts- und Sozialpolitik?

Die Grundeinstellung einer »senil« werdenden Gesellschaft ist statisch oder besitzstands-konservativ: Das im früheren Arbeitsleben Erreichte soll und muß bewahrt werden. Schon bei dieser ersten Feststellung zeigt sich, daß die um sich greifende Inflationsfurcht, um nicht zu sagen Inflationshysterie der modernen westlichen Gesellschaft – jenseits der speziellen traumatischen Inflationserfahrung der deutschen Gesellschaft, die eine zweimalige Hyperinflation als Folge einer zynischen, auf den »Endsieg« spekulierenden Kriegsfinanzierung in den beiden Weltkriegen der ersten Jahrhunderthälfte war –, ein genereller Ausdruck der Lebens- oder richtiger Lebensabendsangst alternder Menschen ist. Weil die quantitativ und positionsmäßig dominierenden alten Menschen – und nicht die jungen (!) – in unseren demokratischen Systemen nicht nur den Ton angeben, sondern auch die Mehrheit des Wählerpotentials (die volonté des tous) repräsentieren, »muß« die politische Antwort wählerabhängiger Parteien und Regierungen zumindest ein Lippenbekenntnis zur Inflationsbekämpfung sein, gleichviel wie hoch man die Chance der Realisierung einer solchen Politik einschätzt. Geradezu enthüllend für diese Haltung des Sinneswandels des gegenwärtigen deutschen Bundeskanzlers Schmidt, der noch 1972 als Finanzminister erklärte:

»Ich halte 5 Prozent Arbeitslosigkeit für gefährlicher als 5 Prozent Inflation!« Zwei Jahre später aber – als westdeutscher Regierungschef auf Machtkonservierung festgelegt – stellte er seine frühere Maxime auf den Kopf und leitete eine Politik des »lieber 5 Prozent Arbeitslose als 5 Prozent Inflation« ein und setzte sie allen Widerständen aus seiner eigenen Partei heraus zum Trotz auch durch.

Schmidts beispielhafte Konversion vom ideologischen Keynesianer alter Schule – Vollbeschäftigung um den Preis von »ein bißchen Inflation mehr« herbeizuzaubern – zum praktizierenden Monetaristen, für den die Inflationsvermeidung zur Voraussetzung der Vollbeschäftigung geworden ist, steht jedoch nur für eine neue Spielart der alten »konservativen Illusion«, wonach bei richtiger (= inflationsfreier oder -vermindernder) Wirtschafts- und Sozialpolitik *die stetige Zunahme des Pro-Kopf-Einkommens der Gesamtgesellschaft als Geschäftsgrundlage der Sozial- und Umverteilungspolitik ungeschmälert erhalten werden kann.*

Aber gerade dieses ist bei anhaltender (Selbst-)Zerstörung des demographischen Gleichgewichts zwischen Jung und Alt akut gefährdet! Denn die jungen und arbeitsaktiven Gruppen der Bevölkerung sind immer und unabhängig vom jeweiligen System oder Nicht-System der sozialen Alterssicherung die realen Finanziers der nicht mehr durch Eigenproduktivität verdienten »arbeitslosen« Alterseinkommen.

Wenn irgendwo, dann hat Ricardos Metapher vom Geld als Schleier, der die realen Verhältnisse eher verdunkelnd als erhellend überlagere, hier seinen Sinn und seine Berechtigung. Denn was diese Altersansprüche, aus heutigem Einkommen gespart und heute von den alten Leuten konsumiert, morgen, d. h. eine oder einige Dekaden später, in realer Kaufkraft noch wert sind, hängt nicht von einer, sondern von gleich drei Unbekannten auf einmal ab: a) von der künftigen Relation von Arbeitenden und Nichtmehr-Arbeitenden (der Altersproportion), b) vom künftigen Volumen des realen Sozialprodukts pro Kopf der Bevölkerung (der Bemessungsgrundlage) und c) von dem individuellen Lebensanspruch, den eine künftige Gesellschaft durch die Gesamtheit ihrer Wachstums-, Verteilungs- und Stabilitätspolitik den dann nicht mehr im Arbeitsprozeß stehenden alten Leuten zuerkennt.

Ein (sehr) vereinfachtes Modell mag diesen prinzipiellen Zusammenhang verdeutlichen. Bezeichnen wir die Zahl der alten (arbeitsinaktiven) Leute mit A, die Zahl der jungen (arbeitsaktiven) Leute, die das reale Pro-Kopf-Einkommen oder -Sozialprodukt E erwirtschaften, mit J, den von jeder Sozialversicherung zunächst noch nicht garantierten Lebensanspruch der alten Leute, ihre individuellen Renten-Einkommen mit R, dann gilt offenbar:

$$\frac{A}{J} \ (= \text{Altersproportion}) \cdot \frac{R}{E} \ (= \text{Rentenbelastung}) = b,$$

wobei b die aus Altersproportion (A : J) und Rentenbelastung (R : E) ableitbare (errechenbare) individuelle Belastung des Pro-Kopf-Einkommens E der Jungen für das R der Alten (A) abgibt.

Mit anderen Worten: Je ungünstiger die Altersproportion (A>J) und je höher die Rentenbelastung (je näher R zu E tendiert), desto höher muß zwangsläufig die individuelle Belastung b, mit der die Jungen zu Lasten ihres »verdienten« Pro-Kopf-Einkommens E das »unverdiente« Renten-Einkommen R finanzieren, ausfallen.

Denn: A · R (die Gesamtheit aller Renten-Einkommen) kann immer nur aus J · E · b (der Gesamtheit aller Arbeitseinkommen multipliziert mit dem Belastungs- oder Einkommensumverteilungs-Koeffizienten b) finanziert werden.

Wie auch immer man es dreht und wendet: Reale Alterslast und reales Einkommensniveau der Rentner werden aus und zu Lasten des (verdienten) Pro-Kopf-Einkommens der jungen und arbeitsaktiven Generation bestritten und finanziert. *Ihre Arbeitsleistung und nicht die erworbenen oder vermeintlichen Kapital- und Versicherungsansprüche der früher einmal aktiven, inzwischen aber pensionierten Altersgruppen ermöglichen – und begrenzen! – deren realen Lebensstandard!*

Das von den aktiven und jungen Bevölkerungsgruppen sauer verdiente E wird also immer um das aus den obigen Relationen bestimmbare b gemindert. Der bekannte deutsche Sozialwissenschaftler Mackenroth, der nach dem Zweiten Weltkrieg die theoretischen Grundlagen der 1957 von Adenauer (in Nachfolge Bismarcks) neu geregelten und dynamisierten (richtiger: einkommens-indexierten) deutschen Nachkriegs-Sozialversicherung legte, hat dieses in den später nach ihm benannten (Mackenrothschen) Satz gekleidet: *Alle Sozialleistungen einer bestimmten Periode müssen aus dem real erwirtschafteten Einkommen oder Sozialprodukt derselben Periode bestritten und finanziert werden.*

Im Einkommenstransfer-Haushalt der Nationen gibt es somit (von marginalen Ausnahmen abgesehen, auf die u. a. Buchanan hingewiesen hat) weder zeitliche (= intergenerative) Verschiebebahnhöfe noch finanzielle (= kapitalmäßige) Entlastungsmechanismen.

Das heißt: Der Finanzierungsmodus dieser Ansprüche ist von sekundärer Bedeutung. Zehren die alten Leute ihr selbst erspartes Geldvermögen (Zinsen, Kapital) auf, ist ihnen nur der *Nominal*-Wert ihrer Bezüge bekannt, nicht aber deren (von den oben genannten Unbekannten abhängiger) *Real*-Wert. Realisieren dieselben alten Leute ihre Ansprüche aus ihren Individual- oder Sozialversicherungsverträgen, garantiert ihnen zwar das (unterstelltermaßen professionellere) Anlagemanagement ihrer Versicherungen einen gewissen (nominalen) Risikoschutz, aber ebenfalls keine Realwert-Sicherheit ihrer Bezüge. Das formal einzig realwert-sichere (arbeitslose) Alterseinkommen stellt daher die in den meisten kontinental-europäischen Sozialversicherungssystemen bereits praktizierte Rentenfinanzierung aus *staatlicher Einkommensumverteilung* (Zwangsbeiträge, Steuern) dar. Doch inwieweit eine noch so rationale Rentenfinanzierungspolitik, deren versicherungstechnische Bilanzen die beiden ersten Unbekannten (Altersproportion und Bemessungsgrundlage) einigermaßen exakt voraus erfassen, auch den letzten und eigentlich entscheidenden Unsicherheitsfaktor: *die politische Belastbarkeit der arbeitenden Bevölkerung (mit den Alimenten für die Nichtmehr-Arbeitenden in Zeiten »schiefer« Altersproportionen) austariert, ist die schwerwiegendste* – und im folgenden zu diskutierende *Frage.*[17]

Was das im einzelnen bedeutet, können wir hier nur schlaglichtartig ausleuchten. Der für die Alterslast zu zahlende Einkommens-Umverteilungsfaktor b wird, je mehr sich die Altersproportion zuungunsten der Jungen und Arbeitsaktiven verschlechtert, zur »Schicksalsgröße« nicht nur der Sozial-, sondern der gesamten Wirtschaftspolitik schlechthin, und das aus dreifachem, sich überlagerndem und kumulierendem Grund:

Erstens, weil die reale Altersbelastung bereits ohne jede Politik aufgrund der Explosion der Lebenserwartungen eskaliert. Zweitens – und zusätzlich erschwerend –, weil inzwischen fast alle westlichen Industriestaaten »ihr« b nicht mehr nur auf »natürliche« Weise (aufgrund der vorgegebenen Geburten- und Sterberelationen) sich selbst bestimmen lassen, sondern auf (sozial)politische Weise. Die moderne Sozialversicherung, gleichviel ob auf der streng automatischen deutschen Methode oder auf der sehr viel lockeren US-Methode basierend, stellt immer den Versuch einer *politischen Fixierung von b* dar. Denn immer dann, wenn zu der natürlichen Altersbelastung (A : J) noch die politische Fixierung der Rentenbelastung (R : E) wie im Falle der westdeutschen Sozialversicherung dazutritt, wird die Einkommensbelastung der Jungen mit dem Lebensstandard der Alten – unser b – *zur politisch abhängigen Variablen des Gesamtsystems und seiner Politik!*

Wohin das führt, verdeutlicht die im Schaubild 3 wiedergegebene, aus den amtlichen Unterlagen der deutschen Sozialversicherung

Schaubild 3

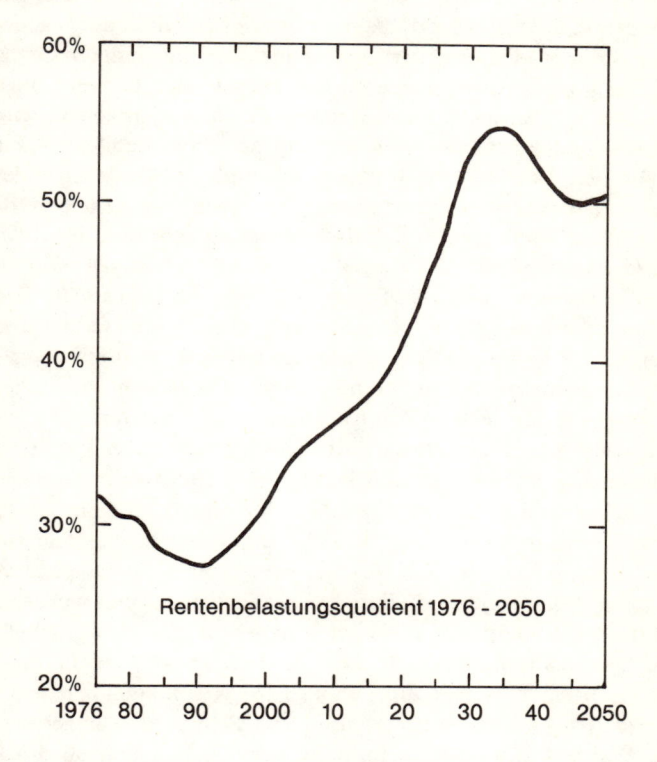

Rentenbelastungsquotient 1976 - 2050

gewonnene Alterseinkommensbelastungs-Rechnung: Sie fällt im Falle der Bundesrepublik Deutschland von heute aus gesehen zu einer Verdoppelung der derzeitigen realen Alterslast von knapp 25 Prozent auf über 50 Prozent im Jahre 2030!

Hinzu kommt: Im Falle der Bundesrepublik Deutschland wird schon heute nur noch ein von Jahr zu Jahr schrumpfender Anteil aus »offenem« (= direkt erhobenem) b finanziert. Immer größere Teile der jährlich neu aufgenommenen Staatsschuld des für die Sozialversicherung zuständigen Bundeshaushalts dienen der Defizit-Finanzierung bei den Trägern der Sozialversicherung. Man sieht: Demokratische, vom Wählerwillen abhängige Politiker lösen das Altersbelastungs- und Einkommensumverteilungsproblem, solange es geht, auf ihre, mehr oder minder inflatorische Weise: nicht durch die Reduktion von b, sondern *durch die Verlagerung seiner Finanzierung von der direkten, sichtbaren Beitrags- oder Besteuerungsmethode auf die indirektere und weniger bemerkte Technik der Anleihe-Finanzierung.* Die deutsche Staatsschuld, die mit rund einem Drittel des gegenwärtigen Sozialproduktes sicherlich noch nicht an ihren inneren Grenzen angelangt ist, wird zunehmend in den Dienst einer die realen Lasten der Alterssicherung verschleiernden Finanzierungstechnik eingesetzt. Dieselben Politiker, die im Auftrage ihrer »senilen« Wählerschaft den Vorrang der Inflationsbekämpfung vor allen anderen Zielen der Wirtschaftspolitik vorgeben, gehen zunehmend dazu über, diese Wählerziele inflatorisch zu finanzieren. *Die Einschaltung des kreditschöpfenden banktechnischen Fortschritts in den sonst offen drohenden Verteilungskampf zwischen Arbeit und Nichtmehr-Arbeit = Jung und Alt macht es – wie so vieles – möglich!* Und das im letzten Wahlkampf von 1980 von der Opposition gebrauchte Schlagwort vom Rentenbetrug der amtierenden Regierung gewinnt – über diesen Umweg – leider doch noch fatalen Sinn und Hintersinn!

Immerhin war es der Offizialverteidiger deutscher Sozialpolitik, der Vorsitzende des wissenschaftlichen Beirats beim Bundesministerium für Arbeit und Sozialordnung (Prof. Meinhold), der die alte und neue Bundesregierung warnte: »Würden wir (d. h. die Regierung) bei Verdoppelung des Alterslastquotienten die Rentenanpassungen laufend nach der jetzigen Formel... anheben... und würden wir sonst nichts ändern, vor allem am Sozialleistungsrecht, dann müßten wir (zu ergänzen: schon heute) die Beitragssätze allein für die (Alters-)Rentenversicherung von jetzt 18 Prozent auf 36 Prozent der Brutto-Arbeitsverdienste heraufsetzen.« Schwer auszumachen, ob des Warners Konjunktiv Hoffnung oder Resignation ausdrücken soll!

Ein dritter, bislang vernachlässigter Faktor aber beleuchtet die auf generative Asymmetrie zielende Struktur des modernen Wohlfahrtsstaates noch heller: Die *Alterssicherung* ist Gegenstand *öffentlicher* Einkommensumverteilung, *die Abdeckung der Jugendbelastung* dagegen bleibt auch nach Zerfall der Großfamilie überwiegend Gegenstand *privater* Finanzierung. Nach einem 1979 veröffentlichten Gutachten des Beirates für Familienfragen betrug (bezogen auf das Referenzjahr 1974) die Belastung der durchschnittlichen Familie in

der Bundesrepublik Deutschland je Kind (unter 15 Jahren) monatlich DM 1251,–. Demgegenüber betrugen die staatlichen Transferzahlungen im selben Jahr nur DM 176,–. Das privat zu finanzierende Defizit je Kind und Familie belief sich somit auf DM 1075,–!
Dergleichen wird auf Dauer kaum die Bereitschaft der Jungen zur Übernahme weiterer Altersslasten stimulieren!
Die wenigen Bemerkungen zeigen: Der demokratische Entscheidungsmechanismus ist für die Lösung des Generationenproblems so ungeeignet wie nur möglich. Stellen die alten Leute (und die es demnächst sein werden) ein mehrheitliches sicheres Wählerpotential dar, wie in den meisten westlichen Gesellschaften bereits heute, dann werden, aus der Mentalität einer alternden (»senilen«) Gesellschaft heraus verständlich, reale Sicherheit der Altersrenten und Wertstabilität des Geldes (Anti-Inflationspolitik) zu den ökonomisch beherrschenden Zielen, vor wie zwischen den Wahlterminen.
Herrscht zudem, wie in allen westlichen Systemen, Parteienkonkurrenz, verengt sich das Politik-Angebot aller um Regierungsämter kämpfenden Parteien auf diese zwei Sachschwerpunkte. Statt der politischen Alternative wird die angeblich höhere Qualität bei der Verwirklichung identischer Programme angeboten. Daß die daraus resultierende Eindimensionalität, um nicht zu sagen Perspektivlosigkeit der Parteiprogramme, zu einem sterilen Streiten um unechte Grundpositionen, Scheinalternativen und nicht selten personalisierten Verbalradikalismus ausartet, der zunehmend den sowohl kritischen wie jungen Wähler abstößt, hat hier seine eigentlichen (und leider berechtigten) Grund.
Folgenschwerer ist jedoch, daß die Einkommenspolitik zugunsten der Alten (real sichere Renten, Inflationsbekämpfung) erstens in sich widersprüchlich ist, zweitens aber den zunächst nur latenten *Generationenkonflikt* über kurz oder lang zu einem *Bürgerkrieg zwischen den Generationen* verschärfen muß.
Erstens: Die bereits heute de facto und in vielen europäischen Wohlfahrtsstaaten auch de jure (beispielhaft Schweden und Bundesrepublik Deutschland) bestehende *indexartige* Fortschreibung des individuellen Alters-Einkommens der heute Alten in die Zukunft (sog. dynamische Altersrenten) muß bei zunehmender Verschlechterung der Altersproportion, die inzwischen als gesichert gelten kann, den finanziellen Spielraum der öffentlichen Finanzen zunehmend erschöpfen. Die unvermeidliche Folge ist: Entweder müssen andere Programme (Verteidigung, Infrastruktur, Erziehung) gekürzt, die Zwangsbeiträge zur Sozialversicherung erhöht oder das zu erwar-

tende Sozialversicherungsdefizit aus dem allgemeinen Budgetdefizit abgegolten werden. Da zu erwarten ist, daß das letztere den politisch leichteren Finanzierungsweg markiert, wird er – wie auch schon bisher überwiegend – beschritten werden.

Führt somit die dynamische Festschreibung der realen Alterseinkommen (Prototyp Bundesrepublik Deutschland) zu einer Festschreibung der Budgetdefizite mit dazu noch steigender Tendenz (um den harten Transfer von Arbeits- in Nichtmehr-Arbeitseinkommen politisch zu verschleiern), ist zwar der Einzelbetrag dieser Art der Rentenfinanzierung zur allgemeinen Inflationsrate nicht mehr ganz so scharf auszumachen, aber gleichwohl vorhanden. Die Einkommenspolitik zugunsten der Alten, die – um ihre selbstgesteckten Ziele zu erreichen – Inflationsfreiheit fordern und erhalten muß, fördert über die (quasi-monopolistische) *Nicht-Anpassung der Real-Renten* an das geringere Wachstumspotential den Inflationsprozeß – praktisch in derselben Weise wie der cost-push marktbeherrschender Unternehmen und Gewerkschaften!

Die inzwischen in fast allen westlichen Demokratien vollzogene Organisierung der Alterslobby in Sozialministerien, die den Prozeß der realen Nicht-Anpassung weit wirksamer vertreten als die Gewerkschaften der Arbeitnehmer, dürfte diesen Prozeß der Renten-Inflation in Zukunft eher noch verstärken.

Zweitens: Je explosiver das Mißverhältnis zwischen den noch arbeitenden Bevölkerungsgruppen (unter 60 Jahren) und den nicht mehr arbeitenden Bevölkerungsgruppen (über 60 Jahren) zu werden droht, desto offener müssen sich mehrheitsabhängige demokratische Regierungen für die »unproduktive Mehrheit« und gegen die »produktive Minderheit« entscheiden, womit unvermeidlich der (latente) *Generationenkonflikt* der bislang nur staats-desinteressierten jungen Leute zu einem offenen der Staatsablehnung wird oder würde. Da nichts dafür spricht, daß regierungserfahrene Parteien und Politiker diesen Prozeß eskalieren lassen werden, werden sie mangels anderer politisch einsetzbarer Instrumente die in der *Inflationsrate selbst enthaltenen Korrekturelemente sehen und nutzen lernen.*

So wie die bisherige Kombination aus Furcht vor Inflation und Arbeitsplatzverlust, die gewerkschaftliche Lohn-Expansionspolitik moderiert, um nicht zu sagen diszipliniert hat, wird auch die fortschreitende Angst vor der Eskalation des in den Betrieben beginnenden und die Produktivitätsrate drückenden Aufstands der jungen Arbeitnehmer dazu führen, daß die reale Rentendynamik mit Hilfe der Inflationsrate gedrosselt wird. Erste Anzeichen für diesen Trend

sind in der Bundesrepublik Deutschland seit der Wachstumsverlangsamung der siebziger Jahre auszumachen.
Wie auch immer das Einkommens-Gleichgewicht zwischen den Generationen wiederhergestellt wird: durch direkte oder indirekte Eingriffe – die allgemeine Inflationsrate wird dabei eine wichtige und sogar *stabilisierende* Rolle spielen. Denn das hier kurz skizzierte Beispiel der Altersrentenbelastung wiederholt und bestätigt nur die beiden ältesten Erfahrungen mit der sowohl gewollten wie allerdings auch kontrollierten Inflation:
Erstens, sie dient schwachen (kompetenzlosen, dezentralen, demokratischen) Regierungen als ebenso geräuschloses wie effizientes Instrument zur Durchsetzung anders schwer durchsetzbarer Ziele, und zweitens dieselbe Inflation, die die einen enterbt, läßt andere, die das Wagnis nicht scheuen, erben; denn sie ermuntert immer zu Arbeit, Innovation und Fortschritt.
Schumpeters »Prozeß der schöpferischen Zerstörung«, die Art und Weise, wie der Kapitalismus seine Strukturen schafft und (nachdem sie ausgedient haben) auch wieder zerstört, hatten immer etwas mit der gleichzeitigen Inflationsrate zu tun, die zu übersehen genauso irreal wäre, wie einen Hamlet ohne den Dänenprinzen spielen zu wollen. Und Keynes stellt sich im 30. Kapitel seiner auch heute noch faszinierenden Abhandlung Vom Gelde (A Treatise on Money, erstmals erschienen 1930) die Frage, was wohl aus der modernen Welt des Industriekapitalismus geworden wäre, wenn er nur auf die echten Ersparnisse des 16. und 17. Jahrhunderts hätte zurückgreifen können, und gibt selber die Antwort: »Die Wohlstandsmehrung kam gänzlich aus steigender Aktivität, nicht vermindertem Konsum ... Und die sieben Wunder der (alten) Welt? Wurden sie aus Sparsamkeit erbaut? Ich denke: Nein.«

5. Fazit: Geldillusion – bei wem?

Was aber wird, wenn alle Welt – Unternehmer, Gewerkschaften, Rentner und junge Leute, ja selbst die ihnen dienenden Politiker – die mit der Inflation verbundenen, wenn nicht gar mit ihrer Hilfe angestrebten Ziele und Umverteilungswirkungen durchschauen, wenn niemand mehr – der Wunschtraum aller modernen Monetaristen – Geldillusionen hegt?
Die Frage, so komplex sie auf den ersten (nicht unbedingt richtigen) Blick erscheint, läßt sich auf einen verhältnismäßig einfachen Nenner

bringen. Natürlich können alle in langfristige Geldverträge verwickelten Parteien, besonders die, die künftige Geldleistungen zu *fordern* haben (Geldvermögensbesitzer, individuelle und kollektive Sparer, Bezieher nominal fixierter Einkommen und Bezüge) sich Gedanken über die künftige Inflationsrate machen und diese als Aufschlag in ihre Ansprüche einkalkulieren. Sie tun auch gut daran. Nur führt die Antizipierung einer allgemein erwarteten Inflationsrate (leider) nur zu deren Selbstrealisierung und Selbstbeschleunigung, und zwar um so unerbittlicher, je mehr sich diese Art von Selbstschutz gegen das Inflationsrisiko durchsetzt. Deswegen hat es durchaus seinen Sinn, wenn sich die Währungsbehörden (und nicht nur sie) bis heute erfolgreich gegen jede Indexierung von Gläubigerpositionen und künftigen Einkommensansprüchen wehren. Das Medikament würde die Krankheit verschlimmern und nicht heilen!

Und die monetaristische Hoffnung, daß, wenn wir alle real rechneten, es mangels Inflationsinteressenten (= -gewinnern) es auch keine Inflation (und ergo auch keine Inflationsverlierer) gäbe, ist genauso real wie die Vorstellung, daß es ohne Erfindung der Badehose nur Nudisten gäbe. Wir würden andere Formen und Materialien der Bedeckung finden.

Die schlichtere und unpreziösere Wahrheit ist, daß der parlamentarisch regierte Nationalstaat selbst bei richtiger Einsicht in die Natur des Inflations- und Anpassungsprozesses unter spätindustriellen Bedingungen das weltweite Inflationsproblem nicht lösen kann. Sein an den Landes-, aber nicht mehr an den Wirtschafts- und Währungsgrenzen endendes Instrumentarium ist buchstäblich zu beschränkt, um mit dem jeden Verteilungskampf finanzierenden geldtechnischen Fortschritt fertig zu werden. Mit ihrer für den innerpolitischen Hausgebrauch betriebenen nationalen Stabilitätspolitik ruinieren Konkurrenz-Demokratie und Parlamentarismus auf Dauer nur sich selber, weil sie Autorität und Glaubwürdigkeit verspielen, erst recht, wenn sie sich im eindimensionalen Entscheidungsfeld in einem Alternativ-Radikalismus ohne echte Sachalternativen verschleißen.

Der Mißerfolg der westlichen traditionellen Anti-Inflationspolitik signalisiert daher ein grundlegendes polit-ökonomisches *Verfassungsproblem*: Aus der ungeordneten Welt- und Geldwirtschaft wieder eine geordnete zu machen. Nur in welcher Richtung?

Das Inflationsproblem weist auf die drei Schwachstellen dieser »Ordnung« hin: das Währungs-, das Monopol- und das Transferproblem. So wie die westlichen Industrieländer zu Beginn des 20. Jahrhunderts lernen mußten, daß dem Laissez-faire-Kapitalismus »Platzverbot«

auf den heimischen Feldern der Geld-, Kredit- und deren Marktbeherrschungspolitik erteilt werden müsse, wolle man dem Gesamtsystem die Segnungen und Vorteile eines vitalen und effizienten Preismechanismus erhalten – unverfälscht von Inflation und monopolistischen Preisdiktaten –, so müssen sie dies nun auf der globalen, weltwirtschaftlichen Ebene nachholen. Für ihren eigenen Inflationsschutz, nicht den der anderen.

Die Welt-Inflation hat aber noch eine dritte Welt-Einkommensverteilungsdimension, die zunehmend an Gewicht und Brisanz gewinnt: Gewährt man den Entwicklungsländern wie bisher »nur« den Finanztransfer (die Verschuldung) und nicht den Real-Transfer (die Entschuldung durch Öffnung von Absatzmärkten und faire Preise), werden sie nach OPEC-Muster über die terms of trade zurückholen, was man ihnen vorenthielt, und aus der Preis- eine Einkommens-Politik machen.

Noch ist die Tür für eine liberale Reform der Weltwirtschafts- und Weltwährungsordnung offen. Die Krise der kommunistischen Planökonomien gibt dieser Reform sogar eine einmalige Verwirklichungschance, international zu vollenden, was in der integrierten Welt(wirtschaft) der Gegenwart national ein Torso ist und bleiben muß. Denn daß das internationale catch as catch can multinationaler Großbanken und -firmen eine ideale Ordnung repräsentiert, behaupten nicht einmal die härtesten Manchester-Advokaten. Dafür sitzt auch ihnen die Angst, daß aus ihrer »Profit-Inflation« schon bald ein echter Kollaps werden könnte, zu sehr im Nacken. 50 Jahre nach 1930 sind die Voraussetzungen des damaligen Zusammenbruches einer überforderten Weltwirtschaft wieder »erfüllt«: extreme Zahlungsbilanzungleichgewichte, überdimensionierte und kaum noch rückzahlbare Auslandsverschuldung, Blockierung der externen und internen Handlungsspielräume nationaler Regierungen, fortschreitende Depression.

Geblieben ist aus der Krise der dreißiger Jahre aber auch die Erkenntnis, daß nicht der ökonomische und monetäre Nationalismus die Lethargie der Großen Depression endlich gebrochen habe, sondern der Neubeginn mit einer neuen internationalen Ordnung nach dem Zweiten Weltkrieg. Wie unvollkommen auch immer dieses Bretton Woods-System gewesen sein mag: Es wies in seinen besseren Teilen über alles hinaus, was vorher war. Es war ein *Ansatz* zur internationalen (nicht nationalen) Geldmengen- und Liquiditätskontrolle, zu organisiertem (nicht desorganisiertem) Zahlungsbilanzausgleich, einem durch Anpassungszwang fester (nicht schwankender)

Wechselkurse geregelten Verschuldungsprozeß! Und es war ein Aufbruch in die Entwicklungshilfe, die es vorher nicht gab!

Insoweit signalisiert das Scheitern westlicher Anti-Inflationspolitik mehr als eine Fehldiagnose in Inflationsursachen und ihrer Bekämpfung. Es verdeutlicht, daß in der *einen* Weltwirtschaft jeder von jedem abhängt, und daß niemand seine Probleme durch Isolierung lösen kann.

Nur wenn es gelingt, den buchstäblich außer Kontrolle geratenen Geldfortschritt unserer Zeit, symbolisiert durch die über alle Ufer getretene internationale Liquidität, wieder zu kanalisieren, die (nicht zuletzt dadurch) nach oben fast unbegrenzt gewordenen Preiserhöhungsspielräume der internationalen Technologiemonopole und Rohstoffkartelle wieder wirksam zu beschneiden und den Entwicklungsländern vernünftige Wachstumspfade bei geregelter (und nicht ungeregelter) Verschuldung zu erschließen, wird sich der dritte und gefährlichste aller Verteilungskämpfe, nicht der zwischen den Klassen (der fast gelöst ist), nicht der zwischen den Generationen (der ein »Familienproblem« der kinderlos gewordenen westlichen Staaten geworden ist), sondern der *zwischen den reichen und den armen Nationen* »regeln« lassen.

Dann – aber nicht vorher – würde auch das weltweite Inflationsproblem gelöst sein.

C. Inflationsillusionen – oder was erklärt die Quantitätstheorie?

Die Quantitätstheorie des Geldes: daß die Geldmenge M multipliziert mit ihrer Umlaufsgeschwindigkeit pro Zeiteinheit V (= der Summe der Geldausgaben einer Periode) gleich sei der in derselben Zeiteinheit im Gegengeschäft erworbenen und zu den Marktpreisen P bewerteten Güter und Dienste Q (= der Summe der Geldeinnahmen derselben Periode), gehört zum ältesten Eisen der Geld- und Inflationstheorie überhaupt.
$M \cdot V = P \cdot Q$[18] Die Identität von Geldausgaben und Geldeinnahmen für die Finanzierung eines (vor)gegebenen und zu Geldpreisen bewerteten Güterpakets gilt als so offensichtlich, als so tautologisch, daß die Frage, ob diese formale Evidenz denn auch theoretisch wie empirisch gesichert sei, entweder gar nicht gestellt, oder wenn doch, als belanglos abgetan wird. So, als ob nicht schon Anfang der dreißiger Jahre Gunnar Myrdal der bislang unverdächtigen Marginalanalyse einen gehörigen Schuß politischer, um nicht zu sagen ideologischer Voreingenommenheit nachgewiesen, Walter Eucken zu Beginn der fünfziger Jahre nicht nachdrücklich vor der Verwechslung zwar logisch richtiger, für praktische Fragestellung jedoch »inaktueller« Theoreme gewarnt hätte.[19]
Wie aktuell ist die in der Quantitätstheorie »bewiesene« – und unverändert Schule machende (und unterscheidende) – Inflationshypothese, wonach immer und zu allen Zeiten ein monetärer Überhang (definiert als ein Zuviel an Geldmenge) über das gleichzeitige reale Angebotsvolumen an verfügbaren Gütern und Diensten der auslösende und entscheidende Inflationsgrund sei?
Wir werden zu zeigen versuchen, daß gerade dieser derzeit wiederentdeckte und nicht nur in den Mittelpunkt theoretischer Analyse, sondern (leider auch!) politischer Anti-Inflationspolitik-Praxis gestellte Ursachen-Folge-Mechanismus zwar logisch richtig, aber, weil auf gänzlich irrealen Prämissen aufgebaut, weder theoretisch brauchbar noch für politisch rationales Handeln verwendbar

ist. Wenn irgendwo Hegels böses, aber sich selbstentlarvendes Wort: daß wenn Theorie und Fakten nicht übereinstimmten, es »schlimm um die Fakten bestellt« sei, nicht nur Schule, sondern Politik gemacht hat, dann bei der auf monetaristischer Analyse beruhenden Inflationsbekämpfungs-Praxis unserer Tage, gleichviel ob in den USA, Großbritannien oder der Bundesrepublik Deutschland.

Dabei hätte schon stutzig machen müssen, daß dieser evergreen, richtiger wohl: erratische Findling der Geldtheorie seit Jean Bodins Tagen noch von jeder neuen ökonomischen Schule anders interpretiert werden mußte, um für ihren Theoriekörper verdaulich und verträglich zu werden. Bodin, der sich (zu Recht) über die aus Spanien mit den Landsknechten Karls V. nach Frankreich importierte Inflation des 16. Jahrhunderts sorgte, bildete zur Verdeutlichung seines Konnexes ein einfaches und für seine Zeit durchaus realistisches Modell. Er abstrahierte von jeglicher »Produktion« und beschränkte sich auf das pro Zeitperiode verfügbare (und in Preisen bewertete) »Handelsvolumen«, eine Art Gemüse- oder Wochenendmarkt-Modell der Volkswirtschaft, wie Wolfgang Stützel es treffend (und durchaus unironisch) charakterisierte.[20] Folgerichtig postulierte er, daß in dieser Welt alles bar (in vorhandenem Metallgeld) gezahlt wird. Zeitliche Differenzen zwischen Zahlung und Leistung (Tausch), also Kreditvorgänge, spielen keine Rolle, ergo: Erwartungen, daß sich zwischen Zahlung und Leistung Preisveränderungen aufgrund veränderter Produktionsdaten (Kosten, Erlös) ergeben könnten, auch nicht.

Wenn aber eine vorhandene Geldmenge ein vorhandenes Handelsvolumen kauft, dann stimmt nicht nur die Identität von Geldausgaben bisheriger Geldbesitzer mit den Geldeinnahmen bisheriger Güterbesitzer überein. Man hat stillschweigend auch zwei fundamentale und aprioristische Annahmen über zwei wichtige Glieder dieser Beweiskette gemacht: a) Die Geldmenge wird immer nur *einmal* pro Zeiteinheit umgesetzt, die sog. Geldumlaufsgeschwindigkeit ist also pro Zeiteinheit Eins, und b) das Handelsvolumen kann über keine (geld- und zinspolitisch induzierte) Produktionssteigerung beeinflußt werden. Es ist exogen vorgegeben. Sind aber im Kontext von $M \cdot V = P \cdot Q$ zwei Größen vorwegbestimmt, nämlich V und Q, dann kann P nur steigen, wenn M steigt. Sind aber V und Q Konstante, dann gilt noch strenger:

$$\frac{dM}{dP} \cdot \frac{P}{M} = 1,$$

womit ein eindeutiges (nämlich proportional-elastisches) Verhalten von M und P aus ganz und gar unbewiesenen Prämissen gefolgert (!) wird. Auch seine Richtung ist schon apriori festgelegt, daß nämlich immer dM der aktive: dP der treibende Faktor sei, nicht umgekehrt! Denn denkbar wäre es ja auch, daß dP dM treibt! Nun, das zu Bodins Zeit unbestrittene öffentliche Monopol der Geldproduktion und das weitgehende Fehlen einer mit der Geldproduktion konkurrierenden Kreditproduktion rechtfertigte seine Annahmen und Schlußfolgerungen: Wer Geld hatte, konnte kaufen, ergo die Preise in die Höhe treiben!

David Hume (zu Recht besorgt) über den merkantilistischen Irrtum, der Reichtum der Nationen speise sich aus aktiven Leistungs- statt passiven Leistungsbilanzen), erweitert Bodins Wochenendmarkt-Modell *in* der Volkswirtschaft zum Wochenend-Modell *der* – am Weltmarkt konkurrierenden – Volkswirtschaften. Verkauft eine Volkswirtschaft am Weltmarkt mehr, als sie einkauft (Exportüberschuß), gewinnt sie im Inland einsetzbares Geld, kauft eine Volkswirtschaft am Weltmarkt dagegen mehr, als sie einkauft (Importüberschuß), verliert sie einheimisches Geld: in beiden Fällen verändert dM dP proportional im Sinne der unterstellten Geldmengen-Preisniveau-Elastizität von 1; im Falle Eins mit positivem Vorzeichen (= Inflation), im Falle Zwei mit negativem Vorzeichen (= Deflation).

Inflation ist also nichts weiter als der Irrtum der merkantilistisch beratenen Könige, das Handels-(oder auch Produktions-)volumen Q über eine aktive Leistungsbilanz vergrößern zu wollen. Denn diese führt ja nur dazu, daß P steigt, das konsumierbare Q aber fällt. Man spare sich einen Rattenschwanz voller Exportförderungs-Importbehinderungsmaßnahmen!

Nur mußte Hume, um dieses den Protektionismus als Wohlstandsmaßnahme widerlegende Argument seines über den price-specie-flow (Preisniveau beeinflußenden Geldmengenfluß) funktionierenden Zahlungsbilanzausgleich zu begründen, Bodins weltfremde Annahmen von der Konstanz der Geldumlaufsgeschwindigkeit und Handels- resp. Produktionsvolumen um eine weitere vermehren: daß es in der Welt(wirtschaft) nur eine *einzige* Währung gibt, das Gold. Und daß alle Nationen um dessen Einbringung in die nationale Geldmengen-Scheuer bei ihrem Verteilungskampf um das Weltsozialprodukt konkurrieren: dM (gleichviel ob + oder −) erklärt sich immer aus dem Saldo der Leistungsbilanz mit dem Ausland: L

+ dM = + L
− dM = − L.

Denn nur bei (vor)gegebener Welt-Geld(= Gold)-Menge geht das dem Leistungs- und Zahlungsbilanzausgleich bei freien Geld- und Güterbewegungen zugrunde liegende Null-Summen-Spiel von weltweiter Inflation (der Überschuß-) und Deflation (der Defizitländer) auf, regulieren Zahlungsbilanzeinflüsse auch ohne den geldmengenkontrollierenden Interventionismus staatlicher Zentral-Notenemissions-Institute quasi automatisch den Inflationsprozeß. Inflation herrscht entweder immer – und nur – weltweit, wenn die Welt-Goldmenge steigt (resp. ihr Preis heraufgesetzt wird) – oder gar nicht.

Denn keine nationale Inflation kann – auf Dauer sich dem »Befehl der Zahlungsbilanz« (v. Böhm-Bawerk) widersetzend – gegen die kombinierte Ausgleichsbewegung geldmengen-abhängiger Preisniveaus ($dM \to dP$) und preisniveauabhängiger Export-/Importveränderungen ($dP \to dEx, dIm$) halten.

Hume überträgt Bodins für den Inlandsgebrauch bestimmte Geldmengen-Preisniveau-Elastizitätsannahme von 1 auf die (äußeren) terms of trade:

$$\frac{dP}{d(Ex \cdot Im)} \cdot \frac{Ex \cdot Im}{P} = 1.$$

Weil jetzt zusätzlich auch noch aufgrund externer (Export/Import) Preiselastizitäten von 1 die terms of trade als konstant »gedacht« werden können, läßt sich (annahmegemäß) jede +L-induzierte (importierte) Inflation relativ schnell und schmerzlos über dIm (= positive Veränderung von Q) und jede −L-induzierte (importierte) Deflation ebenso schnell und schmerzlos über dEx (= negative Veränderung von Q) korrigieren.[21]

David Ricardo, den das Nichtfunktionieren des von Hume bereits »bewiesenen« Selbstausgleichs von Zahlungsbilanz- und Preisniveau- (= Inflations-)unterschieden in den Wirren der Französischen Revolution und Napoléonischen Kriegen beunruhigte, schrieb das von Hume der Quantitätstheorie »entlockte« liberale und internationale Inflationsbekämpfungskonzept in einer neuen Geldverfassung (gleichsam konstitutionell) fest. Sein – die Notenbankverfassungen des 19. Jahrhunderts tragendes – currency-principle enthielt drei konstitutive Regeln oder Normen:

1. Alle nationalen Geldmengen werden durch feste Golddeckungs-Relationen bei festem (nicht variablem!) Goldpreis nicht nur gold*wertgleich* gemacht, sondern auch gold*mengenreguliert*: M muß stei-

gen, wenn Gold zufließt, M muß verringert werden, wenn Gold abfließt. Die Zahlungsbilanz regiert den Geldumlauf nicht mehr nur (wie bei Hume) funktional, sondern »konstitutionell«.

2. Alle übrigen, über Banken geschaffene Zahlungsmittel (Kredite) werden über (konventionell oder sanktionell) einzuhaltende Zentralbankgeld-Deckungsrelationen (Reserveguthaben bei der Zentralbank) *indirekt* goldwertgleich oder goldmengenregulierbar gemacht: durch ihre jederzeitige Konversionsmöglichkeit in Zentralbankgeld.

3. Begreift sich alle Geldpolitik (im Sinne der Deckungsregeln 1 und 2) als rein bankmäßige Liquiditätssicherungspolitik: Die Zentralbank sichert ihre Gold-, die Einzelbank ihre Zentralbankliquidität. Ist somit äußere Gold- und innere Zentralbankliquidität gesichert, dann bleibt die Geldmenge immer im doppelten Sinne neutral:
– von ihr gehen weder Preisniveauwirkungen aus, denn diese werden durch den Zahlungsbilanzmechanismus absorbiert,
– noch gehen von ihr (reale) Produktionswirkungen aus, denn das verfügbare Güterangebot (gleichviel ob Handelsbestand, mit oder ohne Zugänge aus Neuproduktion und Außenhandel) wird immer nichtmonetär (= exogen) bestimmt. So, als ob es niemals und nirgendwo dynamische Produzenten gäbe, die sich durch vorhandenen Geldbesitz oder Geldverschuldung (= Kreditaufnahme) verleitet dazu entschließen könnten, ihr bisheriges Q (= Güterangebot) zu vergrößern.[22]

Bodins, Humes und Ricardos Interpretationen der Quantitätstheorie des Geldes entpuppen sich damit als reine Geld-Güter-Tauschkonzepte. Immer wird vorhandenes Geld oder äußerstenfalls aus dem Ausland zufließendes (aber dort vorhandenes) Geld gegen vorhandenes Güterangebot getauscht. Immer wird übersehen (oder davon abstrahiert), daß es zu allen Zeiten der Geldgeschichte ein permanent wachsendes Angebot an (offiziell) nicht vorhandenem *Kreditgeld* gegeben hat, das die per Periode ebenfalls noch nicht vorhandenen Güterangebote (Investitionen) vorfinanziert. Immer wird übersehen, daß es für die Inflationsvermeidung (leider) nicht ausreicht, sich auf die Regulierung von vorhandenen Geld- und Gütermengen zu beschränken (sei es in der Volkswirtschaft, sei es zwischen ihnen), sondern daß die Summe der *Geldausgaben* der Wertsumme der verfügbaren Güter- und Dienstleistungsausgaben periodengerecht angepaßt werden muß, was etwas anderes ist.

Die selten gestellte Frage ist jedoch, ob die vor 300 Jahren vom Erfinder der Quantitätstheorie vorgenommene Vereinfachung der

Geldausgabe-Definition (= Besitzwechsel von Geldeinheiten), die dann unter dem Eindruck der makroökonomischen Fragestellungen Humes und Ricardos zu dem gedanklichen Konstrukt von gesamtwirtschaftlicher Geldmenge (einer Bestandsgröße per Zeitpunkt) multipliziert mit der Zahl der nachgewiesenen, aber statistisch kaum erfaßbaren Besitzwechselakte (Strömungsgröße per Zeitperiode) geführt hat, überhaupt notwendig ist. Denn auf die Beibehaltung dieser ohne Frage logischen, aber ökonomisch doch eher nichtssagenden gedanklichen Zergliederung des Geldausgabe-Konzepts geht die nächste Versuchsreihe quantitätstheoretischer Wiederbelebungsversuche zurück. Leon Walras (bestrebt Ricardos mehr normatives als analytisches Doppelkonzept vom »neutralen Gelde« und der »Dichotomie« zwischen linker Geld- und rechter Realseite der Quantitätstheorie in ein logisch sauberes und elegantes Gesamtsystem zu integrieren) ersetzte den *so* nicht faßbaren Geldausgabe-Begriff durch einen Rückgriff in die Welt und Zeit der reinen Natural- oder Gütertauschwirtschaft: des (eigentlich schon von Bodin) überwundenen Gütertausches.

In Walras' System der zahllosen (n) Güter und Preise bestimmen seine (individuellen) Akteure aufgrund ihrer Nutzenkalkulationen die Tauschwerte und -kosten der n zur Auswahl stehenden Güter, aber noch nicht ihre Geldpreise. Es stehen sich also in Güter-, nicht Geldpreisen bewertete Umsätze (also zwei periodengerecht auszutauschende Strömungsgrößen) gegenüber, wobei Walras das klassische Makroaggregat P · Q in seine Mikrokomponenten, die Summe individueller Güter (q) und ihrer individuellen Güterpreise (p) zerlegt: $\sum_{}^{n} p \cdot q$. Aber nur, um zu »beweisen«, was unter seinen Bedingungen formal ganz und gar logisch ist, daß es für die n denkbaren Tauschmöglichkeiten der diversen q nur n−1 Güterpreisrelationen (p) geben kann. Sein geldloses Tauschsystem verfügt somit über einen »Freiheitsgrad«: Es erlaubt, ja erfordert geradezu die Einführung eines *exogenen* n−ten Gutes, der Geldmenge M (einer Bestandsgröße), die es ermöglicht, die bislang nur in Güterpreisen ausgedrückten Tauschpreisrelationen in Geldpreise (das Geldpreisniveau P) zu übersetzen.[23]

Damit aber ist nur bewiesen, was annahmegerecht unterstellt war: daß sich nämlich die realen (in Gütertauschakten ausdrückbaren) Preis- und Tauschrelationen *bereits gebildet haben, bevor es zur Verwendung des n−ten Gutes, des Geldes nämlich kommt!* Während das Bodin-, Hume- und Ricardo-Geld nur deswegen »neutral« ist und bleibt, weil seine Erfinder (mit wieviel Plausibilität sei dahingestellt) zwei Größen des quantitätstheoretischen Zusammenhangs als Konstante deklarieren (V und Q), ihrem M aber wenigstens die (dynamische) Eigenschaft zuerkennen, P im Prozeßverlauf größer oder kleiner werden zu lassen – mit der Folge, daß wenn schon nicht die Verteilung, so doch die Zahlungsbilanz *monetär* beeinflußt werden kann –, geht diese Restdynamik bei Walras gänzlich verloren. *Sein* monetärer numéraire ist nur noch ein »Nullenproduzent« für einen bereits vorher tätigen realen (güterwirtschaftlichen) Verteiler, der die individuellen (und subjektiven) Nutzen- und Tauschpräferenzen widerspiegelt. Walras' Geld hat dieselbe Eigenschaft wie eine Auswechslung der DM- oder Dollar-Preisauszeichnung in eine Groschen- oder Dime-Preisauszeichnung, realiter also keine!

Es gehört zu den schlechterdings unbegreiflichen Theoriephänomenen, wie ausgerechnet eine Zeit und Gesellschaft, die wie keine vor ihr die höchst realen (dynamischen und gesellschaftlichen) Sprengwirkungen der Geldwirtschaft erlebt, sich eine Geldinterpretation ausdenkt, wie sie statischer, um nicht zu sagen: steriler gar nicht vorstellbar ist! Während Hume und Ricardo immerhin gewichtige und politisch achtbare Motive hatten, die sie erschreckenden (dynamischen) Geldeigenschaften zu ignorieren (Hume, weil er merkantilistische Geldillusionen entlarven und die Anti-Inflationsautomatik eines Systems freier Geld- und Güterbewegungen diesseits und jenseits der nationalen Grenzen aufzeigen, Ricardo, weil er die Inflationsmotorik unkontrollierter Papiergeldemissionen ein für alle Mal an die konstitutionelle Kette legen wollte), ist das walrasianische »Geld ohne Eigenschaften« nicht nur ein schwer verständlicher Anachronismus. Es ist ein Paradebeispiel dafür, wohin eine Theorie verkommt, wenn sie (im Euckenschen Sinne) nur noch »richtig«, aber kein bißchen »aktuell« ist: zu einer Pseudo-Rechtfertigung falscher (Geld-)Politik!

Denn es ist kein Zufall, sondern nur folgerichtig, wenn sich die Väter des modernen Monetarismus (übrigens nicht ganz zu Recht) auf Walras berufen, wenn sie auf die Nutzlosigkeit aktiver, produktions- und beschäftigungsstimulierender Geldpolitik verweisen. Nur übersehen sie dabei, daß im walrasianischen Konzept *jede* Geldmengen-Dosierung, selbst noch die hyperinflatorischste, verteilungs- und wachstums*neutral* gewesen wäre, Walras also gewissermaßen auf beiden Augen an Inflationsblindheit litt: Was nicht sein darf, auch nicht sein kann! Friedman und die von ihm inspirierte monetaristische Schule begründet zwar mit Walras' Argumenten die Nutzlosigkeit aktiver Geldpolitik, fordert aber gleichzeitig die nationale Einfrierung des Geldmengenzuwachses auf die allenfalls statistisch, also äußerst vage bekannte und berechenbare Steigerungsmöglichkeit von Q (dem möglichen Real-Produktzuwachs), bei gleichzeitigem Laissez-faire des weltweiten transnationalen Kreditmittelangebots! Mit dem von Wicksell parallel zu Walras entwickelten Konzept des unabhängig von Real-Größen, wie Spar- und Bankeinlagen expandierenden Bankkredits als alternativem »Privatgeld« der Wirtschaft neben und jenseits des öffentlich angebotenen und kontrollierten Zentralbankgeldes war an sich die Tür für den Ausbruch aus den irrealen Annahmen der klassischen (und insoweit naiven) Quantitätstheorie des Geldes geöffnet. Wenn das durch wechselseitige Refinanzierungslinien (Interbankverschuldung) verbundene Banksystem als Ganzes in der Lage ist, jeden durch sichere Rentabilität und Bonität legitimierten Kreditwunsch eines dynamischen Investors ohne Gefahr für die Eigenliquidität der Einzelbank zu befriedigen, dann regiert nicht (wie im klassischen Kausalnexus unterstellt) die linke Geldseite der Quantitätstheorie die rechte Real-Seite, sondern die rechte die linke!

Die von dynamischen Unternehmern geplante Zunahme von Q (dQ), nicht in Form vorhandener, sondern noch zu schaffender Zukunfts-(= Investitions-)Güter verlangt eine diese Investitionspläne finanzierende größere Geldseite. Wicksell zeigt, daß die den (zusätzlichen) Investitionsprozeß deckende Ausweitung des Finanzmantels nichts mit M oder V zu tun hat, sondern alles mit privat geschaffenem und verwendeten Bank- (oder giral abrufbarem) Kreditgeld. Der »Wicksellsche Prozeß« der sich selber refinanzierenden expansiven Bankkreditschöpfung funktioniert ohne Bremswirkung durch den wachsenden Mangel an Zentralbankliquidität (M_1 in monetaristischer Sprachlehre) nur im giralen Bereich: Wenn Kreditgeber (Banken) und Kreditnehmer (Nichtbanken) alle Umsätze und Zahlungen im »geschlossenen System« vornehmen und Sickerverluste nach außen entweder ganz ausschließen oder im Rahmen ihrer Liquiditätsreserven halten können.

Wicksells unkonventioneller Bruch mit der geldtheoretischen Tradition fängt gleich zwei, für die Geldwirtschaft seit langem charakteristische Innovationen im Prämissenkranz seiner neuen geldtheoretischen Konzeption ein: 1. daß es neben dem öffentlichen Zentralbankgeld (M_1) noch andere, weitaus bedeutsamere Zahlungsmittel gibt, z. B. den (zentralbankunabhängigen) Bankkredit (M_2) und 2. daß der Finanzierungsprozeß von der Geldnachfrage (von der Real-Seite) ausgeht, nicht vom Geldangebot (insofern einen Gedan-

ken aufgreifend, der im Streit zwischen Anhängern der Currency- und der Banking-Theorie 50 Jahre zuvor, weil von den Anhängern des Banking-Prinzips schlecht begründet, untergegangen war[24]).
Wicksell ist sich der Tragweite seiner Entdeckung bewußt gewesen. Wenn die kombinierte Geld- und Kreditnachfrage ihr eigenes Geld- und Kreditangebot – und unter Hinnahme der damit verbundenen Risiken – selbst bestimmt, dann ist eine von freien (privaten) Banken gesteuerte Kreditexpansion weder preis-, noch verteilungs-, noch wachstumsneutral. Dann ist Geld auch kein bloßes »Rad der Zirkulation« (Smith), kein »Schleier über den realen Produktionsverhältnissen« (Ricardo) und erst recht kein »nullenproduzierender numéraire« (Walras) mehr, sondern ein höchst unberechenbares, um nicht zu sagen: systemsprengendes Element in der zwar dynamischen, gleichzeitig aber auch das statische Eigentumsrecht garantierenden (und benötigenden!) Marktwirtschaft.

Da die Marktwirtschaft ihre Allokations- und Distributionsprobleme im wesentlichen *pretial* lenkt, konzentrierte sich Wicksell folgerichtig auf die (inflatorischen wie deflatorischen) *Preis*wirkungen seiner großen Entdeckung. Auch wenn er damit die Chance verschenkte, vor Schumpeter die Rolle des dynamischen, das verfügbare Kreditpotential nutzenden, gelegentlich auch mißbrauchenden Unternehmers zu bewerten und vor Keynes die Abhängigkeit der Ressourcenauslastung (Vollbeschäftigung) vom Grad der finanzierbaren Real-Nachfrage zu erkennen, gebührt ihm dennoch die Krone der beide theoretischen Innovationen erst ermöglichenden Widerlegung des klassischen Vorurteils von der »Neutralität des Geldes« und der daraus abgeleiteten Vorstellung von der Zweiteilung (Dichotomie) der Volkswirtschaft in getrennte reale (güterwirtschaftliche) und monetäre (geldwirtschaftliche) Prozesse.

Seit Wicksells Analyse kreditwirtschaftlicher Expansions- und Kontraktionsprozesse ist klar, daß diese immer – und zwar über ihre Preiswirkungen, die sich nicht nur auf das Preis*niveau*, sondern auch auf die Preis*struktur* (= Walras' Preisrelationen) beziehen – *die Verteilung verändern*. Eine Konklusion, die sowohl für Konkurrenz- wie Monopolsituationen gilt, deren einziger, wenn auch gewichtiger Unterschied lediglich der ist, daß der Konkurrenzanbieter, der sich mit zusätzlichem Kredit an neue Produktionen heranwagt, *mehr* riskiert als der Monopolist, der durch seine Preisfixierungspolitik seine Erlöschance verbessert, ohne sein Güterangebot zu steigern – und durch diese Kombination seinen Kreditbedarf mindert. Schumpeter hat Wicksells Einfluß auf seine eigene Analyse des kapitalistischen (= kreditwirtschaftlich finanzierten) Prozesses der »schöpferischen (innovativen) Zerstörung« der überkommenen Produktions- und Gesellschaftsstrukturen nie geleugnet.[25]

Im Falle Keynes kann Wicksells Einfluß nur vermutet werden.[26] Im Lichte der geldtheoretischen Tradition besteht jedoch Keynes' Durchbruch zur »General Theory« in nichts anderem, als daß er (unter dem trüben Anschauungsunterricht der dreißiger Jahre) auch noch die zweite, von Wicksell zunächst hingenommene Prämisse der klassischen Quantitätstheorie von der Konstanz der Produktion wie Beschäftigung determinierenden Faktors Q (Real-Produkt) in Frage stellte! Wenn Q aus welchen realen oder monetären Gründen auch immer unter das Vollbeschäftigung garantierende Produktionsniveau absinken kann, dann hat dieses in der Geldwirtschaft auch immer ein geldwirtschaftliches Äquivalent, gleichviel, ob man dieses als »Folge« oder »Ursache« einer monetären Restriktion deutet: *das Niveau der Geldausgaben* (für Konsum und Investition) *ist zu niedrig!* Zu niedrig, um das vorhandene Ressourcen- und Kapazitäten-Potential der Volkswirtschaft auszulasten.

Will man zurück zum ressourcen-auslastenden Vollbeschäftigungs-Q, muß man über reichlicheres und billigeres Geld- und Kreditangebot, Produktion und Investition stimulieren, wenn nicht im Privat-, dann im öffentlichen Sektor (durch deficit-spending). Keynes war niemals so naiv zu vermuten oder zu behaupten, daß ein derart staatlich organisierter und kontrollierter »Wicksellscher (kreditfinanzierter) Expansions-Prozeß« die Preise erst *nach* Erreichen der Vollbeschäftigung zum (inflatorischen) Steigen bringen würde. Er hielt nur mit guten Argumenten dafür, daß bei beschäftigungsaktiver Geldpolitik zwar eine (relative) Inflation per Geld*einheit* (aufgrund des Preisniveauanstieges) zu erwarten wäre, aber keine Inflation per (realer) Einkommenseinheit, da trotz (oder wegen) Inflation die Real-Einkommen weder stagnierten noch fielen, sondern stiegen – wenn auch bereinigt um die Inflationsrate (per Geldeinheit) langsamer als die Nominal-Einkommen.

Wie auch immer man die dahinterstehende »Geldillusion« analytisch und ideologisch wertet: Keynes vertritt mit ihr nur eine Denkposition, die neben und vor ihm, Schumpeter wie Wicksell wesentlich unangefochtener, wie folgt ausdrückten: Eröffnen sich für den dynamischen Unternehmer oder Kreditnehmer aus der Spanne zwischen (billigen oder verbilligten) Finanzierungs- oder Kreditaufnahmekosten (= Zinsen) und seinen ebenfalls in einer Zinsrate ausgedrückten Gewinnerwartungen (die wiederum maßgeblich von seinen falschen oder richtigen Inflationserwartungen bestimmt werden) zusätzliche Gewinnchancen, dann wird er sie nutzen. Deswegen und weil es – dank der unausgelasteten Kapazitäten – eine gleichzeitige (positive) Rate für dQ gebe, könne und werde vor Erreichen der Vollbeschäftigung dP < dM ausfallen! Keynes postulierte also, quantitätstheoretisch gesprochen:

$$\frac{dM}{dP \cdot dQ} \cdot \frac{M}{P \cdot Q} = 1.^{27}$$

Was auch immer Keynes bewogen haben mag, den quantitätstheoretischen Ansatz in seine General Theory aufzunehmen (vermutlich der didaktisch reizvolle Gedanke, daß sein Unterbeschäftigungsmodell den klassischen Proportionalismus zwischen Geldmengen- und Preisniveauveränderung als Spezialfall einer vollbeschäftigten Welt mit verwerten könne), es schürt bis heute den Streit zwischen seinen »linken« und »rechten« Schülern und Widersachern. Es schafft aber gerade dadurch die merkwürdigsten und verwirrendsten Allianzen. Joan Robinson, nicht gerade eine Freundin Milton Friedmans, wäre immerhin geneigt, mit ihm zusammen die Quantitätsgleichung von rechts (der Realseite) nach links (zur Geldseite hin) zu lesen, denn beide plädieren für den »monetären Maßanzug«, nur daß er für Robinson auf die Vollbeschäftigung (Q), für Friedman auf die Preisniveaustabilität (P) passen soll. Dennoch trennen sie Welten.

Friedman benötigt die rechte Seite als Bestimmungsfunktion seiner »optimalen Geldmenge«, die sowohl das reale Sozialprodukt (Q/P) wie auch die reale Kassenhaltung (V/P) finanzieren muß. Robinson kann (wie Keynes) auf sie verzichten, denn wenn M zur Bestimmung von P *nicht* (mehr) gebraucht wird (beispielsweise weil es nichtmonetär = monopolistisch präfixiert ist), dann wird M für die (nominale) *Zins*bestimmung »frei«. Wenn aber dies der »wahre« Keynes und seine das Theorie- wie Politikverständnis revolutionierende Denkleistung ist, dann braucht sich auch Samuelson nicht zu bemühen, die linke Seite der Quantitätsgleichung (M · V) als ein »Fiskalisten« wie »Monetaristen« versöhnendes Konzept der »effektiven Gesamtnachfrage« schmackhaft zu machen, auf das sich beide ohne theoretischen Gesichtsverlust (wieder) einigen könnten. Aber auch J.R. Hicks, der wiederum am klarsten gezeigt hat, daß und wie man die beiden verfeindeten Brüder der Klassik und des Keynesianismus ohne den Rückgriff auf die Quantitätstheorie des Geldes als zwei verschiedene »Grenzfälle« einer noch Allgemeineren Theorie als der von Keynes interpretiert, mag auch auf diesen evergreen nicht so ganz verzichten... Beispiele, die sich mehren ließen.

Der gemeinsame, das Werk von Wicksell, Schumpeter und Keynes durchziehende neue Gedanke ist jedoch der: Wird Geld eingeführt, und erst recht als Weiterentwicklung des Geldes der Kredit, gewinnt die Gesellschaft nicht nur ein zusätzliches Instrument der Ressourcenverteilung und -umverteilung. Sie muß als Preis für die neue Chance mit einer ganz neuen *Unsicherheit* bezahlen, der nämlich, daß sich als Folge der nunmehr möglichen gesellschaftlichen Tempobeschleunigung auch alle Zukunftspreise, -einkommen und -vermögenszuwächse verändern! *Kommen Geld und Kredit ins Spiel, werden alle: buchstäblich alle Zukunftserwartungen unsicher und es müssen ganz neue Formen und Techniken ihrer Kalkulation gefunden und erfunden werden.*

Wie aber macht man das an sich Unkalkulierbare kalkulierbar?[28]
Wicksells, von Schumpeter und Keynes verfeinerte Antwort war, daß man die unterschiedlichen Risikoerwartungen einfangende und periodengerecht abgrenzende unterschiedliche *Zinssätze* bildet; mindestens deren zwei: einen für das reale Investitionsrisiko und einen für das (nominale) Finanzierungsrisiko. Wird das Investitionsrisiko für geringer gehalten als das Finanzierungsrisiko (den Irrtum der Kalkulatoren eingeschlossen), werden die Ausgabenströme der Unternehmen für Investitionen, der Haushalte für Konsum sich verbreitern, wird das kreditfinanzierte Wachstum das reale nach sich ziehen, ein Prozeß, der (Wicksells Entdeckung) selten ohne Inflation abgeht. Wird dagegen das Investitionsrisiko für größer gehalten (den Irrtum der Kalkulatoren wiederum eingeschlossen), wird das kreditfinanzierte Wachstum zurückgehen, vielleicht sogar negativ werden; und wieder wird das reale Wachstum folgen bis hin zu absolutem Einkommens- und Vermögensverlust; ein Prozeß, der nicht nur zu Deflation, sondern früher oder später (Keynes' Entdeckung) zu – für den Einzelnen – »unfreiwilliger« Arbeitslosigkeit führt.

Aber auch der »Zwischenfall«, daß trotz hoher (subjektiver) Investitionsrisiko-Einschätzung und dementsprechender Stagnation von Kreditnachfrage und realem Wachstum und steigender unfreiwilliger Arbeitslosigkeit die *Inflation* weitergeht, ist denkbar. v. Hayek hat ihn auf der Grundlage, die Wicksell legte, zur Unzeit, nämlich zu Beginn der dreißiger Jahre, als Deflation, nicht Inflation vorherrschte, analysiert (was seine heutige Popularität hinreichend erklärt), dann nämlich, wenn Schlüsselpreise und -einkommen ent-

weder monopolistisch oder politisch so fixiert sind, daß die »Nachfrageinflation« zwar weicht, die »Kosteninflation« dagegen bleibt![29]
Was hat in diesem Erklärungsschema, in dem Erwartungen und Finanzierungskosten, beide symbolisiert in unterschiedlichen Zinssätzen, die aber gänzlich unterschiedliches besagen (denn die einen reflektieren antizipierte Real-Produktivitäten, die anderen Leihpreise für Geld und Kredit), die Quantitätstheorie des Geldes zu sagen?
Offensichtlich nur dann etwas, wenn sie zur Bildung und Bestimmung wenigstens *eines* der beiden Zinssätze etwas beitrüge. Keynes hat seinen Erben die Aufgabe hinterlassen, das M der Quantitätstheorie zur Bestimmung des Geld- und Kreditzinses der Banken heranzuziehen. Ob das Unterfangen aus Geldmenge (= Angebot) und den diversen Faktoren der Geldnachfrage für Transaktionen (= M_1, Reservehaltung und Spekulation = M_2) eine Art Marshallschen Gleichgewichtszins als Preis für Liquiditätsüberlassung zu gewinnen, in einer offenen Welt-Kreditwirtschaft ungehemmter Wicksellscher Prozesse den Baustein für eine Allgemeine Liquiditätstheorie formt, darf bezweifelt werden. Insofern ist Keynes' Liquiditätstheorie ebenso Bestandteil wie Relikt seiner in den dreißiger Jahren gerechtfertigten Vorstellung von einer »geschlossenen Wirtschaft«, richtig – aber leider inzwischen inaktuell.
Eine andere, aber zur Stunde utopische Sache wäre es, diesen approach auf die einzig anzustrebende Form einer »geschlossenen Wirtschaft« anzuwenden: die durch ein *Welt*-Geld und eine Welt-Zentralbank mit Liquidität versorgte *Welt*-Wirtschaft, in der es keine nationalen Zahlungsbilanzen mehr gäbe, sondern nur noch interregionalen Faktor-, Güter- und Zahlungsverkehr.[30]
Am anderen Ende des Spektrums argumentiert der moderne (nicht immer mit Friedman identische) Monetarismus. Deutet man mit Friedman das Real-Produkt der rechten Seite der Quantitätsgleichung (P · Q) als eine Art makroökonomischen *Real*-Zins, den ein für die Gleichung imaginäres produktives Volksvermögen (der Kapitalstock) pro rata temporis abwirft, dann ist das M der linken Seite nichts weiter als *eine* unter vielen Anlageformen für diesen Kapitalstock. Jenseits der hier beiseite gestellten Frage, wie logisch diese Deutung für Geldtitel ist, die ihrerseits eine *Verschuldung* (der Zentralbank nämlich) darstellen und kein Vermögen, geht es – laut Friedman – in jeder Gesellschaft darum, sicherzustellen, daß jeder sein M so anlegen kann, daß über die Erzielung der höchsten (subjektiven) Real-Renditen auch ein maximales Gesamtprodukt

(P · Q) herauskommt. Damit jeder Geldbesitzer im Wege eines walrasianischen Suchprozesses (procès de tâtonement) herausfindet, welche Anlage ihm den höchsten Real-Zins verschafft, muß er von vornherein Inflationsüberraschungen und -risiken *durch ihre möglichst richtige Antizipation einkalkulieren*. Er dividiert also alle Geldanlagen (in Kapitalstock, Kassenhaltung) und alle Geldansprüche auf laufendes Real-Einkommen durch das von ihm erwartete Zukunftspreisniveau P: genauer seine Inflationserwartungsrate dP.[31] In seiner letzten Konsequenz läuft daher monetaristisch inspirierte Wirtschaftspolitik darauf hinaus, die Gleichgewichts*normen* eines hochgradig abstrakten und nicht einmal sonderlich realitätsnahen Modells (der Quantitätstheorie nämlich) zur Wirklichkeit zu machen, die Theorie zu Fakten über das zu beeinflussende Handeln. Denn: Wenn sich alle Geldbenutzer theoriegerecht benehmen, dann reduziert sich auch der Handlungsbedarf der Geldpolitiker!

Dergleichen müßte nicht einmal stören – so wenig wie nicht einmal theologische Offenbarungen stören –, wenn die von ihnen in der Gesellschaft verbreiteten und durchgesetzten irdischen Moralvorstellungen (Spielregeln) vernünftig und menschlich sind. Die Frage ist also, ob die vom Monetarismus angestrebte Erlösung vom Inflationsübel die Gesellschaft und ihre Abläufe vernünftiger (produktiver) und menschlicher (sozialer) macht?

Und hier ist jeder Zweifel erlaubt.

Da sind erstens die technischen Mängel der quantitätstheoretischen Normen: Was sagt und nützt uns die Bestandsgröße Geld (M)? Sie ist einmal ein sich mit Verfeinerung der Geldtechnik (des Zahlungsverkehrs) verflüchtigendes pars pro toto. Man könnte auch sagen: Ein Anachronismus des Finanzierungsprozesses, der immer neue, von der (Zentralbank-)Geldmenge abgelöste Zahlungsmittel hervorbringt: nicht nur die (in M_2 und M_3 monetaristischer Definition erfaßten) Girokonten unterschiedlicher Fälligkeiten, sondern offene (und daher der Statistik unbekannte) Kreditlinien zwischen Banken, zwischen Banken und Kunden und, last but not least, zwischen Kunden und Kunden: Lieferanten- und Bestellerkredite, Anzahlungen, Stundungen, Zahlungsziele usw. usw. Und nicht nur, daß die Relation Bar-, Scheckgeld: übrige Zahlungsmittel der Wirtschaft die Tendenz zeigt, immer »kleiner« zu werden, d. h. ihren Nenner stärker wachsen zu lassen als ihren Zähler, um die vorhandene (sichtbare) Liquidität als Zahlungsmittelreserve immer besser zu nutzen. Jede neue Normierung des Zählers (der erfaßbaren Liquidität) vergrößert sprungartig als eine Art Selbstwehr und -hilfe der unter Liquiditätsdruck gesetzten Wirtschaft wieder den Nenner: Art und Menge der nichterfaßbaren Zahlungsmittel (= Kreditbeziehungen jenseits öffentlicher Aufsicht und Beeinflussung).

Jede Wirtschaft schafft sich das Geld, genauer: die Summe der Zahlungsmittel, die sie zur Finanzierung ihrer Umsätze, Liquiditätsbedürfnisse usw. »braucht«. Dies ist der richtige und niemals ausdiskutierte Kern der alten Banking-Theorie der vierziger Jahre des vorigen Jahrhunderts, von der Hicks einmal gesagt hat: Sie verdiente nicht nur ernster genommen, als es bis heute geschieht, sondern richtigerweise Kredit- statt Banking-Theorie genannt zu werden.[32]

Da sind zweitens die theoretischen Mängel der quantitätstheoretischen Normen: Was steht denn der Real-Seite ($P \cdot Q$), die sich aus unzähligen $\sum_n p \cdot q$ der einzelnen, auf Faktor- wie Gütermärkten der Endnachfrage sowie der vorgelagerten Stufen gegen Geld verkauften Güter und Dienste aufaddiert, gegenüber? Sicher nicht der Bestand M! Allenfalls die Strömungsgröße $M \cdot VG$ (alle übrigen Zahlungsmittel) = Summe der Geld*ausgaben*. Wie aber diese messen, wenn günstigenfalls die fragmentarische Größe M bekannt ist, nicht aber der weitaus bedeutsamere Rest?

Aber selbst, wenn alle M-Größen bekannt wären, diese M aber anders als zur Bodin-, Hume- und Ricardozeit keinen eigenen (positiven) Metallwert mehr aufweist, sondern als gleichzeitige Geldschuld einer Zentralbank und Geldforderung eines Geldbesitzers einen gesamtwirtschaftlichen Null-Wert ausdrückt, was käme heraus, wenn man diesen Null-Wert mit einem positiven Faktor V multiplizierte? Offenbar auch wieder Null!

Wolfgang Stützel schlägt deswegen seit längerem vor, die weder theoretisch sinnvolle, noch statistisch voll erfaßbare Multiplikation von Geldbeständen und ihrer Umschlagshäufigkeit je Zeitperiode durch die Veränderungsrate der volkswirtschaftlichen Geldvermögen (dGV) zu ersetzen.[33] Warum? Bekanntermaßen entstehen die Geldvermögenszu- und -abnahmen der volkswirtschaftlichen Akteure (Haushalte, Unternehmen, Gebietskörperschaften) durch Einnahme-Ausgabe-Ungleichgewichte: Überschüssen der Einnahmen aus Verkäufen über die gleichzeitigen Ausgaben für Käufe. Die aus Einnahmeüberschüssen (= aktiven Leistungsbilanzen) entstehenden neuen Geldforderungen führen zwar in den seltensten Fällen zu einer gleichgroßen Zunahme der »Kassenhaltung« (warum auch?), aber stellen immer eine Kreditgewährung der Überschuß-Akteure an die Defizit-Akteure dar, die für die Dauer der Kreditperiode ihre

Gegenleistung »schuldig« bleiben (können). Deswegen sind die im Prozeßverlauf neu entstehenden Geldvermögensforderungen genau größengleich den Ausgabenüberschüssen der sich verschuldenden Akteure, deren deficit-spending sie finanzieren.

Die Größe dGV stellt daher eine Art laufender Kontokorrentkredit der Überschußsektoren an die Defizitsektoren *in* der Volkswirtschaft dar, und falls die gesamte Volkswirtschaft aufgrund der individuellen und sektoralen Einnahmeüberschüsse eine aktive Leistungsbilanz gegenüber der Weltwirtschaft aufweist, der *Volks*wirtschaft an die *Welt*wirtschaft, und zwar unabhängig davon, wie die zahlungstechnische Seite der gestundeten Gegenleistungen geregelt ist. Vor allem aber: Sie finanziert den Teil von P · Q, der ohne diesen Kredit nicht hätte verkauft werden können, jedenfalls nicht zu den geltenden Marktpreisen, nämlich der Ausgabenüberschüsse oder Mehreinkäufe der Defizitsektoren oder -länder!

Die Veränderung der Geldvermögensbildung (dGV) ist daher größengleich der Veränderung P · Q = d (P · Q), nur daß wir leider nicht wissen, wieviel davon auf Veränderung von P (dP) und wieviel auf Veränderung von Q (dQ) entfällt. Wir können daher (ähnlich wie in der Keynesschen Unschärfeinterpretation der Quantitätsgleichung: wann steigt aufgrund von dM Q und wann P?) nur feststellen:

$$\frac{dGV}{d(P \cdot Q)} = 1.$$

Immerhin reicht diese meßbare Gegenüberstellung von »Veränderung der Geldseite« zu »Veränderung der zu Marktpreisen bewerteten Real-Seite« aus, die folgenden (ebenfalls von Stützel angeregten) Definitionsgleichungen herzustellen[34]:

I. $dP = dGV : dQ$
II. $dQ = dGV : dP$
III. $dGV = dP \cdot dQ$.

Gleichung I erklärt den traditionellen Fall der Quantitätstheorie: die Inflation aus Übernachfrage, wenn Q nicht mehr steigen kann. Gleichung II erklärt das Keynessche Inflationsmodell bei Unterbeschäftigung, wenn wegen weithin unausgelasteter Kapazitäten dQ rascher steigt als dP, aber auch das Problem der modernen Stagflation, wenn dGV und dQ durch überzogene Restriktionspolitik gebremst werden, dP dagegen aus exogenen Gründen weiter steigt. Gleichung III schließlich verdeutlicht, warum es in Wahrheit bei den cost push-

Inflationen geht: daß marktmächtige Akteure und Sektoren ihr dGV durch (monopolistische) dP-Fixierung erhöhen, und nicht durch dQ-Maximierung!
Die Verwirrung um die verschiedenen und sich nur vordergründig widersprechenden Interpretationsversuche der Quantitätstheorie lichtet sich, versucht man den ökonomischen Kreislauf in einen primären (= markt- oder mikrogesteuerten) und in einen sekundären (= politisch oder makrobeeinflußten) Teil zu zerlegen.
Im folgenden, stark vereinfachten Sektorenbild einer geschlossenen Volkswirtschaft mit Produktions-, Haushalts-, Staats- und Bankenkonto sind primär oder marktgesteuert: der Einkommensstrom der privaten Haushalte (Y_p), der Einnahme- oder Selbstfinanzierungsstrom der Unternehmen, der der privaten Nachfrage nach Konsumgütern (C) entspricht, sowie der aus der Summe direkter und indirekter Steuern finanzierte Strom der (teils öffentlichen, teils privaten) Nachfrage aus Transfereinkommen (T). Fassen wir C + T zum Gesamtbetrag der kreislauffinanzierten (und insoweit preisniveauneutralen) Gesamtnachfrage D zusammen, herrscht immer Gleichgewicht, wenn Y_p = D, wobei Y_p die rechte, D die linke Seite der Quantitätstheorie in traditioneller Schreibweise repräsentiert:
$Y_p = P \cdot Q$
$D = M \cdot V$.
Ersetzen wir das wenig aussagende und nur unter irrealen Annahmen zu begründende Gleichgewichtsbild von Einnahme-Ausgabe-Identitäten in den marktwirtschaftlich und mikrogesteuerten Primärsektoren (Unternehmen und Haushalte) durch das Normalbild, daß Unternehmen ständig Real-, Haushalte dagegen aus von einander getrennten Motiven ständig Geld-Vermögen bilden (müssen), wobei wir den Real-Vermögenszuwachs der Unternehmen mit dI, den Geldvermögenszuwachs der Haushalte mit dS abkürzen, so lassen sich alle den Normalfall repräsentierenden Unterschiede zwischen dI und dS auf Einnahme-Ausgabe-Ungleichgewichte in und zwischen den Primärsektoren zurückführen: dI > dS bedeutet, daß die Unternehmen in Höhe der Differenz zwischen Y_p und D Kredite im Bankensektor aufnehmen, sich also extern verschulden ($Y_p - D = dC_r$), dS>dI, daß die Haushalte in Höhe der Differenz zwischen Y_p − C im Bankensektor private Geldvermögen GV_{pr} bilden ($Y_p - C = dGV_{pr}$).
Nur: welcher Fall auch immer vorliegt, dI > dS oder dS > dI: der Bankensektor (einschließlich »seiner« Zentralbank) gleicht immer dC_r und dGV_{pr} aus! Im Fall des inflatorischen Ungleichgewichts (dI > dS) entsteht das zusätzliche, von den Haushalten nicht gebil-

dete dGV_{pr} aus Geld- und Kreditschöpfung der Banken: $-L$. Im Fall des deflatorischen Ungleichgewichts ($dS > dI$) »finanziert« der von dC_r (und dem dahinterstehenden dI) nicht mehr absorbierte Teil von dGV_{pr} nur noch die Verstärkung von Eigenliquidität und Kassenhaltung von Banken- und Unternehmenssektor K (in der Terminologie der Quantitätstheorie die Reduktion von V, in ihrer sog. Cambridge-Version den Anstieg des Faktors k ($= 1:V$). Aber immer gilt:

$dC_r = dGV_{pr} + L - K$
$dGV_{pr} = dCr + K - L$.

Diese *dynamisierte* Form der Quantitätstheorie, die nicht mehr sehr viel gemein mit ihren diversen Urfassungen hat, deckt alle bisherigen Interpretationen ab. Die Gleichgewichtsmodelle und -normen von Say, Ricardo, Walras und Friedman können als der Spezialfall $dI - dS = O$, $dCr = dGV_{pr}$ gedeutet werden, die Deflationsmodelle von Keynes und Hicks als der absolut nicht unrealistische Grenzfall $dS > dI$, wobei S von Y_p, I von i, dem Preis für dC_r, und i wiederum von dGV_{pr} und $L - K$ abhängen. Die Inflationsmodelle von Wicksell, Schumpeter und manchen, nicht allen, Monetaristen markieren wiederum den anderen, ebenfalls nicht unrealistischen Grenzfall $dI < dS$, wobei $L - K$ unter Kontrolle, im Extremfall $= O$ gesetzt werden soll, denn dann gilt (wieder) als Gleichgewichtsnorm der Preisniveaustabilität $dI = dS$.

Die obige Formel schlichtet somit einen Streit hoffentlich für immer: *Inflation hat immer etwas mit der Finanzierung von Ausgabe-Einnahme-Ungleichgewichten zu tun, d. h. kreditfinanzierten Ausgabeüberschüssen, zu denen ein dynamisches System freier Investoren und sie finanzierender Banken systemimmanent neigt.*

Und: *Inflation läßt sich nur bekämpfen und vermeiden, indem man über die sekundären Sektoren (Staat, Banken) in die Markt- und Mikroentscheidungen und -erwartungen der freien Investoren und Banken eingreift. Inflation ist daher der für eine dynamische Marktwirtschaft typischste aller Entwicklungsprozesse überhaupt!* Oder um es mit den Worten von C.S. Maier auszudrücken: »Thus inflation is integrally linked with the stability conditions of twentieth-century capitalism« (vgl. Anmerkung 11).

Die heute strittigeren Fragen denn je lauten jedoch: Wie greift man in diesen Prozeß ein, mit welchen Instrumenten? Bei wem: Investoren oder Banken? Und, wie stark?

Nicht erst Leijonhufhud, bereits Hicks hat gezeigt, daß die Standardformel der (Post-)Keynesianer, wonach das die Preise inflatorisch in

Bewegung bringende L-finanzierte dC_r immer über fiskalische Aktivitäten (Einnahme-Ausgabe-Salden der öffentlichen Haushalte) zu regulieren sei, nicht stimmt. Keynes ist, was die Inflations-Deflationsvermeidung betrifft, ebenso wicksellianisch und schumpeterianisch wie diese Autoren auch: Es gibt immer einen Preis oder Zinssatz i für die Inanspruchnahme oder Verweigerung Ausgabeüberschüsse finanzierender Kreditverschuldung (dC_r), der dI reguliert. Nur: daß dieser Prozeß über die Abhängigkeit von dS von Y_p (statt von i) unvermeidlicherweise über die *Real*-Veränderung von Produktion und Beschäftigung läuft, weswegen bei dieser Art von Investitionsbeeinflussung immer Vorsicht am Platze ist: Mit der Inflationsbekämpfung könnte das wirtschaftliche Wachstum selber eliminiert werden! Friedman und seine Monetaristen sind noch immer den Beweis schuldig, ob die von ihnen favorisierte Methode der Inflationsbekämpfung und -vermeidung über quantitative Kontrollen von dC_r und L nicht letztlich doch über i und damit die keynesianische Zinsregulierung greift. Nur entsprechend gröber! (Vgl. Anmerkung 27)

Einig aber müßten sich beide, noch immer verfeindeten Schulen sein, daß in einer »geschlossenen« *Welt*-Investitions- und Finanzwirtschaft wie dem heutigen Verbund der multinationalen Kreditnachfrager und -anbieter, in dem es nur die primären, inflationsverursachenden Sektoren gibt, nicht aber die sekundären, die sie kontrollieren könnten, Inflation herrschen *muß*, wenn weltweit weder Einfluß auf L-finanziertes dC_r noch das Welt-Preisniveau dP direkt in Bewegung setzenden monopolistischen cost push genommen werden *kann*.

Die heutige Welt-Inflation ist somit nur der Ausdruck der auf den internationalen Investitionsgüter- und Finanzierungsmärkten herrschenden »Verfassungslosigkeit«.

Eine andere, mit dem Instrumentarium der Quantitätstheorie in keiner Version zu beantwortende Frage ist jedoch: Wie gefährlich (= unkontrolliert und systemsprengend) ist diese Inflation wirklich?

Anmerkungen

1 John R. Hicks: Critical Essays in Monetary Theory, Oxford 1967, S. 162/3. Dieser bedeutenden Essay-Sammlung des wohl bedeutendsten Geldtheoretikers unserer Zeit verdankt der Verfasser mehr, als aus der Häufigkeit der folgenden Zitate geschlossen werden kann. Sir John hat nicht nur die für unsere Zeit gültige Zwischensumme aus bisheriger Geschichte von Geldtechnik und -theorie gezogen; sein Ansatz macht wie kein anderer die Lücken der derzeitigen Geldverfassung deutlich: das Fehlen einer die

nationalen Geldprozesse kontrollierenden und überdachenden Welt-Instanz (Welt-Zentralbank).
2 John R. Hicks: a.a.O. S. 59.
3 Hierzu eingehender der Verfasser in: Goldne Zeiten führt ich ein – Caesar und sein Wirtschaftsimperium, Frankfurt 1980, insbesondere Kapitel 7ff.
4 Hierzu meisterlich Norbert Elias: Über den Prozeß der Zivilisation, Soziogenetische und psychogenetische Untersuchungen, Bern, München 1969.
5 Zum Seigniorage-Prinzip ausführlicher der Verfasser: Weltwirtschaft – Vom Wohlstand der Nationen heute, Düsseldorf und Wien 1977, S. 239ff. und die dort zitierte Literatur.
6 Siehe hierzu Betrand Gill: Bankwesen und Industrialisierung in: C.M. Cipolla und K. Borchard (Hrsg.): Europäische Wirtschaftsgeschichte, Bd. 3: Die industrielle Revolution, S. 165ff.
7 Siehe hierzu und zum Folgenden: Teil C, S. 92ff.
8 Den Umverteilungs- = Besteuerungscharakter von Geldexpansion und Inflation entdeckten fast gleichzeitig (und wie so oft in der Geschichte der Ökonomie) unabhängig voneinander: Schumpeter in seiner: Theorie der wirtschaftlichen Entwicklung (1911) und eher beiläufig: J.M. Keynes im: Tract on Monetary Reform (1923). Keynes hat seine Entdeckung im historischen Kapitel 30 seines späteren: Treatise von 1930 eindrucksvoll getestet.
9 Siehe hierzu Paul Feyerabend: Wider den Methodenzwang, Skizze einer anarchistischen Erkenntnistheorie, Frankfurt 1979, insbesondere: Vorwort zur deutschen Ausgabe, S. 14ff., sowie F. Hirsch and J.H. Goldthorpe (Eds.): The Political Economy of Inflation, Cambridge 1978, Prologue, S. 1ff.
10 Siehe hierzu J.R. Hicks meisterliche Essays: The two Triads, Lecture I-III, und: Monetary Theory and History – An Attempt at Perspective, in: Critical Essays in Monetary Theory, Oxford 1967, S. 1-59 und S. 155-179.
11 C. S. Maier: The Politics of Inflation in the Twentieth Century, in: Hirsch and Goldthorpe (Eds.) a.a.O., S. 70f.
12 Hier verfeinert der Verfasser seine Xeno-Markt- und OPEC-Analysen aus: H.-B. Schäfer (Hrsg.): Gefährdete Weltfinanzen, Bonn 1980, S. 21ff.: Währungsordnung bei weltweit ungeregelten Kreditmärkten? und S. 85ff.: OPEC: Öl oder Sand im Welt-Finanz-Getriebe? Ein Fall der Welt-Währungs- oder Anlagepolitik?
13 Die immer noch beste Übersicht über diese Kontroverse vermittelt das vom American Enterprise Institute for Public Policy-Research und vom US-Departement of the Treasury veranstaltete Symposion: Eurocurrencies and the International Monetary System (ed. by Carl H. Stem, John H. Makin und Dennis E. Logue), Washington 1976.
14 Siehe hierzu als Vorstudie: Der Verfasser zusammen mit F. Lehner: Die gescheiterte Stabilitätspolitik und ihre politischen Folgen – Von der Unvereinbarkeit wirtschaftlicher Monopol- und demokratischer Konkurrenzsysteme, in: Hamburger Jahrbuch für Wirtschafts- und Gesellschaftspolitik, 21. Jahrgang (1976).
15 Hierzu: Bericht eines Arbeitskreises der Gesellschaft für Sozialen Fortschritt, in: Sozialer Fortschritt, 29. Jahrgang, Heft 7/8, August 1980, S. 145ff.

16 Vgl.: A.F. Ehrbar: How to Save Social Security, in: Fortune, August 25, 1980, S. 36 ff.
17 Daß die Sozial(leistungs)belastung einer Volkswirtschaft nichts mit dem Finanzierungsmodus des Sozialversicherungssystems zu tun hat, zeigte in der deutschen Literatur erstmals: Gerhard Mackenroth in seinem klassischen Essay: Die Reform der Sozialpolitik durch einen deutschen Sozialplan, in: Schriften des Vereins für Socialpolitik, N.F., Band 4 (1952), S. 61 ff. Dazu: Der Verfasser mit Gerhard Zweig: Volkswirtschaftliche Grundfragen der Sozialreform (Siebzehn Punkte zur Sozialreform), Köln-Deutz 1956, S. 15 ff. Neuerdings auch: Heinz A. Allekotte: Möglichkeiten eines intertemporalen Belastungsausgleichs im Rahmen des Generationenvertrags der gesetzlichen Rentenversicherung, Vortragsmanuskript auf der Jahrestagung 1980 des Vereins für Socialpolitik in Nürnberg, sowie: die Antwort der Bundesregierung auf die Große Anfrage: Grundprobleme der Bevölkerungsentwicklung in der Bundesrepublik Deutschland, Bundestagsdrucksache 8/3299 vom 26. 10. 1979. Weiterhin: Berichtssystem Bildung – Beschäftigung, Ausgewählte Ergebnisse zur Situation der nachwachsenden Generation beim Übergang vom Bildungssystem in Beschäftigung, in: pressemitteilung Der Bundesminister für Bildung und Wissenschaft, Bonn 1. 8. 1980.
18 Wir halten uns im folgenden an die Fishersche, nicht Cambridge-Version der Quantitätsgleichung; erstere (zuerst entwickelt in: Appreciation and Interest, 1896, und verfeinert in: The Purchasing Power of Money, 1911) arbeitet mit dem zwar rigiden aber klaren Begriff der Geldumlaufsgeschwindigkeit V, letztere (zuerst entwickelt von Marshall in: Money, Credit and Commerce, 1923, und später verfeinert von Pigou in: The Exchangevalue of Legal Tender Money, in: Essays in Apllied Economics, 1922) verwendet den variablen Begriff der Kassenhaltung

$$k = \left(\frac{1}{V}\right).$$

Milton Friedman hat die Unterschiede beider Versionen in seinem Essay: The Quantity Theory of Money: A Restatement in: Studies in the Quantity Theory of Money, Chikago 1956 (ebenso in deutsch: Die optimale Geldmenge und andere Essays, München 1970) miteinander verglichen. Für unsere Fragestellung sind sie irrelevant. Wir ersetzten lediglich Fishers Gütervolumensymbol T (trade) durch Q (Quantität).
19 Gunnar Myrdal: Das politische Element in der nationalökonomischen Doktrinbildung, Berlin 1933 (englisch: Monetary Equilibrium, London 1939), Walter Eucken: Grundlagen der Nationalökonomie, Berlin-Göttingen-Heidelberg 1959.
20 Wolfgang Stützel: Über einige Nachlässigkeiten beim ersten Aufriß der Struktur des Inflationsproblems am Beispiel gängiger Inflationstheorien, in: Artur Woll (Hrsg.): Inflation – Definitionen, Ursachen, Wirkungen, Bekämpfungsmöglichkeiten, München 1979, S. 38 ff.
21 Zum Humeschen Anpassungsprozeß siehe: Der Verfasser: Weltwirtschaft – Vom Wohlstand der Nationen heute, a.a.O., Teil II, Kapitel 2, S. 121 ff.
22 Hierzu: David Ricardo: Proposals for an Economical and Secure Currency; with Observations on the Profit and the Proprietors of Bank Stock,

London 1816, in: J.R. McCulloch (Ed.): The Works of David Ricardo, London 1852.

23 Siehe hierzu: John R. Hicks: Critical Essays in Monetary Theory, Oxford 1967, S. 3 und 10 ff.: »The Walras Equations are sufficient to determine relative prices, prices (that is) in terms of one of the traded commodities taken as numéraire; but this numéraire is not the money in terms of which calculations are made. That money ... is altogether outside them. The money prices can be at any level, yet the same Walras equilibrium triel bealtained.«

24 Knut Wicksell: Geldzins und Güterpreise, Berichtigter Neudruck der Ausgabe Jena 1898, Aalen 1969, ferner: Gunnar Myrdal: Der Gleichgewichtsbegriff als Instrument der geldwerttheoretischen Analyse, in: F.A. v. Hayek (Hrsg.): Beiträge zur Geldtheorie, Wien 1933.

25 Joseph A. Schumpeter, Kapitalismus, Sozialismus und Demokratie (eingeleitet von Egar Salin), München 1950, S. 127.

26 Myrdal kommentierte Keynes' Treatise als Beispiel »für die anziehende angelsächsische Art überflüssiger Originalität, die ihre Wurzeln in einem Mangel an systematischen Kenntnissen der deutschen Sprache auf seiten der Mehrheit der englischen Ökonomen hat« (zitiert nach: Don Patinkin: Die Geldlehre von J.M. Keynes, München 1979, S. 55). Siehe auch J.R. Hicks: A Note on the Treatise, in: Critical Essays, a.a.O. S. 153: »The step from Wicksell to Keynes, vital step though it is, remains from some perspectives a very short step indeed!« Ferner: J.R. Hicks passim S. 62 und S. 199 ff.

27 J.M. Keynes: General Theory of Employment, Interest and Money, 1936 (Harbringer Edition 1964), insbesondere Kapitel 15, S. 194 ff. Ferner: Axel Leijonhufhud: Über Keynes und den Keynesianismus – Eine Studie zur modernen Theorie (herausgegeben und mit einem Vorwort von Gérard Gäfgen), Köln 1973 (englisch: On Keynesian Economics and the Economics of Keynes – A Study in Monetary Theory, Oxford 1968), S. 59 ff.

28 Vgl. hierzu: Erich Streißler: Inflationswirkungen, in: Artur Woll: Inflation, a.a.O. S. 84 ff.

29 Hierzu: John R. Hicks: The Hayek Story, in: Critical Essays, a.a.O. S. 203 ff.

30 Vgl. hierzu: Der Verfasser: Währungsordnung bei weltweit ungeregelten Kreditmärkten, in: H.-B. Schäfer (Hrsg.): Gefährdete Weltfinanzen, Bonn 1980, S. 21 ff.

31 Siehe hierzu: Milton Friedman: The Quantity Theory of Money, a.a.O. Ferner: Peter Kalmbach (Hrsg.): Der neue Monetarismus, München 1973.

32 Vgl.: J.R. Hicks: Critical Essays, a.a.O. S. 165 ff.

33 Vgl.: Wolfgang Stützel: Ist die schleichende Inflation durch monetäre Maßnahmen zu beeinflussen? in: Beihefte der Konjunkturpolitik (7), Berlin 1960, und neuerdings: Über einige Nachlässigkeiten beim ersten Aufriß der Struktur des Inflationsproblems, in: Artur Woll (Hrsg.): a.a.O. S. 38 ff.

34 Vgl.: Wolfgang Stützel, in: Artur Woll (Hrsg.): a.a.O. S. 61.

Teil II
Robert Isaak
Moderne Reaktionen auf Inflation: Private und Öffentliche*

* Die für diese Arbeit nötige Forschung wurde durch Zuschüsse von der US-Botschaft bei der EG und dem German Marshall-Fonds of US. erleichtert. Der Text gewann durch die Meinungsbeiträge meiner Kollegen am Johns Hopkins S.A.I.S. Bologna Center: Richard Pomfrett, Amed Aker, Vera Zamagni, Stefano Zamagni und vor allem Wilhelm Hankel.

Vorbemerkung

Inflation ist ein soziales Phänomen: ein öffentliches Gut, das sich auf alle Menschen, ohne Rücksicht auf deren private Interessen, auswirkt. Die meisten machen sich deshalb keine Sorgen darüber, ob die Inflation gut oder schlecht ist, sondern fragen sich, welche Strategie die wirksamste sei, um bestimmte Lebenschancen in einer Welt, in der Inflation so unvermeidbar ist wie schlechtes Wetter, zu fördern. Wenn sich Sturmwolken zusammenbrauen, flucht der Kluge nicht auf den Himmel, sondern er prüft den Zustand seines Regenschirms. Diese Abhandlung konzentriert sich auf verschiedene Inflationsstrategien, die sich Menschen, Unternehmen und Staaten ausgedacht haben, um sich selbst zu schützen oder um ihre Interessen zu maximieren.

Drei Hauptfragen werden betrachtet:

1. Welche Strategien wurden im letzten Jahrzehnt in den westlichen Industrienationen verwendet, um sich gegen Inflation zu schützen oder um Nutzen daraus zu ziehen?

2. Welche Wechselbeziehungen bestehen zwischen diesen Strategien?

3. Welche wahrscheinlichen Konsequenzen werden sich aus diesen Wechselbeziehungen für die Demokratie und die internationale Gesellschaft ergeben? Wer wird den größten und wer den kleinsten Nutzen davon haben? Und was sind die langfristigen Folgen daraus?

A. Individuelle Strategien und wechselnde Lebenschancen

> »Immer unterschätzen Menschen, was auf sie zukommt.«
> *Otto Eckstein*

Aus der Sicht des einzelnen bedeutet Inflation ständiger Wertverlust über längere Zeit hinweg.[1] Das Papiergeld in der Tasche verliert im Vergleich zu den Preisen der realen Güter, die man kaufen möchte, an Kaufkraft. Der Zinssatz des Sparkontos hält mit der Inflationsrate nicht Schritt. Inflation bewirkt, daß sogar in den reichsten westlichen Gesellschaften materieller Mangel unabänderbar zu sein scheint. Der theoretische »Wendepunkt«, an dem der Mensch die totale Freiheit von materiellen Bedürfnissen erkennt und sich auf einem höheren Entwicklungsniveau selbstverwirklichen kann, scheint in der Gesellschaft des späten 20. Jahrhunderts immer mehr außer Reichweite zu sein. Unser Schicksal ist eine moderne Fassung der klassischen griechischen Sage von Tantalus: Wir streben immer nach einem noch höheren Konsumniveau, das jedoch durch steigende Preise für uns unerreichbar bleibt.

Selbst der materiell Übersättigte entdeckt, daß er auf einem anderen Gebiet an Mangel leidet. In der modernen industriellen Massengesellschaft mit dem für sie typischen scharfen Konkurrenzkampf um rangbestimmende Güter und Einrichtungen, fühlt er sich in bezug auf Status und Position zu kurz gekommen.[2] Nach der »Schuhbändel-Theorie« (daß wenn die Reichen reicher auch die Armen reicher werden – letztere hängen am Schuhbändel der Reichen und bewegen sich deshalb [materiell] in die gleiche Richtung) begünstigt die größere Wirtschaftsproduktion aller Mitglieder der Gesellschaft, sowohl die Armen auf ihren unteren Stufen, wie auch die Reichen an der Spitze. Diese Theorie zur Verharmlosung der Umverteilung einzusetzen, hat sich schon oft als täuschend erwiesen: Selbst unter den günstigsten Bedingungen gibt es keine Garantie dafür, daß das Wirtschaftswachstum die Abstände zwischen den sozialen Gruppen nicht verändert, und unter den gegenwärtigen Verhältnissen scheint die Abnahme der Wachstumsraten die soziale Polarisation eher zu verschärfen. In diesem Zusammenhang kann Inflation oft als Schleier dienen, der die Kosten für populäre Umverteilungsprogramme der Regierung durch Kreditgewährungen und Abwertungen der Währungen vernebelt. Zunehmend scheint für jeden der Zwang zuzunehmen, schneller zu laufen, um den Abstand zwischen den Läufergruppen zu halten. Geschwindigkeit wird fälschlicherweise oft als Fortschritt ausgelegt. Zeitwertberechnungen machen deutlich, daß bei größerem Wohlstand der Mensch eher mehr als weniger gehetzt wird.[3] Denn zunehmende Produktion materieller Güter verschlingt Zeit, während die Zeit, um diese zu benutzen, gleich bleibt. Daraus entstehen zwei Konsequenzen, die durch Inflation noch verstärkt werden: Ein jeder braucht zusätzliche Zeit für den Konsum und zusätzliches Einkommen, um seine gesellschaftliche Stellung aufrechtzuerhalten.[4]

In den fortgeschrittenen Industriegesellschaften verzerren unterschiedliche Zeitkonzepte die individuellen Auffassungen über Lebenschancen. Während frühere Soziologen wie Max Weber den Begriff »Lebenschancen« benutzten, um den Konkurrenzkampf um das Überleben zwischen Individuen oder Menschentypen auszudrükken, interpretieren heute Soziologen wie Ralf Dahrendorf den Begriff »Lebenschancen« als die Chancen, die ganze Breite menschlicher Möglichkeiten unter den sozialen Bindungen und Optionen des einzelnen zu erfüllen.[5] Beide Ansichten sind jedoch durch zeitliche und soziale Perspektiven des Beobachters verzerrt. Weber, der wohl von Darwin und dem Sozialdarwinismus zu stark beeinflußt war, betonte das Überleben stärker, als es für die Situation, die er beschrieb, angebracht war. Dahrendorf, zutiefst von den sozialen Chancen der außergewöhnlich hohen Wachstumsraten der fünfziger und sechziger Jahre beeindruckt, unterschätzt dagegen die Kosten und Vorbedingungen für die Befriedigung von Ansprüchen niedrigeren Niveaus.[6] Dahrendorfs hohe Erwartungen sind jedoch typisch für unsere Zeit und nicht ohne Beziehung zu unserer gesellschaftlichen Toleranz gegenüber hohen Inflationsraten.[7] Denn seit der großen Depression glauben sich unsere Gesellschaften gegen zu hohe Ausschläge der Wirtschaftszyklen, d. h. gegen eine Wiederholung der dreißiger Jahre, gefeit.

Diese »Überlebensgarantie« läßt die Menschen nach immer höheren Stufen des materiellen Konsums und der menschlichen Erfüllung streben. Diejenigen, die in einer solchen Umwelt aufgewachsen sind, aufzufordern, nun plötzlich ihre Ausgaben einzuschränken, um die Inflation unter Kontrolle zu halten, und ihre Erwartungen entsprechend zu reduzieren, ist meist mehr, als man ihnen zumuten kann – besonders in Demokratien, in denen Politiker, um im Amt zu bleiben, ihren Wählern Prosperität und nicht Austerität versprechen müssen.

Nichtsdestoweniger haben die siebziger Jahre dazu gedient, daß in fortgeschrittenen Industriegesellschaften die Erwartungen vieler erschüttert, wenn nicht sogar herabgesetzt wurden. Die Ölpreiserhöhung der OPEC-Staaten und die Unberechenbarkeit der Regierungspolitik in den Vereinigten Staaten, ganz zu schweigen von der labilen Weltlage, haben die allgemeinen Vorstellungen von einer unsicheren Zukunft verstärkt. So hat z. B. fast die Hälfte der 1873 Amerikaner, die im April 1980 überall in den USA von der Washington Post befragt wurden, die Angst geäußert, daß sie im kommenden Jahr finanziell schlechter dran sein würden – das sind doppelt soviele wie in einer Umfrage im November 1979. Bei vielen der Befragten war Inflation die wichtigste persönliche Sorge, und sie berichteten, daß sie ihren Benzinverbrauch reduzierten, Zusatzarbeiten annähmen, sich Geld liehen, um Rechnungen zu bezahlen, und nach weiteren Möglichkeiten suchten, um Ausgaben einzuschränken.[8] Später bestätigte eine Gallup-Umfrage im selben Jahr, daß Inflation Amerikas Problem Nr. 1 ist.

Die grundlegende Überzeugung der Individuen in fortgeschrittenen Ländern mit gemischter Wirtschaftsform wie in West-Europa und den Vereinigten Staaten basiert auf der Ideologie oder dem Mythos der Selbstversorgung: Jeder hat das Recht und die Pflicht, seine privaten und familiären Interessen zu maximieren (und private Kosten zu reduzieren). Wenn man den Staat oder einen anderen dazu bringen kann, die Rechnung für den eigenen Lebensunterhalt zu zahlen, um so besser. In Europa sind die Subventionen für Sozialhilfe und Krankenversicherung für die Alten schon so weit fortgeschritten, daß manche sogar Tee auf Staatskosten aus der Apotheke beziehen. Dagegen steigen in den Vereinigten Staaten zwar die staatlichen Unterstützungen für ältere Mitbürger, doch man kann sich auf diesen nicht unbedingt ausruhen, was wohl Amerikaner in der Zeit vor ihrer Pensionierung in bezug auf ihre Alterssicherung zukunftsorientierter macht als viele Europäer.

Nichtsdestoweniger wies 1977 ein Vergleich der Sozialversicherungsleistungen in zehn Industrienationen (den USA, Kanada und acht europäischen Staaten) nach, daß ein Ehepaar der mittleren Einkommensgruppe, bei dem beide 65 Jahre oder älter sind, erwarten kann, eine Rente von nicht weniger als 45 Prozent ihres letzten Bruttoeinkommens aus sozialversicherungspflichtiger Arbeit oder 60 Prozent der letzten Nettobezüge zu erhalten, was ihnen ermöglicht, etwa den gleichen Lebensstandard wie vor der Pensionierung beizubehalten.[9] Wenn jedoch zweistellige Inflationsraten weiterhin die westlichen Industrienationen plagen (und dies scheint wahrscheinlich), dann kann sich diese Vorhersage als zu optimistisch herausstellen, und viele im Ruhestand lebende Menschen des Mittelstands könnten eine bedeutende Reduzierung ihres Lebensstandards erleiden. Experten stimmen im allgemeinen überein, daß bei allen Arbeitern, außer bei denen der höchsten Einkommensklasse, 60-80 Prozent der Bruttorente nötig sind, um den Lebensstandard vor der Pensionierung beizubehalten. Diese Zahl ergibt sich durch Veränderungen, die sich im Ruhestand in Bezug auf Steuerschuld, Lebensunterhalt und Konsum- und Sparverhalten zeigen.[10]

Inflation trägt dazu bei, die westliche Anschauung von der Maximierung individueller Interessen zu stimulieren. Gleichzeitig aber unterminiert sie die kollektiven Bedingungen, die individuelle Selbstversorgung überhaupt erst ermöglichen.

Wenn nämlich Preise schneller als das Einkommen wachsen, wird die finanzielle Situation des einzelnen immer unsicherer. Der Prozentsatz der amerikanischen Angestellten, deren Arbeitsvertrag eine Lohngleitklausel enthält, ist von 26 Prozent in 1965 auf 58 Prozent in 1980 gestiegen. Aber solche Gleitklauseln decken meist nur 50-70 Prozent der Steigerung der Lebenshaltungskosten.[11] Und nur wenige Pensions- oder Rentenverträge sind auf Grund von Lebenshaltungskosten indexiert. Die Indexierung wird jedoch immer wichtiger, da der medizinische Fortschritt die Lebenserwartung verlängert. Das Statistische Bundesamt der USA sagt voraus, daß sich innerhalb des Bevölkerungsteils, der zwischen 1980 und 2000 65 Jahre und älter ist, der Anteil der 65- bis 74jährigen von 54,5 Prozent auf 45,4 Prozent senken wird, der Anteil der 75- bis 84jährigen jedoch von 37,1 Prozent auf 44,1 Prozent und der der über 85jährigen von 8,4 Prozent auf 10,5 Prozent steigen wird.[12] So befinden sich die meisten Amerikaner in einer sozialen Situation, in der sie sich nicht nur jährlich Sorgen darüber machen müssen, in welchem Maße die Inflation ihr Realeinkommen reduziert, sondern sogar noch mehr darüber, wie die Wirkung der Inflation auf ihre sich nicht der Preissteigerung anpassenden Rentenbezüge ist.

Seltsamerweise sind die Amerikaner aufgrund negativer Propaganda mißtrauisch gegenüber der Zuverlässigkeit von Sozialversicherungsleistungen, die voll an die Lebenshaltungskosten angepaßt werden. Dagegen scheinen sie ihre privaten Pensionskassen als recht sicher anzusehen, obwohl diese im allgemeinen nicht indexiert sind und die amerikanische Regierung unter dem Druck steht, viele dieser Kassen über Wasser zu halten.[13] Es ist gleichgültig, wo der einzelne sich am empfindlichsten der Inflation ausgesetzt glaubt: Er hat recht, wenn er erkennt, daß die Inflation seine tägliche Kaufkraft, aber auch seine langfristige finanzielle Sicherheit schwächt.

Individuelle Strategien, mit dem Inflationsprozeß fertig zu werden, sind oft eklektisch und kompliziert. Nichtsdestotrotz ist es möglich, einige typische Verhaltensmuster (Max Weber hätte sie »Idealtypen« genannt) zu identifizieren, auf die sich Individuen zu beziehen scheinen, wenn sie ihre eigene Strategie oder Vermögensstreuung beschließen. Zuerst muß man natürlich unterscheiden zwischen denen, die keine *Strategie* haben, sondern nur *Reaktionen* zeigen, d. h. zwischen denen, die fast unbewußt, impulsiv auf inflationäre Veränderungen reagieren, und jenen, die einen bewußt ausgearbeiteten, zukunftsorientierten Plan haben, um mit dem, was auf sie zukommt, fertig zu werden. Peter Marris zeigt in seinem Buch *Loss and Change* (Verlust und Wandel), daß Individuen, wenn sie einen schweren Verlust oder eine extreme Änderung in ihrem Leben erleiden, auf einen konservativen Impuls reagieren, indem sie versuchen, die verlorene Stabilität durch alte Werte und Modelle wiederherzustellen. Im alles losreißenden Wirbelsturm des 20. Jahrhunderts leidet vielleicht die überwältigende Mehrheit der Menschen an diesem »konservativen Impuls«. Doch ist es möglich, diejenigen, die nur defensiv auf einen konservativen Impuls reagieren, um ihr gegenwärtiges Hab und Gut festzuhalten, von denen zu unterscheiden, die über eine defensive Reaktion hinausgehen und positive Strategien erfinden, die sie dazu zwingen, einige Zukunftsrisiken einzugehen.

Wenn man die denkbaren individuellen Inflationsstrategien von ihrer defensivsten zur aggressivsten, und von ihrer am wenigsten zukunftsorientierten zu ihrer am stärksten zukunftsorientierten Komponente her aufbaut, kann man mindestens vier »Idealtypen« unterscheiden: den *Defätisten*, den *Trittbrettfahrer*, den guten *Hausvater* und den *dynamischen Unternehmer*. Diese vier »reinen« Typen individueller Inflationsstrategie können dann wieder nach *Risiko- und Zeit-Orientierung, Leitmotiv, Konsumverhalten* und *Vermögensstreuung* verglichen werden (siehe Übersicht 1 – 1)[14].

Übersicht 1 – 1

Idealtypen für individuelle Inflationsstrategien	Risikoorientierung	Zeitorientierung	Leitmotiv	Konsumverhalten	charakteristische Vermögensstreuung
Der Defätist	So wenig Risiken wie möglich: er reduziert eher die Ausgaben als sein Vermögen in einer unsicheren Umwelt zu riskieren	Vergangenheitsorientiert (denkt an die dreißiger Jahre)	Passiv oder defensiv: Angst vor Verlusten	Konservativ: er jagt nach Sonderangeboten und schnallt den Gürtel enger	Konzentration auf Sicherheit: Sparkonten und kurzlaufende Wertpapiere
Der Trittbrettfahrer	Hohe Risiken, wenn es gar nichts oder nur wenig kostet	Gegenwartsorientiert (denkt an die sechziger Jahre)	Aktiv-passiv: maximiert Gewinne und minimiert Kosten	Gemischt, aber konsequent: hoher Konsum, wenn andere zahlen – sonst niedriger	Konzentration auf billiges Geld (Schulden): Kreditkarten, Ausnutzung von staatlichen Wohlfahrts-, Arbeitslosen- und Kredit-Programmen, Stiftungsgeldern, von Philanthropen und reichen Freunden
Der gute Hausvater	Begrenzte Risiken zu bescheidenen Kosten, um mitzuhalten	Gegenwartsorientiert (denkt an die achtziger Jahre)	Passiv-aktiv: akzeptiert Veränderungen, um die Sicherheit zu erhalten	Liberal: er konsumiert lieber jetzt viel, bevor die Kosten noch mehr steigen	Konzentration auf sichere Rendite und Liquidität, kurzfristige Geldmarktbeteiligungen, Einfamilien- und Ferienhaus, gute Aktien und vielleicht auch moderne Kunst, Briefmarken und bei-hohen Zinsen–Staatsanleihen
Der dynamische Unternehmer	Hohe Risiken, auch zu hohen Kosten	Zukunftsorientiert: (denkt ein Jahrzehnt voraus)	Über-aktiv oder aggressiv: investiert alle Leistung und Resourcen in Anlagen mit höchster Rendite-Chance	Gemischt und sprunghaft: alles oder nichts	Konzentration auf höchste Rendite, Spiel mit dem Konjunkturzyklus – Spekulation in Aktien, Anleihen, Waren, Gold und Immobilien, Eröffnung von Klein-Unternehmen

Der *Defätist* geht so wenig Risiken wie möglich ein und zieht es vor, lieber seine Ausgaben einzuschränken als sein Vermögen in einer unsicheren Umwelt zu riskieren.

Der Defätist ist vergangenheitsorientiert; er denkt wohl an das Wirtschaftschaos in den dreißiger Jahren und glaubt, daß eine neue Depression schon vor der Tür steht. Das Leitmotiv dieses Typs ist passiv oder defensiv, er zittert ständig aus Furcht vor Verlusten, womit der »konservative Impuls« von Marris *ad absurdum* geführt wird. Als Konsument verhält sich der Defätist konservativ: Er jagt nach Sonderangeboten und schnallt den Gürtel enger. In der Vermögensanlage konzentriert er sich auf Sicherheit und bevorzugt ein kursschwankungsfreies Sparkonto, kurzlaufende Wertpapiere und ein paar Schatzanweisungen, eventuell auch ein kleines Einfamilienhaus, das er bis in alle Ewigkeit behält (auf jeden Fall aber so lange, bis die Hypothek restlos getilgt ist). Arbeitsplatzwechsel oder Änderungen in der Laufbahn sind für den Defätisten solange unvorstellbar, bis es zu spät ist, und er den Wechsel akzeptieren muß, um überhaupt zu überleben.

Der *Trittbrettfahrer* hingegen riskiert viel, wenn es gar nichts oder nur wenig kostet, er spezialisiert sich darauf, andere für sich zahlen zu lassen. Er ist gegenwartsorientiert und würde gerne die sechziger Jahre verlängern, in denen Wirtschaftswachstum als selbstverständlich galt und soziale Unterstützung mehr eine Frage von Rechten und Ansprüchen zu werden schien als eine von Pflichten und Belohnung für Leistung. Das Leit-Motiv des Trittbrettfahrers ist aktivpassiv: *maximin* – Maximinierung des persönlichen Nutzens und Minimierung der persönlichen Kosten. Dieser Typ ist der Traum jedes Spiel-Theoretikers von einem rationalen, am eigenen Vorteil interessierten Spieler, der am Spieltisch nur dann etwas riskiert, wenn er seinen Mitspielern in die Karten geguckt hat. Das Konsumverhalten des Trittbrettfahrers ist vielfältig, aber konsequent: wenn andere zahlen, konsumiert er viel – sonst wenig. Die für den Trittbrettfahrer typische Vermögensmischung konzentriert sich auf billiges Geld oder Schulden zu niedrigen Zinsen: Er verwendet Kreditkarten und nützt öffentliche Sozialversorgungsprogramme, Arbeitslosengelder und staatliche Darlehensprogramme sowie Stiftungsgelder, Philanthropisten und reiche Freunde aus. Höchste Bezahlung und Nebenleistungen sind die Kriterien für den Traumjob des Trittbrettfahrers. Sein idealer Urlaub wäre, wenn jemand an einem menschenleeren Strand in St. Tropez ein Zelt für ihn aufschlagen würde und dies auch noch möglichst ein sinnlicher Sexpartner wäre. (Vielleicht ist ein pensionierter Freund aus Großbritanien der Prototyp eines Trittbrettfahrers: Er bezieht ein festes Einkommen und wird dadurch mit den Benzinpreiserhöhungen fertig, daß er, sobald er mit seinem Wagen auf einem Hügel ankommt, den Motor abstellt und dann so nach unten rast.)

Der *gute Hausvater* geht begrenzte Risiken zu bescheidenen Kosten ein, um mit dem finanziellen Spiel und dem Konjunkturzyklus Schritt zu halten und durch die Inflation nicht geschädigt zu werden. Der gegenwarts-orientierte Realist wird von einem passiv-aktiven Motiv geleitet und denkt kurzfristig voraus in die achtziger Jahre: Er akzeptiert Veränderungen, um so die Stabilität zu sichern. In bezug auf den Konsum ist der gute Hausvater liberal und hedonistisch eingestellt, er konsumiert hier und heute mehr gute Sachen, bevor ihre Preise noch weiter klettern.

Die für den guten Hausvater typische Vermögensstreuung zeigt, daß er eine echte Manager-Strategie verfolgt: Er legt den Schwerpunkt auf feste Erträge *und* auf genügend Liquidität, um sich dem Konjunkturzyklus anpassen zu können. Er wendet sich ungern an kleine, lokale Banken und zieht internationale Geldinstitute vor, um dem Geldmarkt näher zu sein. Er kauft mehrere Einfamilienhäuser, aber auch ein vermietbares Ferienhaus, wobei er mit Wertsteigerungen, Steuern, Hypotheken und Mieteinnahmen Gewinne zu machen versucht. Außerdem legt er sein Geld in ausgewählten guten Aktien an, in Briefmarken oder moderner Kunst. Darüber hinaus kauft er Staatsanleihen, wenn diese einen vorteilhaften Zins bieten, spielt vorsichtig an der Börse und läßt nur wenig Geld durch die Inflation verkommen. Er ist ein besonnener Manager, der ständig nach neuen Optionen sucht, ohne dabei das bereits Erreichte zu gefährden. Der gute Hausvater hat sein Vermögen gut gestreut, ist flexibel in bezug auf berufliche Veränderungen oder Versetzungen: Er funktioniert wie ein gepflegter, geschickt gesteuerter, moderner Wagen, der sich nur die besten Straßen aussucht.

Im Vergleich zu dem guten Hausvater ist der *dynamische Unternehmer* ein waghalsiger Spieler, der alles auf eine Karte setzt, um gegen die Inflation zu gewinnen. Er geht hohe Risiken ein, selbst wenn sie viel kosten. Durch den »konservativen Impuls« wird der dynamische Unternehmer stimuliert, und er wagt die Flucht nach vorne, um aus der unsicheren Situation als Sieger hervorzugehen. Marris glaubt, daß der scharfe Sinn für Verlust, Veränderungen und Statusmängel den eigentlichen Impuls für dynamisches und innovatives Unternehmertum darstelle. Das Unternehmertum hänge ab von dem empfindlichen Gleichgewicht zwischen Handikap und eventuellem Vorteil. Der Unternehmer versuche, die Welt zu ändern, damit er sich nicht selbst zu ändern brauche. Er tut dies, indem er in neugegründete Unternehmen die Ziele der Gesellschaft überträgt, die in deren orthodoxem Rahmen nicht mehr zu erfüllen sind.[15]

Der dynamische Unternehmer ist ungewöhnlich sensibel gegenüber den negativen Wirkungen, die die Inflation auf seine Lebenschancen in der Hierarchie der modernen Gesellschaft hat. Er ist allergisch dagegen, in der Warteschlange zu stehen oder in einem bürokratischen Senioritätssystem zu arbeiten, und versucht, durch brilliantes und ungewöhnliches Verhalten voranzukommen. Für den zukunftsorientierten Unternehmer, der oft sogar ein oder zwei Jahrzehnte vorausdenkt, ist das Leitmotiv überaktiv oder aggressiv – er wirft sich mit aller Energie und allen Ressourcen auf die Möglichkeiten mit der höchsten Rendite-Chance. Das typische Konsumverhalten des dynamischen Unternehmers heißt: alles oder nichts, König oder Bettelmann. Die für diesen Strategietyp charakteristische Vermögensstreuung konzentriert sich auf höchsten Ertrag, schlaue Spekulation mit dem Konjunkturzyklus, Warenan- und -verkauf, Aktien, Wertpapiere, Gold, Immobilien und die Gründung kleinerer oder größerer Firmen. Letztlich aber ist der dynamische Unternehmer ein finanzieller Romantiker, der die Bedeutung von Goethes »*Himmelhoch jauchzend zu Tode betrübt*« gut versteht.

Da dies »Idealtypen« oder theoretische Extreme für typische Verhaltensweisen sind, ist es möglich, daß nur wenige Menschen ständig nach den Grundsätzen des Defätisten, Trittbrettfahrers, guten Hausvaters oder dynamischen Unternehmers leben. Die meisten entwickeln gemischte Strategien, indem sie zu verschiedenen Zeiten ihres Lebens Inspirationen von jedem dieser Typen ableiten, wobei sie sich jedoch von einem oder zwei dieser Typen vorrangig bestimmen lassen. Wenn wir die Möglichkeiten betrachten, mit dem Inflationsproblem in der Zukunft fertig zu werden, so lautet die vielleicht wichtigste Frage: Welches war die optimale Strategie-Mischung in den siebziger Jahren, die wir in den achtziger Jahren übernehmen können?

Oder konkreter: Welche Art der Vermögensanlage hat sich als bislang am erfolgreichsten gezeigt und unter welchen Bedingungen? Betrachten wir zuerst die große Zahl derjenigen, die in den siebziger Jahren überhaupt nicht bewußt investiert haben; passive Defätisten, wenn man so will, die eben mit der Inflation lebten. Obwohl die meisten dieser Gruppe erkennen, daß sie durch Inflation zunehmend verarmen (was besonders auf die Tatsache zurückzuführen ist, daß sich das Fernsehen im vergangenen Jahr in tatsachenverzerrender Weise auf die Preisentwicklung eines Warenkorbs von Lebensmitteln konzentrierte), so zeigen jedoch amerikanische Statistiken, daß die Kosten der Inflation in Wirklichkeit geringer waren als angenommen. Die Realeinkommen stiegen (nach Abzug von Steuern und Inflation) in den inflationären Jahren 1972 – 78 fast in gleichem Maße wie in den Boomjahren 1966–72.[16] Und wenn die Kurve des realen Pro-Kopf-Einkommens 1979 fiel, dann scheint dies eher auf die Versuche der Regierung, die Inflation durch eine restriktive Wirtschaftspolitik einzudämmen, zurückzuführen zu sein! Die relative Benachteiligung der Armen, Schwarzen und Alten schien sich in dieser Zeit trotz gegenteiliger populärer Meinungen nicht verstärkt zu haben. Wie Robert Heilbronner anmerkt: »Die Verteilung der Bevölkerung auf den Stufen der nationalen Rolltreppe ist dieselbe geblieben, auch wenn die Rolltreppe selbst schneller läuft.«[17]

Unter den Defätisten gab es nicht wenige, die instinktiv gespart haben, bis sie sich die Anzahlung auf ein Einfamilienhaus leisten konnten; eine Mini-Festung, um ihren Privatbereich vor inflationärem Wirbelsturm zu schützen. Diese halbbewußte, ›natürliche‹ Anlage ist letztlich oft die beste Investition, die Menschen in ihrem Leben machen.

In den USA wuchs z. B. der Wert eines Dollars, der 1968 in ein Haus gesteckt wurde, auf $ 1,29 in der Kaufkraft von 1978. Während dieses Jahrzehnts wäre der gleiche Dollar auf $ 0,53 gefallen, wenn er in der Tasche des Besitzers geblieben, auf $ 0,78, wenn er in einer Stammaktie angelegt worden wäre, auf $ 0,89, wenn er auf einem Sparkonto gelegen hätte, und auf $ 1,20 gestiegen, wenn er in Industrieobligationen investiert worden wäre, immer noch weniger als der Wertzuwachs bei Häusern.[18] Diese Zahlen erlauben es, zwischen »gesicherten« und »ungesicherten« Defätisten-Strategien zu unterscheiden. Ein »gesicherter« Defätist ist jemand, der ein eigenes Haus oder Appartment besitzt, dessen Wertzuwachs mit der Inflationsrate mehr als gleichzieht, – aber sein anderes Geld kann, relativ gesehen, entweder unter der Matratze (wo es auf 0,53 pro Dollar fällt) oder auf dem Sparkonto (0,89 pro Dollar) von der Inflation verzehrt werden. Der »ungesicherte« Defätist, der, ob aus Geldmangel oder aus Abneigung gegen das Investieren, kein eigenes Zuhause besitzt, ist jedoch viel schlechter dran. So wäre z. B. ein »gesicherter« Defätist, der 1979 ein Haus für $ 63.000 (dem damaligen amerikanischen Durchschnittspreis) gekauft hat, nach 14 Monaten einem zur Miete wohnenden »ungesichertem« Defätisten finanziell voraus, wenn man annimmt, daß der Mieter 8 Prozent für seine alternative Investition bekommt und der Hauskäufer zehnprozentige Abzahlungen auf eine zwölfprozentige Hypothek (Abschlußzahlungen eingeschlossen) leistet.[19]

Alles in allem könnte der wichtigste finanzielle Einzelfaktor, durch den sich Individuen, die in den siebziger Jahren mit Inflation kämpften, unterscheiden, sehr wohl der sein, ob sie zu Beginn des inflationären Jahrzehnts ein Haus besaßen oder nicht.

Für die »gesicherten« Defätisten waren die siebziger Jahre häufig eine unerwartete Goldgrube in bezug auf ihren Wertzuwachs in Immobilien und der daraus resultierenden Stabilisierung ihrer Lebenschancen. Viele, wenn nicht die meisten, haben das Ausmaß der Inflation nicht vorausgesehen und nur Glück gehabt, auf der richtigen Welle zu schwimmen. In bezug auf den dann kommenden Konjunkturzyklus zielte ihr konservativer Impuls eben zufälligerweise richtig. Aristoteles definiert einen Glücksfall als einen Pfeil, der den Nebenmann trifft (in diesem Fall den »ungesicherten« Defätisten).

Die Gruppe, die durch die inflationären Wellen der siebziger Jahre[20] am härtesten getroffen wurde, waren die Bezieher von festen Renten, besonders in den USA. Wenn sie nicht »gesicherte« oder »ungesicherte« Defätisten waren, so wurden viele der kleineren Gruppe von »privaten« Pensionären durch finanzielle Schwierigkeiten gezwungen, Trittbrettfahrer zu werden: Die Manager institutionalisierter Pensionsversorgungspläne haben einen Großteil ihres Kapitals (ohne »Stimme« und oft auch ohne Wissen der Versicherungsnehmer) in Aktien angelegt, die im Wert nicht mit der Inflation mithalten. In der Tat lag in den siebziger Jahren der Durchschnittsertrag amerikanischer Aktien unter 3 Prozent.[21] Und hätte jemand zwischen 1964 und 1973 in systematischer, durchschnittlicher Weise in amerikanische Fabriken, Minen, Transportsysteme, Patente und alles andere außer Landwirtschaft und finanzielle Institutionen investiert, so würde er den Nettoertrag dieser Investition um etwa 40 Prozent reduziert sehen.[22] Individuen lernen aus schlechten Erfahrungen und in den siebziger Jahren haben mindestens 7 Millionen Aktionäre, vor allem junge Investoren und schlaue Geldmanager, der Börse den Rücken zugekehrt und die Aktien den riesigen institutionellen Investoren überlassen, die meistens die Alten und Pensionierten vertreten. So fiel z. B. zwischen 1970 und 1975 die Zahl derer, die in Aktien investierten, in allen Altersgruppen außer in derjenigen von 65 Jahren und älter, wo die Zahl der Investoren sogar um mehr als 30 Prozent zunahm.[23] Entweder haben die Älteren die rapiden Veränderungen auf dem Finanzmarkt nicht verstanden oder, was wahrscheinlicher ist, sie sind in einer Situation, die es ihnen nicht

erlaubt, sich diesen Änderungen anzupassen, so daß sie weiterhin bei ihren Aktien bleiben.
Zweifellos spielte der Druck der Regierung auf riesige private Pensionskassen, die Börse zu unterstützen, ganz zu schweigen von gesetzlichen Restriktionen, eine Rolle bei dieser entsetzlichen Mißwirtschaft mit den Pensionseinzahlungen älterer Menschen, die unfähig sind, sich selbst zu verteidigen und zu passiv, um laut zu protestieren.[24] Die neue Flexibilität in den Verordnungen des amerikanischen Arbeitsministeriums (unter dem »Employee Retirement Income Security Act« von 1974), die am 23. Juli 1979 in Kraft traten, ist ein hoffnungsvoller Schritt in die richtige Richtung. Sie erlaubt, daß Gelder aus den Pensionskassen nicht nur in börsenfähigen Aktien und hochqualitativen Wertpapieren, sondern auch in Beteiligungen an kleinen Unternehmen, Immobilien, Gold, Diamanten und Warentermingeschäften angelegt werden dürfen. Diese veränderte Einstellung der Regierung kann jedoch den Aktienmarkt weiter unterminieren. Und wie Robert S. Salomon Jr. von Salomon Brothers meint: »Wir riskieren, daß ein substantieller Teil des Weltvermögens in irgend jemandes Briefmarkensammlung eingefroren wird.«[25]
Viele erkennen nicht, in welchem Maße die Inflation das private Pensionskassensystem zerfressen hat. Seit die amerikanischen Lebenshaltungskosten im vergangenen Jahrzehnt um durchschnittlich 7,4 Prozent pro Jahr gestiegen sind, wurde die Kaufkraft eines Individuums, das 1970 in Pension ging, bereits um mehr als 50 Prozent reduziert (vorausgesetzt, daß die Versicherung keinerlei einstweiligen Erhöhungen zur Verfügung stellte). In weiteren fünf Jahren würde eine solche Pension bei der gleichen bescheidenen Inflationsrate nur noch ein Drittel ihres ursprünglichen Wertes wert sein. Die Inflationsrate lag 1979 in den USA jedoch bei über 13 Prozent und bei einer Inflationsrate von 12 Prozent verliert eine feste Pension 66 Prozent ihres Wertes in 10 Jahren und 90 Prozent in 20 Jahren.[26]
Der Wertrückgang von Stammaktien während des letzten Jahrzehnts scheint der Behauptung des Managementberaters Peter Drucker, daß die USA sich in schnellem Tempo auf einen ›Pensionskassensozialismus‹ zubewegten, eine gewisse Berechtigung zu geben. Seit 1974 sind ca. 30 Prozent der Börsengeschäfte von institutionellen Investoren für Arbeitnehmer-Pensionskassen gemacht worden. Dieser Trend veranlaßte Peter Drucker zu der Feststellung, daß die Produktionsmittel der amerikanischen Wirtschaft zugunsten der

Arbeitnehmer dieses Landes genutzt würden. Diese neue Art des Sozialismus wird zu einem Klassenkampf zwischen den pensionierten Angestellten, die die Gewinne der Betriebe maximieren wollen, und den jüngeren, noch im Arbeitsprozeß stehenden Angestellten, die ihre Einkommen ohne Rücksicht auf Aktienrenditen erhöhen wollen, führen. Drucker sagt voraus, daß bis Ende der achtziger Jahre die amerikanische Bevölkerung demographisch so alt sein wird, daß die Pensionskassen nicht länger Überschüsse, die in die Wirtschaft investiert werden, hervorbringen können, sondern daß sie mehr auszahlen werden müssen, als sie von den dann noch Berufstätigen einnehmen können. Diese Defizite würden die Grundexistenz der neuen Pensionärsklasse, die durch diese Pensionskassen gegründet wurde, gefährden.

Die vielleicht wichtigste Beobachtung Druckers ist jedoch, daß die Angestellten in einer Pensionskasse im Vergleich zu anderen Investoren, die unabhängig Wertpapiere an- und verkaufen, stark benachteiligt sind, da sie nicht rational in ihrem eigenen Interesse handeln können.[27] Die Pensionsbezieher sind den Kassenmanagern ausgeliefert, denen man angesichts ihrer Überinvestierung an der fallenden Börse nicht gerade übergroßes Vertrauen entgegen bringen kann. Wenn das Einzelinteresse institutionalisiert wird und wenn die Investitionsentscheidung von denjenigen, in deren Interesse sie ausgeführt werden, abgetrennt wird, dann werden mittelmäßige Hausvater-Methoden angewendet, um Sicherheit über alles zu stellen – sogar über Profitabilität. Oder, wie Mancur Olson es allgemeiner ausdrückte: Bei freiwilligen Gemeinschaftsaktionen kann man sich nicht darauf verlassen, daß das Einzelinteresse eines Gruppenmitglieds maximiert wird, und je größer die Gruppe ist, um so kleiner wird die Wahrscheinlichkeit, daß die Interessen des einzelnen maximiert werden.[28]

Wohin kann sich dann derjenige wenden, der bereits ein Haus hat und der rational erkannte, daß er nicht darauf vertrauen kann, daß ihm seine Pensionskasse nach seiner Pensionierung genug zur Sicherung seines Lebensstandards bereitstellen wird? Worin soll er investieren und welche Strategie soll er verfolgen?

Die einfache Antwort in einer inflationären Zeit lautet, Investitionen zu mischen und in verschiedenen Sachwerten anzulegen, d. h. eine Kombination aus Hausvater- und Unternehmerstrategie zu verfolgen.

Im letzten Jahrzehnt sind z. B. Briefmarken beständiger im Wert gewachsen als fast alles andere, inklusive Gold, das infolge der spekulativen Schwankungen bei An- und Verkauf erst an zweiter Stelle folgt. Diamanten und Agrarlandbesitz rangieren als weitere ständige Gewinner in der nächsten Kategorie, gefolgt von Einfamilienhäusern. Weit hinter diesen Sachwerten liegt der durchschnittliche Wertzuwachs aus Investitionen in ausländischen Währungen und hochqualitativen Firmenbeteiligungen, die nur mehr oder weniger mit dem Anstieg des Lebenshaltungskostenindex (der trotz seiner Probleme der populärste Indikator für die Inflationsrate ist) mithalten.[29] Aktien lagen natürlich hinter dem Lebenshaltungskostenindex zurück. Kunstwerke stellen eine weitere ergiebige Kategorie von Sachwerten dar, die im letzten Jahrzent der Börse und in nicht wenigen Fällen der Inflationsrate den Rang abgelaufen haben. Eine Studie, die 1980 von der »Economist Intelligence Unit of London« durchgeführt wurde, verglich die Preisentwicklung von 182 Kunstwerken (in vierzehn verschiedenen Kategorien, alle während der letzten zwanzig Jahre mindestens zweimal auf einer Auktion versteigert) mit der Entwicklung des Dow Jones Industrie-Index. Trotz der Tatsache, daß diese Studie nur in einem begrenzten Rahmen stattfand, sind die daraus gezogenen Schlußfolgerungen unbestritten: Die Preise moderner Bilder, Bücher und Drucke entwickelten sich weit besser als entsprechende Börseninvestitionen. In der zweiten Kategorie in bezug auf Wertzuwachs befanden sich antike Möbel, altes Silber, chinesische Keramik und englische Malerei aus dem 18. und 19. Jahrhundert. Und auch wenn amerikanische und impressionistische Kunst wie auch Werke alter Meister sich im allgemeinen auszahlten, so blieben sie oft hinter dem Durchschnitt zurück. Die Kriterien, die den Wert von Kunstwerken in jeder Kategorie bestimmen, sind (mehr oder weniger nach Priorität geordnet) Qualität, Zustand, Seltenheit, Mode und Schönheit (oder Sex-Appeal).[30] 1980 wurden in nicht wenigen Kategorien Rekordpreise erzielt: Vincent van Goghs »Le Jardin du Poète, Arles« wurde für $ 5,2 Millionen verkauft, J. M. W. Turners »Juliet and Her Nurse« für $ 6,4 Millionen und Pablo Picassos »Saltimbanque With Arms Crossed« für $ 14,8 Millionen.

Flexibler und flüssiger als Sachwerte sind die (seit dem Ende der siebziger Jahre aufgrund der steigenden amerikanischen Zinsen sehr beliebten) Beteiligungen am Geldmarkt, eine der profitabelsten Ideen der Gemeinschaftsfonds. Geldmanager, die in relativ sicheren Sektoren, wie Staatsanleihen und Kommunalobligationen, ständig kurzfristige Anleihen revolvieren, haben für ihre Kunden einen weit höheren Ertrag, als es durch Aktien und Wertpapiere möglich ist, erwirtschaftet. Aber wenn die Zinsen fallen, verlagert der schlaue Hausvater-Unternehmer seine Investitionen analog der Konjunktur – vielleicht auf Pfandbriefe, deren Preis bei einem Fallen der Zinsen für langfristige Anlagen steigt. Da Aktienpreise fallen, kurz nachdem Zinsen für kurzfristige Anlagen ihren höchsten Punkt erreicht haben und so vielleicht den Beginn einer Rezession anzeigen, wartet der optimale Stratege drei bis vier Monate, bis sie ihren Tiefpunkt erreicht haben und kauft dann Aktien der Energie produzierenden oder hochtechnologisierten Industrie oder andere inflationssichere Aktien (wie z. B. Bier oder Tabak), wenn sie wieder nach oben gehen.

Laut Irwin L. Kellner, dem Senior Vice-Präsident und Chefökonom der Manufacturers Hanover Trust Company, der viertgrößten amerikanischen Bank, ist das Erfolgsgeheimnis hinter der Spekulation mit Aktien und Pfandbriefen analog dem Konjunkturzyklus zu wissen, wann man sie verkaufen soll. Dieser Zeitpunkt wird oft durch ein Ansteigen der kurzfristigen Zinsen oder nach Besitz der Papiere für etwa 18 Monate angekündigt. Keller behauptet, daß diese auf Zinsschwankungen beruhenden Rezessions- und Erholungszyklen unvermeidbar sind, und daß sie als Grundlage für profitable Finanzplanung benutzt werden können: Steigende kurzfristige Zinsen signalisieren ein Ansteigen der Inflation; steigende Wertpapierkurse ziehen Kapital von der Börse ab und verursachen infolgedessen ein Fallen der Aktienkurse.

Zu diesem Zeitpunkt hat der Hausvater-Unternehmer bereits in liquide Geldmarktfonds re-investiert und wartet auf die nächste Rezession.[31] Das zyklische Investieren in Wertpapieren basiert auf der Annahme, daß sich zu diesem Zeitpunkt die Inflation abschwächt. Wenn jedoch die Inflation sich wieder beschleunigt, ist es wichtig, sofort aus den Wertpapieren herauszugehen. Übersicht 1 – 2 gibt ein Beispiel dafür, wie ein optimaler Anleger mit dem Rezessionszyklus, der 1980 begann, fertig werden könnte.[32]

Jedoch sogar diejenigen, die sich die Ausführung dieser optimalen Anlagestrategie leisten können, erkennen die Schwierigkeiten, sie durchzuhalten. Diese Schwierigkeiten entstehen aufgrund eines Übermaßes an neuen Informationen, die sie pausenlos verarbeiten müssen, den Anlageproblemen, die mit der Umschichtung von Geldern verbunden sind und der gleichzeitigen Bewältigung des Alltags: reguläre Arbeit, Familie und Freizeitaktivitäten. Mehr als die Hälfte aller Familien in den USA kann sich z. B. kaum die Voraussetzungen für diese optimale Strategie leisten: Ihr Jahreseinkommen liegt unter den $ 20.517, die nach Schätzung des amerikanischen Arbeitsministeriums erforderlich sind, um es einer vierköpfigen amerikanischen Familie zu ermöglichen, im Jahre 1980 in einer städtischen Umgebung einen mittelmäßigen Lebensstandard aufrechtzuerhalten.[33] Es kann sich halt nicht jeder leisten, die Rekordsumme von $ 31.000 für eine Flasche *Château Lafite*, Jahrgang 1822, auszugeben, wie dies der

Übersicht 1 – 2

Wohin mit dem Geld...

	wenn die Rezession schlimmer wird	wenn sich die Wirtschaft wieder erholt	
Aktien	Führende Banken, Versicherungen und andere zinsempfindliche Gruppen	Tabak, Pharmaka, hochtechnologisierte Industrien und andere gute Aktien	Maschinen- und andere zyklisch abhängige Industrien	Energie, Bodenschätze, Waren und andere inflationsempfindliche Gruppen
Feste Einkommen	Geldmarkttitel, u. a. Bankschuldverschreibungen und Staatsanleihen	Mittel- und langlaufende Wertpapiere		Kurzlaufende Schatzanweisungen und Wertpapiere
Warentermingeschäfte	Schatzanweisungen und andere zins- und gewinnträchtige Spekulationspapiere	Bau- und Sperrholz	Gold	Industrielle Güter, Metalle, Nahrungs- und Genußmittel
Immobilien und Gemeinschaftsinvestitionen	Geschäftsgebäude in Expansionsgebieten	Eigentumswohnungen in Erholungsgebieten und Stadtwohnungen in guten Wohngegenden		Einkaufszentren
Kunst- und Sammlergegenstände	Englische Möbel aus dem 18. Jahrhundert, dekorative Kunstgegenstände, erlesene Keramik und andere vom Markt vernachlässigte Kunstgegenstände	Tiffany-Lampen, Gemälde europäischer Schulen des 19. Jahrhunderts und andere gefragte, gerade populäre Kategorien		

Restaurantbesitzer John Grisanti 1980 bei einer Weinauktion in San Francisco tat.
Individuelle Reaktionen auf Inflation während der letzten Jahrzehnte können folgendermaßen zusammengefaßt werden:
(1) Inflationäre Perioden stimulieren Individuen, ihre Interessen zu maximieren, aber sie unterminieren die Bedingungen, die dies ermöglichen.
(2) Die Inflation scheint den Konflikt zwischen Klassen und sozialen Gruppen zu intensivieren, *ohne dabei die soziale Distanz zwischen ihnen zu verändern.* Jeder ist gezwungen, auf derselben Rolltreppe schneller zu laufen.
(3) Die Inflationsfolgen der siebziger Jahre belohnt diejenigen, die in Immobilien und Sachwert investierten und bestraften diejenigen, die ihr Geld in Aktien anlegten.
(4) Die Gruppe, die durch Investitionen an der Börse am härtesten getroffen wurden, waren die Älteren über 65 Jahre.
(5) Die Gruppen, deren Lebenschancen durch diese inflationäre Periode am negativsten beeinflußt wurden, waren die Arbeitslosen, diejenigen, die zu arm sind, um in ein Haus zu investieren, und die Alten. Sie alle wurden durch finanzielle Schwierigkeiten zu Trittbrettfahrer-Strategien gezwungen.
(6) Der gesellschaftliche Effekt der Inflation der siebziger Jahre war, die materiellen Ansprüche so zu steigern, daß sie nicht mehr befriedigt werden konnten, den Eindruck, daß Statusmängel bestehen, zu intensivieren und das Tempo des sozialen Lebens zu beschleunigen, ohne daß dadurch auch der reale Wohlstand gemehrt wurde.
(7) Obwohl ein flexibles Gleichgewicht zwischen Hausvater- und Unternehmer-Strategie beim Kampf gegen die Inflation optimal sein mag, sind die meisten nicht in der Lage, sich die Voraussetzungen für diese Strategiemischung zu leisten und müssen sich mit einer Kombination aus Defätisten- und Trittbrettfahrer-Strategie zufriedengeben.

B. Strategien von Unternehmen und Institutionen

> »Vorstandsmitglieder von heute haben keine Speisekarte, anhand derer sie ihre Optionen bestimmen können. Sie müssen sich aufmachen und die Speisekarte erst suchen.«
> *Herbert A. Simon*

Wenn man von individuellen zu Gruppenstrategien übergeht, so vermindert eine Breite zusätzlicher Motive, Probleme der Verantwortung sowie institutioneller Kosten die Chancen einer optimalen Lösung. Mancur Olson drückt es folgendermaßen aus: »Außer, wenn die Zahl der Individuen in einer Gruppe ziemlich klein ist oder wenn Druck oder ein anderes spezielles Mittel Individuen veranlaßt, im gemeinsamen Interesse zu handeln, werden *rationale, eigennützige Individuen sich nicht danach verhalten, ihr gemeinsames oder Gruppeninteresse zu erreichen.*«[34] Wenn der einzelne Verantwortung und eventuelle Kosten allein trägt, ist das eine Sache. Aber es ist eine völlig andere, wenn in einer großen, anonymen Gruppe das einzelne Mitglied der Versuchung erliegt, zum Trittbrettfahrer zu werden und sich mit mittelmäßigen Gruppenkompromissen zufriedenzugeben. In diesen Kompromissen werden Investitionsentscheidungen oft weniger rational nach hohen Gewinnen als nach breiter Streuung ausgerichtet, um (individuelle) Risiken zu reduzieren und die Dinge so zu lassen, wie sie sind.[35] Kurz, in menschlichen Organisationen gibt es eine konservative Neigung, die den guten Hausvater favorisiert und den dynamischen Unternehmer entmutigt. Und es scheint, als würde die Inflation diese konservative Neigung in großen Organisationen oft noch bestärken.

Natürlich wird diese Neigung durch Zuckerbrot (Versprechen einer Beförderung) und Peitsche (Drohung einer Kündigung) etwas gemildert. Aber in der Pawlowschen Unsicherheit, die aufgrund der widersprüchlichen Signale innerhalb einer Bürokratie entsteht, sind die meisten Menschen mit gesundem Menschenverstand bereits mit der Sicherheit zufrieden, die man sich von der Guten-Hausvater-Strategie verspricht, wenn man sich in eine Gemeinschaft einfügt und das Boot, in dem man mit anderen sitzt, nicht zum Kentern bringen will. Solche Motive bringen den Menschen zu dem, was der Psychologe Irving Janis ›Gruppendenken‹ genannt hat – eine starre soziale

Tendenz, sich nach den Standpunkten der Mehrheit der Elite zu richten und Zweifel für sich zu behalten. Kein Wunder, daß unter Geschäftsleuten das Interesse daran, eine lebensfähige Unternehmensstrategie zu entwickeln, zu einer so hohen Priorität geworden ist. Der Mann an der Spitze, der von Ja-Sagern umgeben ist, erlebt oft genug, wie Umweltbedingungen sich extrem schnell verändern und ihn ohne Warnung im Kalten stehen lassen. Die Organisation und seine Nachfolger stellen dann plötzlich fest, daß sie verzweifelt einen neuen Chef mit einem neuen Spielplan brauchen.

Der Wechsel von den vorhersagbaren, verläßlichen Wachstumsraten der fünfziger und sechziger Jahre zu den inflationären Unsicherheiten und scharfen, rezessionären Einbrüchen der Wirtschaft in den siebziger Jahren verlangte nach veränderten Unternehmensstrategien, um mit den neuen umweltbedingten Herausforderungen fertig zu werden. Fred Gluck, der Vorsitzende des strategischen Management-Lenkungsausschusses von McKinsey & Co., behauptet, es sei das Planungsziel unserer Zeit, das Denken zu verlagern »weg von der Methodologie hin zur cleveren, kreativen, einsichtigen und opportunistischen Entscheidung, will man einen Wettbewerbsvorteil erzielen; denn Menschen verstehen wesentlich mehr von kurzfristigen Geschäfts- als von langfristigen Unternehmensstrategien«.[36]

Kurz, die inflationäre Umwelt verlangt nach einer Umorientierung der Unternehmensstrategie vom guten Hausvater- zum dynamischen Unternehmerdenken. Übersicht 2–1 illustriert Zeitperspektiven, Risiko-Orientierungen und konkrete Strategien oder Ziele, die bei einer solchen Management-Änderung verlangt werden.

Viele der heutigen Unternehmensleiter sind in einer Zeit groß geworden, in der Vorsicht mehr galt als Wagnis, und in der die temporären, auf Verwaltung ausgerichteten Hausvater-Ziele (von kurzfristigem Profitwachstum, guter Kosten-Ertrags-Relation und stabilen Erträgen auf Investitionen oder Vermögenswerte) betont wurden.[37] »In einem sehr realen Sinn wird die Rolle des Unternehmers durch die des Zirkusdirektors ersetzt, während die traditionelle Rolle des Managers, eines Ausführenden und Verwalters zu der eines Unternehmers wird.«[38] Die Zeitperspektive der Hausvater-Strategie ist kurz- bis mittelfristig und zielt entweder auf schnellen Gewinn oder auf die Sicherung eines wachsenden Marktanteils für alte Produkte. Der Manager mit der Hausvater-Strategie ist auf Risiko-Begrenzung aus und konzentriert sich auf Kostenkürzung und Nutzenmaximierung *innerhalb* des Unternehmens. Wie William C. Norris, Gründer, Vorsitzender und Unternehmensleiter der Control

Data Corporation beobachtet hat: »Heute liegt die Betonung darauf, daß sich marginale Verbesserungen in bestehenden Angeboten und niedrigeren Lohnkosten durch Mechanisierung und Automatisierung sofort auszahlen. In solch einer Umwelt ist es nicht überraschend, daß die Entwicklung neuer Produkte und Dienstleistungen zurückbleibt. Aber big business ist nicht allein. Es teilt sein apathisches, risikovermeidendes, egoistisches und reaktionäres Profil mit anderen Sektoren, darunter Universitäten, Arbeitsorganisationen, privaten Stiftungen, Kirchen und Regierung.«[39]

In der modernen Gesellschaft vermeiden alle gerne jegliche Risiken, und dies erinnert an die Vorhersage Joseph Schumpeters, daß in fortgeschrittenen Entwicklungsstadien die lebenswichtige unternehmerische oder innovative Funktion der kapitalistischen Wirtschaft erstarrt, da technologischer Fortschritt und bürokratische Verwaltung großer Unternehmen die Innovation zu einer Routinesache machen und Expertenkommissionen individuelle Initiative ersetzen.[40]

Demgemäß gehört es heute zur Hausvater-Strategie von Managern, die Mischung der Geschäfte umzulagern, um Sektoren der Verwundbarkeit zu umgehen. Ein Beispiel dafür bieten die Leiter des Esmark Inc., die 1978 beschlossen, ihre Swift und Co. Frischfleischabteilung von einer Handelsfirma in eine Produktionsfirma umzuwandeln. Dieser Schritt bedeutete, daß man innerhalb der darauffolgenden fünf Jahre Handelsfirmen (wie z. B. Sojabohnen-Mühlen) um $ 400 Millionen ausschlachtete und $ 670 Millionen in die Errichtung neuer Konsumgüterproduktionsstätten (wie z. B. die Internationale Playtex Company) steckte.

Eine weitere Hausvater-Strategie des Managements ist es, Geschäftseinheiten innerhalb eines Unternehmens umzuorganisieren, indem man ihre Reaktionszeiten durch sorgfältig programmierte Computer verkürzt, damit sich diese wechselnden Märkten schneller anpassen können. Manager der R. J. Reynolds Industries Inc. haben diese Strategie in den siebziger Jahren angewandt, um Informationen aus den sechs Operationseinheiten der Firma zu sammeln, um sofort Geldflüsse (aber auch Fehlbeträge, die eine Abteilung haben könnte) und deren Wirkung auf die Gesamtziele der Firma projizieren zu können. Die Public Service Electric and Gas Company in New Jersey verwendet eine ähnliche Strategie, um ihre Energiebedürfnisse, Auslastung der Anlagen und Preisschwankungen zu überwachen.

Übersicht 2 – 1

Idealtypen für Unternehmensstrategien in inflationären Zeiten	Zeitperspektive	Risikoorientierung	Konkrete Strategien und Ziele
Guter-Hausvater-Strategie	stabile, kurzfristige Gewinne mittelgroße Investitionen, um ein Ansteigen des Marktanteils bei alten Produkten zu sichern	Orientierung nach geringen Risiken (Schwerpunkt auf Kostenminimierung und Nutzenmaximierung *innerhalb* des Unternehmens)	– Maximierung kurzfristiger Gewinne – Vermeidung empfindlicher Sektoren – Umorganisierung bestehender Firmeneinheiten, Zielausrichtung auf spezifische Märkte – Konsolidierung der finanziellen Lage der Firma durch Rückkauf eigener Aktien, sogar auf Kredit – Entwicklung von exakteren Inflationsindikatoren als dem Lebenshaltungskostenindex – Verkürzung der Reaktionszeit innerhalb verschiedener Unternehmensbereiche durch die Verwendung von Computern – Kapitalstreuung innerhalb des Unternehmens, um sich gegen Risiken zu schützen und sich ändernden Märkten anzupassen – Fusionierung mit großen Firmen in ähnlichen Branchen – Mechanisierung und Automatisierung zur Einsparung von Lohnkosten

noch Übersicht 2 – 1

Idealtypen für Unternehmensstrategien in inflationären Zeiten	Zeitperspektive	Risikoorientierung	Konkrete Strategien und Ziele
Dynamischer-Unternehmer-Strategie	langfristige Planung und Investition in neuen Gebieten mit der größten Wachstumschance	Orientierung nach hohen Risiken (Schwerpunkt auf Nutzenmaximierung und Kostenminimierung durch Investitionen *außerhalb* des Unternehmens auf nationalem oder internationalem Gebiet)	– Aufkaufen von kleineren Firmen, um die Zulieferabhängigkeit zu reduzieren oder Innovation und Technologie zu verstärken – Beschäftigung von unabhängigen Beratern und Wissenschaftlern, um langfristige Finanzplanung sowie Forschung und Entwicklung zu fördern – Ausgabensteigerungen für Forschung und Entwicklung – Zusätzliche Provisionen für diejenigen, die innerhalb des Unternehmens kreativ und erfolgreich kurzfristige Risiken zugunsten von hohen, langfristigen Gewinnen eingehen. – Lobby bei Regierungsinstitutionen, um Kosten aufgrund von Umweltschutz-Regulierungen einzusparen und Steuererleichterungen von der Regierung für langfristige Kapitalbildung, Forschung und Entwicklung etc. gewährt zu bekommen. – Auslandsexpansion, um sich im Land ihrer Kunden anzusiedeln, Wettbewerb zu begegnen, Kosten zu kürzen, Rohstoffabhängigkeit zu reduzieren, den Anteil am Weltmarkt zu vergrößern und internationalen Währungs- und Steuerschwankungen entgegenzuwirken.

Eine eng verwandte Strategie für Unternehmen und große Institutionen ist es, genauere Inflationsindikatoren als den der Lebenshaltungskosten für den Eigenbedarf zu entwickeln. Dieser neigt nämlich dazu, die Inflation der siebziger Jahre überzubewerten, da er sehr stark auf den Immobilien-Hypothekenmarkt ausgerichtet ist.[41] Die General Electric Company hat sogar ein unternehmensweites Programm initiiert, das die leitenden Manager ausbildet, geplante Kosten und Einkommen der Inflation anzupassen.

Im Gegensatz zu diesen reinen Hausvater-Strategien betonen die dynamischen Unternehmer-Strategien langfristige Planung und Investitionsschwerpunkte in Gebieten größtmöglichen Wachstums und sind insoweit stark risikoorientiert, als sie sich auf die Maximierung von Nutzen und Minimierung von Kosten durch Aktivitäten *außerhalb* der Firma konzentrieren. Unternehmertum geht über Sicherheitssorgen und -ziele hinaus, um durch außergewöhnliche Innovationen oder Wagnisse auch ungewöhnliche Gewinne zu erzielen. Ein erfolgreicher unternehmerischer Coup kann oft ein ganzes Volk von Hausvater-Managern aufscheuchen, die dann versuchen müssen, hastig mitzuhalten, wobei dies aber oft viel zu spät geschieht, um den Ertrag der ersten guten Jahre zu ernten. Auf diese Weise schockten die Unternehmer der Union Carbide Corporation die Hausväter der Gulf Oil Corporation, als sie verkündeten, einen neuen Prozeß entwickelt zu haben, mit dem man Polyäthylen mit geringer Dichte zu 20 Prozent weniger Kosten als im konventionellen Gulf-Prozeß herstellen könne. Gulf hatte auf Gewinn und Sicherung der zweiten Marktposition für Filme aus Polyäthylen mit niedriger Dichte im Rahmen einer fünfjährigen Unternehmens-Strategie gesetzt. Aber ihre Forscher in der chemischen Abteilung machten eine entscheidende falsche Annahme, die durch Hausvater-Denken beeinflußt war: Daß nämlich ein technologischer Durchbruch auf dem Gebiet der Polyäthylen-Herstellung vorerst unwahrscheinlich sei und die Ausgaben für Forschung und Entwicklung daher minimal gehalten werden könnten. Die Unternehmer von Union Carbide ließen Gulf nun die unbequeme Wahl, sich zwischen dem extrem hohen Kaufpreis für die Lizenz der neuen Technik ihrer Konkurrenz oder der verspäteten Umdisposition von Geldern aus anderen Unternehmensbereichen zur Intensivierung von Forschung und Entwicklung zu entscheiden, um ein Verfahren zu entdecken, mit dem wieder Konkurrenz zu machen war. Die Manager von Gulf wählten letzteres. Aber sollten sie sich als unfähig erweisen, einen technologischen Durchbruch zu erzielen, werden sie aus dem Geschäft aussteigen müssen. Sollte dies passieren, wird ihre Entscheidung aufzugeben vielleicht genauso verspätet sein wie ihre Entscheidung, Forschung und Entwicklung anzukurbeln. In einer von der Inflation gehetzten, sich rapide verändernden Umwelt, kann das Fehlen einer kreativen Unternehmer-Strategie zum Ruin der Firma führen. Ein anderer hier zu nennender Fall ist das Doppelversagen der Chrysler und der Ford Motor Company, rechtzeitig einen Kleinwagen mit geringem Benzinverbrauch zu entwickeln, um der Konkurrenz von innovativen japanischen und europäischen Automobil-Herstellern zu begegnen.

Durch das Versäumnis, in den siebziger Jahren genug Energie und Kapital in unternehmerische Strategien zu stecken, waren Chrysler und Ford in einer schwachen Position, als 1980 die Rezession kam. Chrysler mußte seine Ausgabenpläne für 1980 um $ 136 Millionen kürzen und Ford plant, aus seinem nationalen Ausgabenbudget zwischen 1980 und 1985 $ 2,5 Milliarden zu streichen. Hausvater-Denken wurde so zu einer sich selbsterfüllenden Negativ-Prophetie, einem verzweifelten Auf-der-Stelle-Treten, um gerade noch mithalten zu können. General Motors, dessen Unternehmer rechtzeitig einen erfolgreichen Kleinwagen entwickelt hatten, um mit der ausländischen Konkurrenz konkurrieren zu können, war dagegen in der Lage, seine Ausgaben für 1980 bis 1985 um $ 2 Milliarden auf die Rekordsumme von $ 40 Milliarden erhöhen zu können.[42] Aber sogar der Erfolg von General Motors wirkt ärmlich, wenn man ihn mit der prozentualen Umsatzsteigerung für 1978–1979 bei den größeren europäischen und japanischen Autofirmen vergleicht. In diesem Jahr stieg der Umsatz von General Motors um 5 Prozent (von Ford Motor um 2 Prozent, Chrysler – 27 Prozent) im Vergleich zu einer Umsatzsteigerung bei Volkswagen um 15 Prozent, Daimler-Benz um 16 Prozent, Peugeot-Citroên um 10 Prozent, Toyota um 11 Prozent und Honda Motor um 16 Prozent.[43]

Darüber hinaus bläht die Inflation die Profitzahlen der Unternehmen auf und läßt sie größer erscheinen, als sie in Wirklichkeit sind. Wenn z. B. das ganze Betriebsvermögen von General Motors im Jahre 1980 nach den traditionellen Kriterien der Anschaffungskosten bewertet würde, käme man auf $ 19 Milliarden, mit einem jährlichen Netto-Ertrag von 15 Prozent. Wenn man statt dessen den Wert von $ 50 Milliarden nimmt, der nötig wäre, um diese Anlagen zu ersetzen – der reale Wert nach Abzug der Inflation – käme man auf einen jährlichen Netto-Ertrag von nur 6 Prozent.[44]

Inflations-Selbstschutz-Strategien sind natürlich auch wichtig für geschäftsfremde Institutionen, wenn nicht sogar wichtiger als für

Unternehmen. So haben z. B. anders als die amerikanischen Pensionskassen, die vergleichbaren europäischen Institutionen 40 Prozent ihres Kapitals in Sachwerten, besonders Immobilien, langfristig angelegt.[45] Der British Rail Superannuation Pension Fund gab 1974 $ 58 Millionen für die schönen Künste aus, indem er alles mögliche, von Picassos *Young Man in Blue* bis zu Kerzenleuchtern aus dem 12. Jahrhundert kaufte. Aber einige amerikanische institutionelle Anleger haben offensichtlich aus dem Zuschauen gelernt. So hat z. B. die Minneapolis Teachers Retirement Fund Association in Schnellrestaurants wie Burger King und Kentucky Fried Chicken investiert, die dann auf Konzession vergeben werden. Dieses erfolgreiche Programm wird vielleicht von 10 Prozent auf 33 Prozent des Portfolios des Fonds erweitert werden und basiert auf dem unternehmerischen Ziel, auf Kapitalanlagen eine Real-Rendite von mindestens 5 Prozent *über* der Inflationsrate zu erzielen. Aufgrund der Erkenntnis, daß die Börse mit der Inflationsrate nicht mithalten kann, hat der größte amerikanische Börsenmakler, Merrill Lynch und Company, auf einem anderen Gebiet eine unternehmerische Strategie eingeschlagen. Diese ist darauf ausgerichtet, Geschäfte zu streuen und alles mögliche, von Immobilien bis zu Versicherungen zu kaufen, um dem neuen Unternehmensziel zu dienen: ein Kaufhaus für finanzielle Dienstleistungen einzurichten, um wirklich an jeder Transaktion, die ein Kunde macht, eine Provision zu verdienen.[46]
Andere institutionelle Anleger, die nach Mitteln und Wegen suchten, ihre Gelder an Sachwerte zu binden, um sie vor der Inflation zu schützen, erwarben nach dem Ölpreis indexierte mexikanische Anleihen oder auch nach dem Goldpreis indexierte französische Anleihen, beide von der jeweiligen Regierung emittiert und garantiert.[47]
Der Kauf von ausländischen Anleihen ist nur eine Taktik im Rahmen einer größeren unternehmerischen Strategie: der Expansion ins Ausland. Frank Hoenemeyr, der Executive Vice President der Prudential Insurance Company, sagt voraus, daß ausländische Anleihen, soweit Vermögensanlagen amerikanischer Versicherungen und Pensionskassen betroffen sind, heute die Stellung einnehmen könnten, die Immobilien vor 10 Jahren hatten.
Nach amerikanischem Recht werden Manager von Pensionskassen für unvorsichtiges Investieren bestraft. Aber neue Interpretationen des U. S. Employee Retirement Income Security Act und das hohe Ansteigen der Inflationsrate haben bewirkt, daß Hausvater-Manager unternehmerischer denken: Sie machen sich nun Sorgen, ob sie nicht

als unvorsichtig gelten, wenn sie ihre Mittel *nicht* gestreut in fremden Währungen anlegen.[48]

Natürlich haben Unternehmen zwei Zielstrategien bei der Expansion ins Ausland: Direktinvestitionen im Ausland und Ausweitung der Firma auf multinationalem Terrain. Dem Anschein nach sind es mehr inländische als ausländische Überlegungen, die die primären Motivierungen für direkte Investitionen im Ausland darstellen.[49] Und innerhalb einer bestimmten Industrie sind die multinationalen Konzerne fast immer die führenden Hersteller im Inland.[50] Oligopole streben sowohl in absoluter Größe wie auch im Marktanteil nach kontinuierlichem Wachstum und wollen Zugang zu Rohstoffen und billigen Arbeitskräften gewinnen. Vorschläge für Auslandsinvestitionen werden normalerweise auf niedrigeren Managementstufen (wo der unternehmerische Antrieb heute offenbar zu finden ist), überlegt oder initiiert. Leute des unteren Managements neigen dazu, die Nutzen zu über- und die Kosten der vorgesehenen Investition zu unterschätzen, bis die Hausvater-Manager an der Spitze dann die Vorschläge auf ihre wahre Größe zurechtstutzen.[51]

Trotz solchen Hausvater-Zögerns kontrollieren multinationale Konzerne mittlerweile zwischen einem Viertel und einem Drittel der Weltproduktion. Etwa ein Viertel der weltweiten Auslandsinvestition wird in Entwicklungsländern getätigt, davon 70 Prozent in nur 15 Ländern – natürlich jene, die mit freundlichem Investitionsklima, Steuervorteilen, großen Märkten, billigen Arbeitskräften und leichtem Zugang zu Erdöl oder anderen natürlichen Rohstoffen winken.[52]

Weltweit wurden die ärmsten Entwicklungsländer am stärksten von den inflationären Auswirkungen der Preiserhöhungen bei Öl und anderen Produkten getroffen und durch Bankrott-Gefahren zu Defätisten- und Trittbrettfahrer-Strategien gezwungen, so wie sich die Armen und Arbeitslosen in den reichen Industrieländern ja auch verhalten.

Aktiengesellschaften und etablierte Institutionen (sowie relativ gutsituierte Individuen) sind am besten in der Lage, sich die Requisiten für effektive Hausvater- und Unternehmer-Strategien zu leisten, obwohl auch einige kleine Firmen unter Bedingungen der Stagflation aufgrund ihrer größeren Flexibilität erfolgreich waren.

Ein Grund dafür ist, daß die best-florierenden Aktiengesellschaften auch aus prosperierenden Staaten kommen, wie z. B. Japan und Deutschland. Dort übernehmen sie die staatlichen Ziele der Wirtschaftspolitik Hausvater-Funktionen, indem sie die Inflation eindämmen. Dies befreit private (und »öffentlich-private«) Körperschaften von einigen ihrer eigenen »Hausvater-Kosten«, so daß sie sich intensiver auf Unternehmertum und sich verändernde Exportmärkte konzentrieren können!

Nehmen wir den Fall von Toyo Kogya, des Mazda-Herstellers in Hiroshima. Er illustriert, in welchen Umfang die japanische Industrie fähig war, mit den wirtschaftlichen Schwierigkeiten der siebziger Jahre bei Wachstum, geringer Inflation und Fast-Vollbeschäftigung fertig zu werden, was wiederum die Basis für die unternehmerische Expansion in den achtziger Jahren legte. Toyo Kogya stand vor fünf Jahren vor der gleichen Gefahr des Bankrotts wie heute Chrysler und British Leyland: Die Firma war schlecht geführt, hatte eine zu große Belegschaft und produzierte benzinsaufende Wagen. Bis Anfang der achtziger Jahre wurde die Firma umstrukturiert zu mehr als doppelter Produktivität und zur Halbierung ihrer Schulden, ohne auch nur einen Arbeiter zu entlassen. Die traditionelle Loyalität der japanischen Gesellschaft, der Belegschaft und der privaten Gläubiger, die diese Umstrukturierung ermöglichte, beruhte in nicht geringem Umfang auf dem typischen japanischen Hausvater-Prinzip, zu garantieren, daß niemand seinen Arbeitsplatz verliert.

Dies gibt dem Management durch kooperative Zusammenarbeit mit der Belegschaft in Krisenzeiten eine viel freiere Hand bei radikaler Umorganisierung und technologischer Innovation. Dabei mußte die Unternehmensleitung harte Eingriffe hinnehmen, als sie zuließ, daß die Sumitomo Bank sechs ihrer Mitarbeiter in führende Positionen, einschließlich der des Vorsitzenden des Unternehmens, delosierte. Das sicherte die finanzielle Basis für die Umstrukturierungs-Strategie. Sie bestand aus Reduzierung von Teil-Lagern trotz des Risikos, die Fließbänder anhalten zu müssen; aus Investitionen in neue Anlagen (einschließlich Roboter), um die Effizienz an Schwachstellen zu verbessern, einem Einstellungsstopp, der Übereinkunft mit der Belegschaft, geringe Lohnanstiege zu akzeptieren und aus der Umschulung einiger tausend Fließbandarbeiter zu temporären Mazda-Verkäufern in den Marktzentren und an der Haustür. Viele der Vorschläge kamen von den Arbeitern selbst durch ein System von »Arbeitermitwirkungsgruppen«, die aus je acht bis zehn Angestellten bestehen, die sich regelmäßig treffen, um neue Maßnahmen zur Steigerung von Effizienz und Produktivität vorzuschlagen.

Japans großer, weltweiter Vorsprung in der Verwendung und Entwicklung von Robotern ist nur ein Indikator dafür, daß der Fall von Toyo Kogya nicht einzigartig ist:

Hausvater-Unternehmer-Mischungen wie die gleichzeitige Einführung von Robotern mit der Garantie, daß niemand seinen Arbeitsplatz verlieren wird, macht Japan vielleicht zu der optimal geführten westlichen Industriegesellschaft; sie kombiniert Inflationsbekämpfung mit technologischem Fortschritt und minimalen sozialen Kosten. Unternehmen in anderen westlichen Industrieländern sollten vielleicht in Betracht ziehen, sich einige dieser japanischen Innovationen zu eigen zu machen. Denn von wenigen Ausnahmen abgesehen, scheinen heute inflationäre Zeiten – im Gegensatz zu früheren, in denen die Gleichung Inflation = Innovation durchaus erfüllt war – konservative Nur-Hausvater-Strategien zu stimulieren, um die Unsicherheit bis auf den Punkt zu reduzieren, wo kreative, risikobejahende dynamische Unternehmer-Strategien, die für eine wirksame und langfristige Bewältigung der gegenwärtigen rapiden Veränderungen notwendig sind, unmöglich werden.

C. Staatliche Anti-Inflationsstrategien

> Eine unvermeidliche Konsequenz einer inflationären Wirtschaft ist eine zunehmende Konzentration politischer Macht, da immer mehr Menschen bereit sind, immer weniger persönliche Freiheit zu akzeptieren, um dafür etwas mehr Ordnung in ihrem Leben zu haben.
>
> *F. Harvey Popell*

Je mehr man von der individuellen zur kollektiven Ebene der Analyse aufsteigt, um so unterschiedlicher werden die Interessenlagen und um so geringer wird die Wahrscheinlichkeit, daß jeder zufriedengestellt werden kann. Wenn man von individuellen Vermögensanlagen über Unternehmensstrategien zu Regierungsmaßnahmen übergeht, verlieren sich die klaren Privatinteressen im dunklen Hintergrund. Ins Rampenlicht gerät das geheimnisvolle »öffentliche Gut«. Und oft führen die daraus resultierenden Regierungsstrategien, die eigentlich das Unternehmertum als Mittel zur Bekämpfung von fallenden Produktivitäts- und Wachstumsraten fördern sollten, nur dazu, die Unsicherheit zu verstärken, und aus Nichtunternehmern und Haushaltsvorständen, Defätisten und Trittbrettfahrer und aus dynamischen Unternehmern konservative Hausväter zu machen.

Dadurch, daß der westliche, demokratische Nationalstaat in der Vergangenheit das jakobinerhafte Versprechen abgab, jedermanns Bedürfnisse zu befriedigen, hat er den Stellenwert der Inflation erhöht, zugleich aber seine eigene Daseinsberechtigung in der Gegenwart unterminiert.[53] In der Tat beruhen einige der erfolgreichsten unternehmerischen Strategien von Individuen und privaten Institutionen auf der Annahme, daß die Regierung *nie* in der Lage sein würde, ihre Versprechen in bezug auf die Inflationsbekämpfung zu halten. Deshalb sollte man entweder durch Flucht in die Sachwerte der Inflation ausweichen oder aber sein Risiko international so streuen, daß man die Wirkungen der wenigen kompetenten staatlichen Anti-Inflationsstrategien gegen die der weit zahlreicheren inkompetenten ausspielen könnte. Ein Weg, den viele in den siebziger Jahren gingen, war die Anlage in Hartwährungen: Deutsche Mark und Schweizer Franken. Dies brachte höchst unfreiwillig die widerstrebenden Deutschen und Schweizer dazu, ihre Währungen als internationale Reservewährungen anbieten zu müssen und dabei teilweise den in Mißkredit geratenen Dollar zu ersetzen.

Die Bundesrepublik Deutschland, die Schweiz und Österreich waren in der Inflationsbekämpfung außergewöhnlich erfolgreich und können wohl deshalb als nützlichen Ausgangspunkt für die Untersuchung von erfolgreichen staatlichen Anti-Inflations-Strategien dienen. Allen drei Nationen ist es gelungen, den Anstieg der Lebenshaltungskosten auf durchschnittlich wenig über 5 Prozent in den siebziger Jahren zu begrenzen – im Vergleich zu 7 Prozent in den USA und 8½ Prozent in allen OECD-Ländern (1970–1978). In allen drei Fällen scheint dieser Erfolg mehr auf nationale Strukturen, in denen die Maßnahmen durchgeführt wurden, zurückzuführen zu sein als auf die eigene überlegene Technik der Geld- oder Fiskalpolitik. Kurz gesagt, weder die Schweizer, noch die deutsche oder österreichische Zentralbank sind Modelle, die leicht von anderen nachgeahmt werden können. So kam z. B. eine Studie der Bank of England[54] über sieben westliche Nationen, die zwischen 1974 und 1976 ihre geldpolitischen Ziele setzten, zu folgendem Schluß:
»Wenn man allein betrachtet, ob die Ziele erreicht wurden, sind die Resultate allgemein ärmlich. Nur Kanada hat konsequent seine Zielvorstellungen erfüllt. Großbritannien hat in einem von drei Fällen versagt, die Vereinigten Staaten sind zwischen einem Drittel und der Hälfte über ihre Ziele hinausgeschossen – je nachdem, welchen Sektor man betrachtet; die Schweiz und Italien sind meistens über ihr Ziel hinausgeschossen; während Deutschland und Frankreich überhaupt noch kein Ziel erreicht haben. Es gibt keinen offensichtlichen Unterschied zwischen der Leistung von Ländern mit engen und denen mit breiten Gesamtzielen.«
Aber wenn es fast allen, einschließlich den Deutschen und Schweizern, nicht gelang, ihre nationalen Geldziele in mindestens 50 Prozent der Fälle zu erreichen, was unterscheidet dann die erfolgreiche von der erfolglosen Zentralbankstrategie? Die simple Antwort ist, daß die Ziele, die so oft von den Zentralbanken von Deutschland und der Schweiz verfehlt wurden, *viel niedriger* waren als die der anderen. Während der späten siebziger Jahre reichte die Breite beim Durchschnittsvergleich von Aggregatgrößen, die von den sieben Zentralbanken ausgesucht wurden, von 5–6 Prozent in der Schweiz und etwa 8 Prozent in Deutschland zu 12 Prozent in den USA, Großbritannien und Frankreich, 15 Prozent in Kanada und bis zu 46 Prozent in Italien.[55] Die entscheidende Frage lautet daher: Welche Faktoren erlauben es den Deutschen und den Schweizern, ihre Geldziele so weit niedriger anzusetzen als die anderen?
Die vielleicht wichtigste Voraussetzung für eine erfolgreiche Anti-

Inflationsstrategie, die die Schweiz und Westdeutschland *par excellence* illustrieren, ist inländische Stabilität. Sich selbst helfende, demokratische Politiker versprechen oft, daß ihre Anti-Inflations-Strategien inländische Stabilität *bringen* werden, wohingegen es genau umgekehrt sein kann: Daß erfolgreiche Anti-Inflations-Strategien ein Produkt der inländischen Stabilität sind.
Westdeutschland und die Schweiz haben mehrere Dinge gemeinsam, die inländische Stabilität erleichtern (und dies wird von Ökonomen viel zu oft für selbstverständlich genommen oder ignoriert): (1) Sie sind zwei der reichsten Länder der Welt (unter den 24 führenden Industrienationen der nichtkommunistischen Welt stand 1979 in bezug auf Pro-Kopf-Einkommen die Schweiz mit $ 13450 an erster und West-Deutschland mit $ 10420 an vierter Stelle – im Gegensatz dazu nahmen z. B. die USA mit $ 9660 nur den neunten Rang ein).[56] (2) Beide Gesellschaften haben konservative, hausväterhafte politische Strukturen, die versuchen, Änderungen in das existierende Gleichgewicht aufzunehmen, um die Stabilität zu erhalten.[57] (3) Beide haben wirksame Sozialverträge zwischen den Einkommenspartnern, die das Potential für Konflikte in der Gesellschaft (trotz ihrer offensichtlichen Drohung) oft bis zu dem Punkt reduzieren, wo sie »apolitisch« erscheinen – im Vergleich zu anderen Staaten wie Italien oder den USA. (4) In weiten Teilen der Bevölkerung beider Staaten gibt es eine übereinstimmende Verurteilung der Inflation. (5) Gewisse Aspekte ihrer inländischen Märkte sind »geschlossen« (Insidern vorbehalten), wodurch sie in bezug auf störende ausländische Einflüsse leichter lenkbar sind und als Basis für wirksame Wechselkurspolitik dienen. (6) Beide Länder sind fähig, ausländische Arbeitskräfte im Bedarfsfall zu importieren und diesen Zufluß zu stoppen, wenn er ökonomisch unbequem wird.[58] (7) Relativ gesehen sind beide homogene, kleine bis mittelgroße Länder und sind in gewisser Weise leichter lenkbar und weniger verwundbar als große, heterogene Nationen (und besonders den USA mit ihrer Verantwortung als Supermacht und als Verteidiger der Weltreservewährung).
Abgesehen von diesen kritischen, allgemeinen Gemeinsamkeiten gibt es natürlich auch bedeutende Unterschiede zwischen den deutschen und schweizerischen Erfahrungen, z. B. in ihren Techniken der Geldkontrolle. Diese Unterschiede heben hervor, wie unterschiedlich die Beziehungen zwischen der demokratisch-politischen Kultur eines bestimmten Landes und seiner Finanzpolitik sein können. Ende 1974 versuchte die deutsche Regierung, die Gewerkschaften zu überzeugen, Lohnforderungszurückhaltung im Tausch gegen die

Zusicherung von Preisstabilität zu üben. Um dies glaubbar zu machen, bat die Regierung die Deutsche Bundesbank, damit zu beginnen, geldpolitische Ziele zu setzen. Die Zentralbank stimmte widerstrebend zu und blieb bis Mitte 1977 ziemlich nahe an den Zielsetzungen. Als jedoch 1978 das fundamentale Ziel der ›Zentralbankgeldmenge‹, bestehend aus umlaufender Währung und den Mindestreserven der Banken abzüglich der bankinternen Bargeldbestände, weit verfehlt wurde, wuchs die Skepsis unter den Hausvätern. Doch diese Zielverfehlung beruhte laut Mendelsohn auf der Unfähigkeit der Bundesbank, Wechselkurspolitik und Geldmengenziel unter einen Hut zu bringen.[59] 1979 kam die Bank ihrem gesetzten Ziel wieder viel näher.

Die *Bundesbank* legt den Schwerpunkt auf die Reservebasis des Bankensystems. Sie erhebt Mindestreservesätze auf die Passiva der Banken, je nach deren Typ, Standort, Größe, Art und Laufzeit ihrer Verbindlichkeiten. So waren z. B. deutsche Banken verpflichtet, auf Ausländerguthabenzuwüchsen in Deutscher Mark bis zu 100 Prozent Reserven zu halten, und so wurde diese Art von Zustrom in die Mark wirksam abgebremst. Einer der Gründe für die Betonung der Mindestreservepolitik der deutschen Zentralbank ist der geringe Spielraum, der den deutschen Geldbehörden für die Offen-Markt-Politik zur Verfügung steht. Professor Stanley Black beschreibt dies folgendermaßen:

»Die Bundesbank ist zu einem wesentlichen Grad unabhängig, sie hat jedoch eine engere Partnerschaft zu der Bundesregierung und dem Finanzministerium, als dies in den USA der Fall ist. Eine engere Koordinierung ist in Deutschland nötig, da der relativ enge Markt für Staatsanleihen bedeutet, daß Budgetüberschüsse und -defizite den Staatskredit und damit die Geldmenge direkt verändern. Darüber hinaus bedeuten die begrenzten Möglichkeiten für Offen-Markt-Politik, daß Änderungen in den Mindestreservesätzen und die Verfügbarkeit von Bundesbankkrediten die hauptsächlichen Instrumente zur Beeinflussung des Verhaltens der Banken sind. In Deutschland hat der Druck von außen eine sehr viel größere Rolle gespielt. Vor 1973 wurden die riesigen Zahlungsbilanzüberschüsse durch Änderungen in der Reservehaltung von ausländischen Währungen aufgefangen, was dem Bankensystem direkt Liquidität zuführte. So ist die Bundesbank zwar theoretisch frei und unabhängig in ihrer Geldpolitik, praktisch aber ist sie in der Wahl ihrer Instrumente und in ihrem Aktionsradius ziemlich beengt.«[60]

Der Spielraum für Offen-Markt-Politik ist für die Zentralbank der

Schweiz sogar noch kleiner als der der Deutschen Bundesbank, da es fast keinen inländischen Geldmarkt gibt. Im Schweizer Bundesstaat sind Steuern der Zustimmung durch ein Referendum unterworfen, und dies schließt eine aktive schweizerische Fiskalpolitik fast völlig aus. Daher liegt die Hauptlast der nationalen Anti-Inflations-Politik auf der Zentralbank. Aber sogar die Geldbehörden sehen aufgrund der hoch-politischen Sensibilität bei Hypothekenzinsen und den Raten, zu denen die Kantone auf dem Inlandsmarkt Kredite aufnehmen können, ihre Optionen durch die schweizerische Demokratie eingeengt.

Der Dollar ist daher das normale Tauschmittel zwischen schweizerischen Banken. Wenn es nötig ist, durch Offen-Markt-Politik Liquidität abzuschöpfen, gibt die Schweizer Zentralbank zu diesem Zweck Geldstillegungspapiere heraus. Durch die hohe inländische Stabilität und leichte Lenkbarkeit dieses Landes (aufgrund der übereinstimmenden Verurteilung der Inflation etc.) beschäftigt sich die schweizerische Geldpolitik hauptsächlich mit der Neutralisierung ausländischer Zuströme durch Kontrollen (so z. B. ist der Kauf von Schweizer Vermögensgegenständen von Ausländern erst möglich, wenn diese fünf Jahre Aufenthalt in der Schweiz nachweisen können, und die Aufenthaltserlaubnis ist nur schwierig zu erhalten). Außer der Investition in Schweizer-Franken-Schulden anderer Nichtgebietsansässiger finden Ausländer keine weiteren Schweizer-Franken-Anlagen, und sie müssen gewöhnlich alle Erträge aus schweizerischen Krediten bei Erhalt konvertieren. Die Dollarkrise 1978 hatte sofortige Auswirkungen auf dieses System und seine wirtschaftlichen Ziele, wenn (wie im deutschen Fall) ein unbequemer Kompromiß zwischen Geldmengenwachstum und Wechselkurszielen erreicht werden muß.[61]

Dennoch repräsentieren Westdeutschland, die Schweiz und Österreich Inseln der Stabilität in einer von der Inflation geschüttelten Welt. Konservative westdeutsche und schweizerische Hausväter benutzen die inländische Verurteilung der Inflation und die Forderung nach Befriedigung sozialer Bedürfnisse als eine stabile Basis und wenden sich dann auf dem internationalen Markt helfenden Trittbrettfahrer- und Unternehmer-Strategien zu. Als Trittbrettfahrer wälzen sie unerwünschte Kosten auf andere, indem sie z. B. nicht länger benötigte ausländische Arbeitskräfte wieder exportieren. Als Unternehmer benutzen sie eine relativ stabile, »apolitische« Basis als Plattform für ihr exportorientiertes Wachstum. So macht der Außenhandel mehr als 30 Prozent des deutschen Bruttosozialprodukts aus,

und einer von fünf westdeutschen Arbeitern hängt mit seinem Arbeitsplatz vom Export ab.[62] Übersicht 3-1 illustriert verschiedene »Idealtypen« von staatlichen Strategien in inflationären Perioden. Die Schweiz und Westdeutschland haben davon alle in einer subtilen, auf der Hausvater-Strategie basierenden Mischung angewendet.
Auf der Grundlage ihres nicht ganz liberalen nationalen Fundaments haben die Schweiz und Deutschland für ihre Unternehmer und Arbeiter eine ruhige Rolle entwickelt, die das Wirtschaftswachstum fördert, ohne gleichzeitig die Inflation im Übermaß zu stimulieren. Das vielleicht bemerkenswerteste Beispiel dafür ist die deutsche Mitbestimmungspolitik. Nach der Gesetzgebung aus dem Jahr 1978 haben Arbeitnehmer und Arbeitgeber in größeren Industriebetrieben mit über 2000 Beschäftigten grob gesehen gleiche Parität im Aufsichtsrat (im Falle eines Patt hat das Management eine Zusatzstimme). Der Konflikt zwischen dem Mannesmann-Konzern und der Gewerkschaft IG Metall im Jahre 1980 entbrannte, weil die Firma sich so umstrukturieren wollte, daß sie nicht mehr unter die Montan-Mitbestimmung mit voller Parität fallen würde. Sie wollte damit die Produktivität verbessern und die Mitbestimmungskategorie, in der sie war, umgehen. Aber bemerkenswerterweise wurde dieser Konflikt bis jetzt mehr durch Verhandlungen ausgetragen als durch Gewalt oder lange Streiks – ein Beweis für die relative ›Zahmheit‹ der westdeutschen Gewerkschaften im Vergleich zu anderen Ländern (wie z. B. Italien), in denen solche Mitbestimmungsgesetze für kooperative industrielle Demokratie noch nicht existieren.[63] Der nationalen Stabilität zuliebe verbindet so die Hausvater-Strategie Arbeitnehmer u. Arbeitgeber, die dann gemeinsam langfristige unternehmerische Pläne zugunsten der Firma und des Wirtschaftswachstums machen. Japans System der Arbeiterbeteiligung hat ähnliche Wirkungen. Eine niedrige Inflationsrate und eine beständige Wachstumsrate könnten durchaus mit einer erfolgreichen Mitbestimmungspolitik in Wechselbeziehung stehen.
In anderen, weniger hausväterhaft orientierten politischen Strukturen, wie z. B. den USA, scheinen beständige Zentralbankstrategien und die Schaffung von Mitbestimmungsgesetzen politisch nicht realisierbar zu sein. Man kann sogar die Hypothese wagen: Je deutlicher eine politische Kultur im ideologischen Sinne unternehmerisch scheint, desto schwieriger ist es, im Inland einen stabilen Konsens zu erreichen, der nötig ist, um wirksames Unternehmertum auf dem internationalen Markt zu fördern. Offenbar scheint der Rest von Laissez-faire-Liberalismus in der amerikanischen Kultur die

Übersicht 3 – 1

Idealtypen staatlicher Strategien in inflationären Zeiten	Zeitperspektive	Risikoorientierung	Konkrete Strategien
Trittbrettfahrer	Gegenwartsorientiert	Hohe Risiken zu niedrigen Kosten	– Schwerpunkt auf dem Export nationaler Kosten in andere Länder, auf Kredite, auf die Verzögerung von Zahlungen, der Ausnutzung der internationalen Möglichkeiten in bezug auf kurzfristige Gewinne wie z. B. Abwertungen – Indexierung; Subventionierung der Landwirtschaft – Regierungssubventionen für schwache Industrien – Periodische Kreditanträge beim IWF und anderen Organisationen – im Bedarfsfall Lohn- und Preis-Kontrollen – gezielter Protektionismus wenn vorteilhaft
guter Hausvater	Gegenwart und nahe Zukunft	Begrenzte Risiken zu bescheidenen Kosten	– Schwerpunkt auf Anpassung an Veränderungen, um auf diese Weise die Stabilität zu erhalten – freiwillige Lohn- und Preisrichtlinien – im Bedarfsfall strenge Geld- und Fiskalpolitik – Unterstützung von stabilen Wechselkursen – Betonung des ausgeglichenen Staatshaushalts – gleichzeitige Steuer- und Ausgabensenkungen – Ausweisung von überflüssigen Gastarbeitern und Einwanderungsbeschränkungen – Mitbestimmungspolitik zwischen Gewerkschaften und Unternehmern

noch Übersicht 3 – 1

Idealtypen staatlicher Strategien in inflationären Zeiten	Zeitperspektive	Risikoorientierung	Konkrete Strategien
dynamischer Unternehmer	Zukunftsorientiert	Hohe Risiken auch zu hohen Kosten	– Schwerpunkt auf außergewöhnlichen Leistungen, Produktivität und Innovation, um den Zukunftswettbewerb zu bestehen – Eliminierung von Indexierungen – Streichung von Subventionen für schwache Industriezweige und Landwirtschaft – Stimulierung von Produktivität und exportorientiertem Wachstum (durch Steuerkürzungen etc.) – Eliminierung von Doppelbesteuerung von Unternehmensgewinnen, Ermutigung zu langfristigen Investitionen, Forschung und Entwicklung – Befürwortung der beschleunigten Abschreibung auf Wiederbeschaffungswerte – Staatliche Unterstützung für weitreichende technische Erfindungen – Kartellgesetze und Existenzgründungskredite

Vereinigten Staaten gegenüber Schwankungen im Konjunktur- und Wahlzyklus besonders verwundbar zu machen. Mehr hausvaterhaft-orientierte Gesellschaften wie die deutsche, schweizerische und japanische sind da immuner. Die Alternative zu einer Politik, die Eigeninitiative und Unternehmertum stimuliert, scheinen offenbar engstirnige, auf eigenen Vorteil ausgerichtete Tarifverhandlungen auf nationaler Ebene zu sein, die weder die beteiligten Gruppen noch das Interesse der Nation zufriedenstellen.

Nehmen wir den Fall der amerikanischen Zentralbank. Als das Federal Board grundlegend von der Geldkontrolle durch Zinssätze zu der durch das Reservesystem der Banken überging und im Oktober 1979 die Geldmenge streng begrenzte, reagierte das Ausland positiv und glaubte, daß diese Maßnahme die hohe amerikanische Inflationsrate stabilisieren und den Dollar festigen würde. Aber im Inland sahen viele amerikanische Politiker (und auch Geschäftsleute) in dieser Maßnahme zur Inflationsbekämpfung durch bewußt hervorgerufene Rezession nur einen verzweifelten Schritt des Präsidenten Jimmy Carter, nachdem seine an freiwillige Mitarbeit gerichtete Lohn- und Preis-Richtlinienpolitik gescheitert war. Im April 1980 waren die Zinssätze bis zu einer Prime Rate von 20 Prozent gestiegen und 90-Tage-Festgelder erreichten einen Spitzenzinssatz von 18 Prozent.

Auto- und Bauindustrie trudelten in eine tiefe Krise und zogen die Vereinigten Staaten in eine Rezession, die zu spät kam und zu einer ernsten Bedrohung für die politische Gesundheit des Präsidenten Carter in einem Wahljahr wurde. Seine Wirtschaftsberater hatten die Bereitschaft der amerikanischen Konsumenten, weiterhin Geld auszugeben und dadurch die Wirtschaft zu stimulieren und den Einbruch der Rezession zu verzögern, unterschätzt. Die durchschnittliche amerikanische Sparrate fiel auf 3 Prozent, da die Amerikaner ihr Geld lieber ausgaben, als es bei einer zweistelligen Inflationsrate noch mehr an Wert verlieren zu sehen. Sie hatten offensichtlich keinerlei Vertrauen in die Regierung, wenn es um die Kontrolle der Inflation ging. Daraufhin lockerte Paul Volcker, der Präsident des Federal Reserve Board, die Geldmengenkontrolle und ließ die Prime Rate im Sommer 1980 bis auf 11 Prozent herunterfallen. Er hoffte, dadurch die Wirtschaft wieder zu stimulieren und zweifellos auch, Carters Chancen für eine Wiederwahl positiv zu beeinflussen. Ein ranghoher Ökonom des Bankers Trust in New York bemerkte dazu: »Was wir bis jetzt gesehen haben, ist eine Stop-and-Go-Politik – erst zu streng, dann zu locker. Die Zentralbank stimuliert nun die Geldmenge, um die Folgen der vorherigen Geldschraube aufzufangen – und dies gerade zu einem Zeitpunkt, an dem jeder in Washington über Steuersenkungen spricht. Kurz gesagt, wir könnten 1981 von einer neuen Woge von Inflation und Stagnation erfaßt werden – dem britischen Typ der Stagflation, was das Schlimmste von beiden Übeln wäre.«[64]

»Zinssatz-Roulette« ist in der amerikanischen Geldpolitik keine Seltenheit und prophezeit nichts Gutes für künftige Anti-Inflationsstrategien. Karen W. Arenson faßte dies wie folgt zusammen: »Jahrzehntelang bewegte sich die amerikanische Konjunktur auf und ab. In jedem Zyklus stiegen die Zinssätze, und sie gipfelten an einem höheren Punkt als die des vorigen Zyklus. Und wenn sie wieder fielen, erreichten sie nicht ganz den vorigen Tiefstand.«[65] Demokratischer Druck trägt zweifellos dazu bei, das Basisniveau für Zinssätze wie auch die Inflationsraten nach oben zu drücken. Es besteht eine unangenehme Verbindung zwischen der Lenkung des Konjunktur- und des Wahlzyklus, die meistens die Maximierung von privaten Interessen der Politiker, wie auch der Geschäftsleute und Gewerkschaftsführer auf langfristige Kosten des öffentlichen Interesses repräsentiert.[66]

Und allzuoft ergibt sich aus der liberalen, amerikanischen, demokratischen Kultur eine schizophrene Strategiemischung bei Inflationsbekämpfungsmaßnahmen – von extremen Anreizen für unternehmerisches Handeln bis zu großzügigen Angeboten an Trittbrettfahrer. Der amerikanische Hausvater scheint ein unbequemes, frustrierendes Mittelding zwischen der Auffassung von fundamentalen sozioökonomischen Rechten und dem Versprechen auf Mobilität nach oben zu sein. Er schwankt zwischen der menschlichen, demokratischen Sorge für diejenigen, die sich am unteren Ende der Leiter befinden und der Befürwortung des Prinzips, gelegentlich Anreize zu geben an außergewöhnlich kreative und produktive Individuen, die das für eine bereits versprochene Umverteilung notwendige Wirtschaftswachstum produzieren können und so die soziale Rolltreppe am Laufen halten.

Die meisten, wenn nicht alle Vorschläge zur Lösung des amerikanischen Inflationsdilemmas in den achtziger Jahren vergessen, die Grenzen der amerikanischen politischen Kultur in ausreichendem Maße in Betracht zu ziehen. Die Ökonomen, die freiwillige Lohn- und Preisrichtlinien (die durch einen Rat für Lohn- und Preisstabilität durchgesetzt werden sollen) befürworten, werden durch Entscheidungen auf höherer politischer Ebene frustriert. So lockerte z. B. das

Pay Advisory Committee diese Richtlinien, um den großen Gewerkschaften und den Groß-Unternehmen entgegenzukommen (dies geschah am 22. 1. 80, als dieser Ausschuß die ursprüngliche siebenprozentige Breite auf 7,5 Prozent bis 9,5 Prozent erweiterte – dies ist ein Maßstab, der sogar höher liegt als die Lohnerhöhungen, die in den meisten Tarifverhandlungen je angestrebt wurden).[67]

Das ausgeglichene Staatsbudget, das u. a. von Präsident Carter, Reagan und dem Ökonom Alan Greenspan befürwortet wird, ist in einer Periode der Rezession, hoher Arbeitslosigkeit, zweistelliger Inflationsraten, öffentlicher Forderung nach Steuersenkungen und erhöhten Verteidigungsausgaben ein utopischer Traum. Genausowenig politisch durchführbar ist die Forderung von Henry Wallich, einem Zentralbankgouverneur, dem Ökonomen Sidney Weintraub und dem verstorbenen Arthur Okun nach einer auf Steuern basierenden Einkommenspolitik (TIP = *t*ax-based *i*ncomes *p*olicy): Es ist unvorstellbar zu glauben, daß Gewerkschaften und die Industrielobby im Kongreß, nicht unerbittlich und wirksam jeden Versuch des Gesetzgebers bekämpfen würden, das Steuersystem zu benutzen, um Lohnzuwächse bei 5 Prozent zu begrenzen, bei einer gleichzeitig doppelt so hohen Inflationsrate.[68] Dem Einsatz von John K. Galbraith und Edward Kennedy für Lohn- und Preiskontrollen fehlt nicht nur die politische Unterstützung, er ist auch noch eine verkleidete Trittbrettfahrerstrategie. Wenn man Löhne und Preise durch Zwangsbestimmungen für kurze Zeit unten hält, um jedermanns Aufmerksamkeit zu bekommen, dann verschiebt man die hohe Rechnung für solche Kontrollen auf einen späteren Zeitpunkt, wenn die Kontroll-Bürokratie bezahlt werden muß und die Inflation nach Aufhebung der Kontrollen steil emporschnellt. Ein noch lauterer Vertreter der Trittbrettfahrerkategorie ist Milton Friedman mit seinem überraschenden Eintreten für die Indexierung (dies wird jedoch vermutlich ausgeglichen durch seinen Hausvater-Ruf nach gleichzeitigen Senkungen von Steuern und Staatsausgaben).[69]

Die Trittbrettfahrernatur der Indexierung wird vielleicht am besten an den Beispielen von Israel und Island illustriert, wo fast alles, von Löhnen und Preisen zu Subventionen und Zinssätzen nach dem Anstieg der Lebenshaltungskosten indexiert ist. Bei einer Inflationsrate von über 100 Prozent müssen die Israelis schneller auf der Stelle treten, aber sie haben den Trost zu wissen, daß die Staatsschuld und ihre eigenen Ausgaben in jetzt ausgegebenem Papier besteht, das in der Zukunft sogar noch weniger wert sein wird. Das bedeutet einen

relativen Gewinn, da am Rückzahltag die Schulden in ihrem realen Wert billiger sein werden.
Natürlich verursacht eine solche Indexierung und Inflation eine weitreichende Starrheit des Wirtschaftssystems. Dies frustriert die unternehmerische Strategie bis zu dem Punkt, wo viele junge Unternehmer Israel verlassen, um im Ausland nach flexibleren Möglichkeiten zu suchen – auch wenn sie planen, später in ihrem Leben zurückzukehren. Darüber hinaus scheinen etablierte Geschäftsleute und die Regierung einen unverhältnismäßigen Vorteil in der Kunst zu besitzen, aus der Inflationsrate Profite zu ziehen, die 1980 immerhin 135 Prozent erreicht hat. Israels Durchschnittsbürger kämpft jedoch darum, gerade noch mitzuhalten, und er verliert trotz Indexierung der Zahlungen fast ein Zehntel des Wertes seines Nettoeinkommens (nach dem amerikanischen Statistischen Bundesamt 1980).
Der Geschäftsmann kann von der Inflation profitieren, indem er Zahlungen per Scheck um ein bis zwei Monate hinausschiebt und Firmen mit Hunderten von Arbeitnehmern können einen Volltreffer landen, wenn sie die Zahlungen der zurückgehaltenen Steuern und Sozialversicherungsbeiträge an den Staat noch länger hinauszögern. In einem halbherzigen Versuch, diese Praktiken zu unterbinden, vervierfachte das israelische Finanzministerium die Geldbuße für verspätete Steuerzahlungen 1981 von ¼ Prozent zu 1 Prozent wöchentlich. Denselben Nutzen hat die Regierung, wenn auch sie ihre Schulden noch später bezahlt, weil auch die Bürger mit den eigenen Zahlungen im Rückstand sind. Mit einem Wort, die schöne Kunst, in Israel von der Inflation zu profitieren, kann weiterhin auf Wegen, die vom Staat stillschweigend gebilligt werden, ausgeübt werden. Dies macht aus der weitverbreiteten israelischen Indexierung eine Art kollektiver »Trittbrettfahrerstrategie« auf der Basis, daß man um so reicher wird, je mehr man Schulden macht.
In Island, wo alles indexiert ist, wird (zumindest theoretisch) kein Individuum durch die 60-Prozent-Inflationsrate unverhältnismäßig benachteiligt. Es gelingt Island, dieses System zu erhalten, indem es jedesmal, wenn es für die Wettbewerbsfähigkeit des Exports nötig ist, seine Währung abwertet und langfristige Auslandskredite aufnimmt. (Diese Kreditaufnahme kann die Nation noch lange Zeit verfolgen, wenn es ihr gelingt, ihren niedrigen Schuldendienst-Koeffizient und damit ihre Kreditwürdigkeit aufrechtzuhalten.) Das Land wurde jedoch durch die Ölpreiserhöhungen der siebziger Jahre erschüttert, die dazu beitrugen, die Inflationsrate zu vervierfachen.

Um weniger ölabhängig von der UdSSR zu werden, verhandeln isländische Staatsmanager über langfristige Verträge zu festen Preisen mit der britischen North Sea Oil Corporation. Und als eine psychologische, Anti-Inflations-Hausvater-Taktik ließ die Regierung 1981 zwei Nullen vom Wert des Kronur fallen – von etwa 440 Kronur pro einem Dollar zu nur 4,4.[70] Aber zweifellos ist der einzige Grund, weshalb Israel und Island mit ihrer Abhängigkeit von der Trittbrettfahrerstrategie zurechtkommen, der, daß sie kleine Staaten mit strategischer Bedeutung und guter Kreditwürdigkeit in einem rapide sich verändernden internationalen System sind.

D. Demokratische Paradoxa in einem sich verändernden internationalen System

»Demere rebus tumultum«
Seneca

Bisher aggregierten wir vom Individuum zum Unternehmen und zum Staat. Die letzte Stufe des Verdichtungsprozesses wird erreicht, wenn man vom Niveau des Nationalstaates zu dem des internationalen Systems übergeht.[71] Global können sehr wenige individuelle Interessen befriedigt werden, Firmen betreten das risikoreiche Gebiet des multinationalen Glückspiels, und die meisten nationalen Interessen sind fast ohne Ausweichmöglichkeiten dem Schicksal der Frustration ausgeliefert. Aus der internationalen Perspektive ist dem Poeten Wallace Stevens nach die Welt häßlich und die Menschen sind traurig.

Inflation ist die Sorge des reichen Mannes: Die Armen haben nur wenige, wenn überhaupt irgendwelche Werte oder Ersparnisse, die sie gegen Verlust schützen müssen, und sie haben nur wenig Wahl oder Kontrolle über die Strategien, mit denen sie das, was sie haben, verteidigen können. Mit Ausnahme der Öl-produzierenden Länder sind die Entwicklungsländer meist in die Defätisten-Trittbrettfahrer-Strategie gezwungen: Sie träumen von reiner, auf Erhalt gerichteter Hausvaterpolitik und nicht von Reichtum schaffendem Unternehmertum. Sogar für die reichen Industrienationen des Westens (auf die sich diese Abhandlung konzentriert) waren die siebziger Jahre schwer zu bewältigen. Sie waren sehr oft zur Hausvaterrolle gezwungen und versuchten in dem Strom der Änderungen mit veralteter Ausrüstung flußaufwärts zu paddeln.

Je größer der erkannte oder vermutete soziale Wechsel war, desto stärker trieb der konservative Impuls, den Status quo zu erhalten, die Strategie-Optionen in den westlichen Demokratien auf das überstrukturelle Niveau des Verhandlungsstillstands zwischen Regierung, Gewerkschaften und Unternehmen, und um so schwieriger wurden kollektiver Lernprozeß und Anpassung.[72]

Ökonomische Theorien über rationale Erwartungen unterschätzen meistens den menschlichen Widerstand gegen den Wandel, der sehr wohl für eine Reihe von Individuen und Interessengruppen einen kurzfristigen Sinn haben kann. So zeigte sich z. B., daß die Annahme Präsident Carters 1979, die amerikanischen Konsumenten würden bei steigenden Zinssätzen ihre Ausgaben reduzieren, voreilig war, und daß die Hypothese der Premierministerin Margaret Thatcher, Gewerkschaften könnten davon überzeugt werden, dem Königreich zuliebe Einbußen in den Reallöhnen ihrer Arbeiter hinzunehmen, auch nicht realistisch war.[73]

Manchmal erinnert der Mangel an Verhandlungsbereitschaft der Gruppen innerhalb der westlichen Demokratien an die drei Affen: Die Regierung sieht nichts Schlechtes (und behauptet das weiterhin), die Gewerkschaften hören nichts schlechtes (und drücken ohne Rücksicht auf das, was andere ihnen über den Zustand der Wirtschaft sagen, ihre Lohnforderungen durch), und die Konsumenten sagen nichts Schlechtes (und quälen sich nicht damit ab, gegen von ihnen abgelehnte Regierungsmaßnahmen zu protestieren – entweder aus Zynismus oder weil sie inoffizielle Gesetzeslücken gefunden haben, die es ihnen erlauben, so weiterzumachen wie sie es wollen). Die Fähigkeit einer Nation, sich der exogenen Schockwelle der siebziger Jahre anzupassen – u. a. dem Zusammenbruch des Bretton Woods-Systems, der Einführung der flexiblen Wechselkurse, den explodierenden Preisen von Öl und anderen Waren – hing von der Art des allgemeinen Widerstands gegen Änderungen ab, der sowohl in der nationalen politischen Kultur wie auch in der Verhandlungsposition eines Staates in der Weltwirtschaft manifest war. So behaupten internationale ökonometrische Studien, daß ein hypothetischer 25prozentiger Anstieg der Arbeitslosenrate in Kanada, Frankreich und Japan (und in geringerem, aber immer noch bedeutendem Umfang auch in Westdeutschland) zu einer prozentual hohen Abnahme des Lohnwachstums führe. Im Gegensatz dazu erwiesen sich jedoch die Löhne in Großbritannien als wesentlich weniger sensibel gegenüber der Arbeitslosenrate – und dies sei noch weniger in Italien und den USA der Fall. Diese Daten implizieren, daß Arbeiter in Italien, Großbritannien und den USA ihren Widerstand gegenüber einer Reduzierung der Reallöhne auf das Konzept des »fairen Lohns« basieren, der sowohl von ihren eigenen vergangenen Löhnen wie auch von denen anderer abgeleitet wird. Da Menschen die Konzepte, auf die sie ihr Verhalten bauen, nicht leicht ändern, folgt unter dieser Hypothese, daß jeder Versuch, die Inflation durch zunehmende Arbeitslosigkeit zu bekämpfen, dazu verurteilt ist, langsam und schmerzhaft zu sein.[74]

Andererseits zeigen diese Befunde auf, daß in Kanada, Frankreich, Japan und der Bundesrepublik Deutschland der Widerstand gegen die Reduzierung von Reallöhnen nur so lange weiterbestehen wird, wie die maßgeblichen Stellen die Geldmenge expandieren und so zusätzliche Produktion erreichen, die die Arbeitslosen auffängt. Eine von der Regierung verkündete restriktive Geldpolitik wird die Arbeiter dazu bringen, kurzfristige Reduzierungen ihrer Reallöhne hinzunehmen. Ihr Verhalten wird sich ändern, wenn eine Abnahme der Gesamtnachfrage zu erwarten ist und die Arbeiter erkennen, daß sie die Bedeutung der inländischen Inflationsrate überschätzt haben. Diese Theorie impliziert, daß die Erwartungen in bezug auf die Inflationsrate relativ schnell und mit nur geringen Gefahren für die Beschäftigungssituation von einer Regierung, die sich für eine restriktive Geldpolitik entscheidet, geändert werden können.[75] Die Wachstumsraten der Produktivität, die Macht der Gewerkschaften und die Traditionen der politischen und ökonomischen Kultur sind Faktoren, die sich auf diese Lohn-Beschäftigungs-Beziehung auswirken. »So ist es ein Problem für Italien und Großbritannien, wenn die Arbeitslosigkeit zunimmt. Für Japan und die Bundesrepublik Deutschland hingegen ist es ein Problem, wenn die Inflationsrate steigt«, bemerkt die IWF-Ökonomin Marion Bond.[76]

Die zugrundliegenden Strukturen und hohen Wachstumsraten ermöglichten in den fünziger und sechziger Jahren den Regierungen westlicher Demokratien, von einer Nachfrage-Stimulierung abzusehen, wodurch diese Wirtschaften relativ flexibel blieben. Einkommen und Lebensstandard stiegen rapide mit der Nachfrageentwicklung und die Politiker sorgten sich um Gerechtigkeit und um Einkommensverteilung, ohne dabei die sich entwickelnde wirtschaftliche Ineffektivität zu bedenken. Aber die exogenen Schocks der siebziger Jahre, Liquiditätsflut und das Absinken der wirtschaftlichen Wachstumsraten veränderten die Prioritäten – die Gerechtigkeit verlor an Wert und die Leistungsfähigkeit rückte in den Mittelpunkt. Für einige Länder, wie z. B. Großbritannien und die USA, kam dieser Umschwung zu spät, um ihre Wirtschaften flexibel und stabil zu erhalten und um mit Nationen mithalten zu können, die sich konsequenter um Erhaltung von Gerechtigkeit *und* Effizienz bemüht haben, wie z. B. Westdeutschland und Japan.

Starre Strukturen verhindern die flexible Anpassung an eine veränderte internationale Umwelt. Hohe Mindestlohnschwellen, die aus stagnierenden Sozialprodukten bezahlt werden mußten, führten in den OECD-Ländern zu einer verstärkten Freisetzung von Arbeitskräften: Maschinen ersetzten die ungelernten Arbeitskräfte, die ihren Arbeitsplatz verloren. Die Gewerkschaften verfolgten eine »Nivellierungspolitik«, indem sie die Differenz zwischen dem oberen Ende der Lohnskala der bestbezahlten Arbeiter und dem unteren Ende der schlechtbezahltesten Arbeiter verkleinerten. Damit verminderten sie den Anreiz zur Ausbildung für eine höher bezahlte Arbeit.

Auch die Kündigungserschwerungen, besonders wenn Firmen auf dem absteigenden Ast sind, erschweren die strukturelle Anpassung. Arbeitsplatzsicherung wurde traditionell nicht im Inland, sondern auf internationalem Gebiet verfolgt, indem man Produkte und Arbeitsstellen an der Grenze durch protektionistische Maßnahmen schützte. Aber die Freihandelsrunden und die Zusagen durch das GATT verhinderten meistens solche Art von Schutz, und die OECD-Regierungen standen unter dem Druck, im Inland die Dinge zu tun, die den gleichen Effekt haben wie ein Zollschutz an der Grenze.[77] Bestimmte schwache Privatindustrien, ganz zu schweigen von den verstaatlichten Industriezweigen, wurden subventioniert.

Die Quelle für diese Subventionen waren Steuern, die nicht von den Verlustfirmen sondern von Gewinnunternehmen kamen, also von der dynamischen Seite der Wirtschaft. Die unsichere Lage der Weltwirtschaft und die von der Regierung auferlegte Steuerlast zwangen viele Firmen dazu, sich aus Überlebensgründen in reine Hausvater-Strategien zu flüchten. Auf der Strecke bleiben Aufwand und / oder Ansporn für Forschung und Entwicklung.

Bis Ende der siebziger Jahre, als sich die OECD Regierungen in ihren Prioritäten umorientierten, unterstützen sie oft die stagnierenden Teile der Wirtschaft, statt zu versuchen, diese zu eliminieren. Die Demokratie unterstützte diese Tendenz zur Nichtanpassung, da es politisch leichter ist, sich auf konkrete Arbeitsplatzsicherung statt auf vage Gewinne durch Produktivitätssteigerungen oder Subventionen für langfristige Forschung und Entwicklung zu konzentrieren.[78]

Den Hartwährungsländern ging es in den siebziger Jahren, der Ära der flexiblen Wechselkurse, am besten. Sie waren fähig, sich durch Aufwertungen ihrer Währungen, Exportkontrollen oder Reduzierung von Importbeschränkungen gegen importierte (bzw. zu anderen exportierte) Inflation zu schützen. Weichwährungsländer machten sich oft mehr Gedanken darum, Arbeitslosigkeit zu exportieren statt Inflation zu bekämpfen. Sie versuchten, dies durch Abwertung ihrer Währungen, Importkontrollen sowie die Errichtung von Exportsubventionen zu erreichen. Sowohl Hart- wie auch Weichwährungsländer wurden in den turbulenten siebziger Jahren durch Selbstschutzziele (oder Hausväterängste) motiviert – die ersteren durch den Schutz gegen die Inflation, die letzteren durch den Schutz vor der Arbeitslosigkeit. Beide Gruppen neigten dazu, durch die Geldillusion einer inflationären Periode hindurchzusehen, ihre »realen Erwartungen« aber mit unterschiedlichen konservativen Impulsen der Lage anzupassen.

So wurde z. B. Westdeutschland, ein leitendes Hartwährungsland, zum geschickten Spieler des »Floating-Spiels«. Die Deutsche Mark stieg gegenüber den konkurrierenden ausländischen Währungen an Wert, jedoch nicht im Umfang der globalen Inflation. Dies schützte Deutschland vor der importierten Inflation und erhielt gleichzeitig die Wettbewerbsfähigkeit der deutschen Exporte. Wie Hankel und die Ökonomen des Kieler Instituts für Weltwirtschaft demonstriert haben, sicherte diese westdeutsche Aufwertungsstrategie der Nation ihre Außenhandelsposition durch ein relatives Opfer in ihren realen terms of trade.[79] Man könnte auch sagen, daß der Erfolg der Hausvaterstrategie der Deutschen darauf basiert, daß sie ihre Währung als Trittbrettfahrer der globalen Inflationsrate anhängen, dann aber die Währung aufgrund ihres gesunden Respekts für Unternehmertum (reflektiert in der deutschen Exportdynamik) wieder ein paar Stufen nach unten klettern lassen.

Die Strategie Österreichs, um ein anderes Beispiel zu bringen, ist eine Variante der deutschen Spielart. Statt der Versuchung anderer Defizitländer zu erliegen, ihre Währung abwärts zu floaten und dadurch eher Inflation statt Stabilität zu importieren und die realen Grundlagen der Auslandsverschuldung zu brechen, hielt Österreich einen harten Schilling-Kurs durch. Die Österreicher benutzen den aufgeblähten internationalen Finanzmarkt, um ihre dringend benötigte innere Umstrukturierung und Entwicklung zu finanzieren. Diese Strategie brachte Österreich Vollbeschäftigung ohne Inflation. Aufgrund der Kapitalimporte und des Anwachsens der Währungsreserven importierte Österreich eher Stabilität als Inflation und konnte deshalb auch keine Inflation exportieren. Hankel bemerkt dazu: »Weil Geldaufnahme und Gütereinkauf – dank der Schilling-Aufwertung gegenüber dem US-Dollar – zu Inlandspreisen abgerechnet wurden, die weit unter den in US-Dollar nominierten Weltmarktpreisen lagen, gingen von diesem Teilstück internationaler Kreditschöpfung weder objektiv nachweisbare, noch durch subjektive Erwartungen verstärkte Preiserhöhungsstöße aus. Im Gegenteil: Die ausländischen Finanziers erwarben ihre Schilling-Forderungen, weil sie sich pro futuro Stabilitätsgewinne und keine Inflationsverluste ausrechnen, weder innere aufgrund von Preissteigerungen, noch äußere aufgrund von Währungsabwertungen (die bei dieser Verschuldung auch für Österreich viel zu teuer wären). Infolgedessen stellt Österreichs Auslandsverschuldung das seltene Beispiel einer stabilitätskonformen Kreditaufnahme dar.[80] Österreich könnte deshalb als verantwortungsbewußter Trittbrettfahrer bezeichnet werden – mit stabilisierender Hausvater-Wirkung sowohl im In- wie auch Ausland.

Ein weiteres Beispiel für die Reaktion der Hart- und Weichwährungsländer auf die mit dem Verfall des Dollars verbundenen Unsicherheiten des Systems der flexiblen Wechselkurse seit 1971 und die Inflation der siebziger Jahre war die Übereinstimmung, 1978 das Europäische Währungssystem (EWS) zu gründen. Angeregt durch die Vorschläge von Roy Jenkins, dem Präsidenten der Europäischen Kommission, präsentierten der westdeutsche Bundeskanzler Helmut Schmidt und der französische Präsident Giscard d'Estaing dem Rest der Gemeinschaft das *fait accompli* einer Erweiterung der ehemaligen europäischen »Schlange im Tunnel«. (Dies war ein System, das die regionalen Währungen innerhalb einer 2,25 prozentigen Fluktuationsbreite untereinander in einem »festen Paritätsgefüge« hielt.) Die Motivation der Deutschen war größtenteils defensiv, nämlich die Deutsche Mark vor der zu starken Aufwertung, die durch die Dollarkrise 1977 drohte, zu bewahren und die Verantwortung für Währungsstabilisierung mit anderen EG-Mitgliedern zu teilen – eine Expandierung der »DMZ« (Deutsche Mark Zone). Die Franzosen, die sich schon lange aus Nostalgiegründen nach der Rückkehr zu einem System der festen Wechselkurse gesehnt hatten, hofften, daß ein auf festen Paritäten beruhendes EWS innerhalb Europas disziplinierenden Druck auf die Zentralbanken ausübte und so Europas Unabhängigkeit von den Purzelbäumen der amerikanischen Wirtschaftspolitik schützen würde. Die Weichwährungsländer wie Italien und Großbritannien forderten ein »Korbsystem«, das auf dem gewichteten Durchschnitt aller Währungen des Systems beruht und das bei ihren nationalen Wirtschaftsproblemen flexibler wäre. Ein belgischer Kompromiß vereinigte diese beiden Systeme erfolgreich, doch die Briten nahmen an ihm wegen innerer politischer und wirtschaftlicher Schwierigkeiten nicht teil. Das Pfund ist jedoch im Währungskorb vertreten, so daß Währungsdivergenzen festgestellt werden können. Den Italienern gewährte man dann innerhalb des Systems eine Breite der Flexibilität von 6 Prozent anstelle von 2,25

Prozent.[81] Die Europäische Rechnungseinheit oder *Ecu*, die von Zentralbanken innerhalb des EWS verwendet wird, hat sich gut bewährt und wird in den achtziger Jahren zum internationalen Geldmechanismus ausgebaut werden, vielleicht sogar zur Basis einer europäischen Währung.[82]
Die Anfangsparitäten im Europäischen Währungssystem beruhten jedoch auf den jeweiligen Kursen dem Dollar gegenüber. Man könnte die Behauptung wagen, daß das EWS Ende der siebziger und Anfang der achtziger Jahre nur in dem Umfang funktionierte wie der Dollar sich stabilisierte. Das heißt, daß die Unabhängigkeit des EWS illusorisch ist und es stärker von der amerikanischen Volkswirtschaft abhängt, als es den Europäern recht ist. Außerdem ist die Bedeutung des EWS aufgrund weit divergierender nationaler Inflationsraten innerhalb des Systems einerseits und der Abhängigkeit vom äußeren OPEC- und Xenomarkt-Fluktuationen andererseits, starken Zweifeln unterworfen. In einer häufig unberechenbaren Weltwirtschaft reduziert das europäische »gemeinsame Floaten« das Ausmaß der Ungewißheit, aber sein stabilisierender Wert ist äußerst relativ. Er könnte sogar eine schädliche Nebenwirkung haben, da er europäischen Volkswirtschaften eine Entschuldigung bietet, die für eine Bewältigung künftiger Tendenzen in der Weltwirtschaft dringend nötigen Umstrukturierungen nicht durchzuführen.[83]
Die obige Analyse von Anti-Inflations-Strategien auf individuellem, unternehmerischem und staatlichem Niveau impliziert viele Dinge über künftige Aussichten für westliche Industrienationen. Erstens, die eingebauten, »irrationalen« Reaktionen der verschiedenen demokratischen Kulturen, die im Volk die Art des Widerstandes gegen flexible Anpassung bestimmen, werden aller Wahrscheinlichkeit nach in den inflationären achtziger Jahren weiterhin eine vorherrschende Rolle spielen (und weiterhin in ihrer Bedeutung von Wissenschaftlern, die sich nur auf die Ökonomie konzentrieren, unterschätzt werden). Staaten, die über die folgenden Merkmale verfügen, können am besten mit dem Inflationsproblem fertig werden: Sie sind (1) reich, (2) geographisch klein, (3) verfügen über eine innere »apolitische« stabile Basis, die potentielle Arbeitskonflikte bewältigen kann, (4) haben eine in weiten Teilen der Bevölkerung übereinstimmende Verurteilung der Inflation und (5) sind fähig, ihre Empfindlichkeit gegen exogene Schocks und importierte Inflation ohne gleichzeitige Unterminierung der Anreize für unternehmerisches Handeln und für Produktivitätssteigerung zu begrenzen. Die »Musterländer« Deutschland, Schweiz, Japan und Österreich sind

jedoch nicht nur »schlechtere« Demokratien (in der engen politischen Bedeutung, daß jeder jederzeit an allen Entscheidungen teilhat), sondern sie sind auch die Ausnahme zu der Regel in den OECD-Ländern.
Als »Modelle« zeigen sie auf, daß es in den reichen Industriedemokratien einen »Take-Off«-Punkt gibt, an dem wirksame Anti-Inflations-Maßnahmen möglich sind. Er beruht auf außer-demokratischen Faktoren, von denen einige unabänderlich scheinen (z. B. die Geographie).
Zweitens scheint oberhalb dieser irrationalen Ebene der Reaktionsmöglichkeiten die liberale demokratische Ideologie des Westens, die dem Individuum die Freiheit verspricht, seine eigenen Interessen zu maximieren, durch die Inflation stimuliert zu werden. Gleichzeitig werden die sozio-ökonomischen Bedingungen, die individuelle soziale Mobilität ermöglichen, unterminiert. Die siebziger Jahre hatten die größten positiven Auswirkungen für diejenigen, die in Sachwerten investiert hatten: in Immobilien, Briefmarken oder Gold, und nicht für die, die an der Börse investiert hatten und das für Produktivität, Forschung und Entwicklung so dringend benötigte Kapital zur Verfügung stellten. Die Inflation schien die Lebenschancen von einigen wenigen Menschen zu verbessern, aber außerdem das Tempo des täglichen Lebens zu beschleunigen. Dabei machte sie jedem die Knappheit materieller und sozialer Güter viel bewußter, ohne dabei jedoch die soziale Kluft zwischen den Klassen bedeutend zu verändern – wie eine Rolltreppe, die mit einer höheren Geschwindigkeit läuft. Durch die zunehmende Geschwindigkeit und Unsicherheit des Lebens in den siebziger Jahren waren die Arbeitslosen, die Alten und die Armen zwischen den Strategien der Defätisten und Trittbrettfahrer hin- und hergerissen, und sogar diejenigen, die es sich leisten konnten, eine optimale Mischung von Hausvater- und Unternehmerstrategie anzustreben, waren durch das Übermaß an Veränderungen entnervt und kehrten oft zu senilen Hausvater-Sicherheits-Sorgen, gemischt mit Trittbrettfahrer- und Defätisten-Tendenzen zurück. Der Vorsitzende der Expansion Publishing Group, F. Harvey Popell bemerkte dazu: »Die wirkliche Tragödie der Inflation ist, daß sie einen wirtschaftlichen Rahmen schafft, der es praktisch unmöglich macht, eine Übereinstimmung der Interessen des Einzelnen und der Gesellschaft zu erreichen. ... Wenn ein Wirtschaftssystem nicht funktioniert, wie z. B. bei langfristiger hoher Inflation, entwickeln sich moralische Werte, die den Überlebenskampf des Individuums in einer zunehmend feindlichen Umgebung

rechtfertigen – Werte, die meistens genau die Bedingungen, gegen die sich das Individuum schützen will, verstärken«.[84]

Aber auch Unternehmen waren von den ökonomischen Wirren der siebziger Jahre überwältigt und blieben im Hausvater-Denken stecken. Das war selbstmörderisch, da sie nicht ausreichend für die Zukunft vorsorgten oder investierten. Ein Beispiel dafür ist die amerikanische Automobilindustrie, deren Versagen mit der ausländischen Konkurrenz mitzuhalten, dazu beitrug, daß die amerikanische Wirtschaft 1980 in eine Rezession geriet. Diese Rezession bremste die Wirtschaft anderer westlicher Industrieländer und führte zu einer Vernachlässigung der Entwicklungshilfe. Wenn Individuen und Unternehmen in der Leistungsgesellschaft der achtziger Jahre weiterhin versagen, erhebt sich die Frage, ob der demokratische Staat die Kosten für die Verlierer zahlen kann oder nicht. Wenn er es tut, macht er vielleicht die Mehrheit von ihnen in der einen oder anderen Weise zu Trittbrettfahrern: die Armen, die Alten, die Arbeitslosen, die Kranken, die großen schwachen Industrien, die defizitären öffentlichen Einrichtungen und Unternehmen. Solche staatlichen Maßnahmen können umgekehrt Trägheitsmomente in der Budgetgestaltung hervorrufen, die es dem Staat in zunehmendem Maße erschweren, sich Änderungen in der internationalen Umwelt anzupassen.

Auch hat sich die scheinbare »Unabhängigkeit« der Zentralbanken in Staaten wie Westdeutschland und den Vereinigten Staaten nicht als geeignetes Mittel erwiesen, »inflationsfreies Wachstum«, was ein Widerspruch in sich selbst sein mag, zu erreichen. Die Offenmarkt-Politik der Bundesbank war von vorneherein begrenzt und das Europäische Währungssystem hat dazu gedient, die Autonomie der Bundesbank und ihre Kontrolle über die westdeutsche Wirtschaft weiter zu beschneiden.

Die amerikanische Federal Reserve Bank treibt in einem Wirbelsturm demokratischen Drucks und Interessengruppen-Konflikten, der es der Bank erschwert entweder die Zinssätze oder die Geldmengen solange konsequent zu kontrollieren, bis sich der Erfolg einstellt. Ein Heraufsetzen der Zinssätze zur Bekämpfung der Inflation durch Reduzierung der umlaufenden Geldmenge scheint eine dämpfende Wirkung auf Investitionen zu haben – und damit auf Unternehmertum und Produktivität, die langfristigen Kuren für Inflation und Arbeitslosigkeit. Ein Herabsetzen der Zinsen zur Stimulierung der Investitionen unterstützt andererseits kurzfristig die Inflation. Als 1979 der Vorsitzende der Federal Reserve, Paul Volcker, von der

Betonung der Zinssätze zu der Konzentration auf die Geldmenge oder Reserven überging, war der Ansatz vielversprechend. Diese Politik war jedoch nicht durchführbar, da entgegengesetzte Fiskalpolitik Volckers Kontrolle unterlief und dazu beitrug, Purzelbäume in seiner Politik zu stimulieren. Ein Zusatzartikel zur amerikanischen Verfassung, um solchem Fiskaldruck durch ein Verbot von staatlichen Budgetdefiziten entgegenzuwirken, ist wahrscheinlich politisch in einem Zeitalter der amerikanischen Aufrüstung unmöglich. Sollte man ihn jedoch je verabschieden, würde dies nur noch mehr die Kreditaufnahme außerhalb des Budgets stimulieren, Kreditgarantien, die heute bereits bei über 550 Milliarden Dollar liegen, eingeschlossen.[85]

Und auch unter den besten politischen Umständen ist es Zentralbank-Ökonomen nicht immer möglich, in einer sich verändernden Umwelt genaue Voraussagen zu machen und langfristige Stabilisierungsmaßnahmen durchzuführen.[86] Anleger und Spekulanten haben vielleicht schon längst die »Geldillusion« der Monetaristen, die heute in den USA und Großbritannien so populär sind, durchschaut. Die Vertreter des Monetarismus benutzen in demokratischen Staaten mit ziemlich unabhängigen Zentralbanken eine neo-merkantilistische Inflationsbekämpfungs- und Geldpolitik: Sie steckten ihr Geld in Euro- und Xeno-Märkte, wo internationale Inflationskontrolle wahrscheinlich noch weniger wirksam ist als anderswo. Zentralbanken sind vielleicht viel machtloser als sie scheinen, und Vorschläge, eine Welt-Zentralbank zu errichten, um so globaler Inflation entgegenzuwirken haben höchstens eine utopische Zukunftschance.

Die in führenden OECD-Staaten wie z. B. den USA bestehenden Inflationsraten scheinen weder durch reine Nachfragesteuerung noch durch die auf Steuern basierende Einkommenspolitik (TIP – siehe S. 156) reduziert werden zu können, da sie von exogenen Faktoren wie Ölpreis und Euromarkt-Liquidität abhängen. Internationale Liquiditätskontrollen mögen zwar das Gebot der Stunde, politisch aber undurchführbar sein. Daher scheint die optimale Strategie für diese Nationen darin zu bestehen, sich voll dem Ansporn unternehmerischen Handelns (und damit der Produktivitätssteigerung) zuzuwenden – selbst wenn dabei der Status quo leicht gefährdet werden sollte.

In gewissem Maße ist dies der Ruf nach einer Rückkehr zu dem alten »Lokomotiven«-Konzept, demzufolge die USA, Westdeutschland etc. den Schrittmacher zu einem weltweiten Wirtschaftsaufschwung abgeben. Die Befürworter dieses Konzepts berufen sich darauf, daß es nie richtig ausprobiert wurde und nicht etwa, daß es das einzige

Heilmittel sei. Die (implizite oder explizite) Ablehnung der Lokomotiven-Politik scheint in Bezug auf eine Stimulierung der Weltwirtschaft widersinnig und ist dazu geeignet, Inflation und postindustrielle Stagnation zu verlängern. Dies würde nur die Jungen mit einer Zukunftshypothek zugunsten des Unterhalts der Alten belasten. In der Zukunft sollte der Schwerpunkt stärker auf der Stimulierung des Wirtschaftswachstums als auf der Inflationsbekämpfung liegen. Die Regierung sollte sich mehr der Bereitstellung von Arbeitsplätzen für die Jungen als der Sicherung der Alten widmen sowie Forschung und Entwicklung fördern statt schwache Industriesektoren durch Subventionen und Schutzzölle zu schützen. Diese Politik, die dynamisches Unternehmertum stimuliert, hat besondere Bedeutung in den europäischen Ländern. Dort hat der »risikofreie Wohlfahrtsstaat« die Alten oder Schwachen durch wirksame Wohlfahrts-, Renten- und Gesundheitsprogramme in Watte gepackt. Diese Programme enthalten zumindest partiell Lebenshaltungskosten-Indizes, die durch Wirtschaftswachstum bezahlt werden müssen. Im Gegensatz dazu muß die Politik in den Vereinigten Staaten ein Gleichgewicht zwischen den sozialen Gruppen anstreben. Die Alten, die Kranken und die Bezieher fester Einkommen verlangen nach ausreichendem Schutz gegen die Auswirkungen der Inflation. Andererseits aber sind soziale und industrielle Umstrukturierungen nötig, um jungen Unternehmern Anreize zu bieten, die Produktivität zu steigern und die gegenwärtig durch staatliche Maßnahmen unterstützten Großindustrien wieder wettbewerbsfähig zu machen. In den USA besteht bei der von Reagan geführten Regierung die Gefahr, daß letzteres zu stark betont werden wird und Großbetriebe auf Kosten der Wettbewerbsfähigkeit der Kleinunternehmer unterstützt werden, von denen jedoch die wirtschaftliche Dynamik und Produktivität in der amerikanischen Demokratie letztlich abhängen.
Der Einfluß, den die Monetaristen auf westliche Demokratien gewonnen haben, ist ebenfalls geeignet, die Position der Wohlhabenden zu festigen und dabei, aufgrund der negativen Zukunftserwartungen, der Mehrheit am unteren Ende der Leiter kein größeres Maß an Chancen zu öffnen. Die Anhänger des neo-konservativen Trends in Großbritannien, den USA, Australien und anderswo in der Ersten Welt neigen dazu, die »Schuhbändel-Theorie« (siehe S. 118) mehr zugunsten des Schuhs als zugunsten des Bändels zu interpretieren.
Bei allen klaren sozialen, wirtschaftlichen und moralischen Kosten, die sie mit sich bringt, mag die gegenwärtige Inflation immer noch besser sein als jede zur Zeit bekannte Heilmethode, die verspricht,

die Inflation ein für alle Mal zu vernichten. Die Demokratie scheint in jedem Falle auf der Verliererseite zu stehen – ganz zu schweigen von den Entwicklungsländern. Sie werden weiterhin aus dem Abseits nach einer Neuen Internationalen Wirtschaftsordnung verlangen, wenn die OECD- (und OPEC-) Staaten ihren eigenen Lebensstandard erhöhen, ohne dabei die Lebensqualität zu verbessern, und sich mehr Gedanken um die Sicherung ihres Wohlstands als um künftige Generationen oder internationale Gerechtigkeit machen.

Anmerkungen

1 Der Begriff Inflation wird hier im Sinne der Definition von George L. Bach verwendet: »Inflation ist ein Ansteigen des Preisniveaus oder (was das Gleiche bedeutet) ein Fallen der Kaufkraft der Geldeinheit«. G. S. Bach: The new Inflation, Providence 1972, S. 5–6.
2 Siehe: Fred Hirsch: *Social Limits to Growth,* London 1978. Nach Hirsch, »... betrifft die Stellungswirtschaft alle Aspekte von Gütern, Dienstleistungen, Arbeitsposition und andere sozialen Beziehungen, die entweder (1) rar im absoluten oder sozial auferlegten Sinne oder (2) bei extensiverem Gebrauch dem Massenandrang ausgeliefert sind«. (S. 27).
3 Siehe: Gary Becker: A Theory of the Allocation of Time, *Economic Journal* (September 1965), S. 508; und Staffan B. Linder: The Harried Leisure Class, New York: Columbia University Press, 1970.
4 Hirsch: a.a.O. 72–79.
5 Siehe: Max Weber: *Wirtschaft und Gesellschaft,* Tübingen, 1956, S. 20 und: Ralf Dahrendorf: *Lebenschancen*, Frankfurt, 1979, S. 48–50.
6 In diesem Zusammenhang scheinen Webers Ansichten nicht zufällig mit der pessimistischen Psychologie Sigmund Freuds verbunden zu sein (z. B. Freud: *Civilization and Its Discontents,* 1930, während sich die von Dahrendorf in größerem Umfang auf die optimistische Psychologie Abraham Maslows beziehen (z. B. Maslow: *Motivation and Personality,* 1954).
7 In einer Prognose, die Dahrendorf im Westdeutschen Fernsehen Ende 1980 abgab, schien seine Ansicht zum neo-konservativen Trend zu tendieren, als er aufrief, den Gürtel enger zu schnallen und Erwartungen zu senken. Ein anderer Liberaler, der zum Neo-Konservatismus überging, der Editor des Buches: Whole Earth Catalogue, Steward Brand, argumentierte gegen Ende 1980 ähnlich: »Unter seinen Mitteln zu leben ist ein billiger Weg, reich zu sein«. Aber in einer Umgebung der hohen Inflation, die Sparer bestraft, mag sich eine solche Maxime nicht auszahlen und sie sehr schnell zu Defätisten machen.
8 Die Resultate der Umfrage der Washington Post werden nach den Angaben in Barry Sussman: Inflation Concern: Affects U. S. Campaign, in *International Herald Tribune,* 22. April 1980, zitiert.
9 Schweizer Bankverein: *Social Security in 10 Industrial Nations,* Zürich, o. O., o. J.

10 Siehe z. B.: Inflation is Wrecking the Private Pension System, in: *Business Week,* 12. Mai 1980, S. 92–99.
11 »Inflation's COLA Cure«, in: *Time,* 28. Juli 1980, S. 45.
12 *Business Week,* 12. Mai 1980, S. 94.
13 *Ibid.* S. 94–95.
14 Theoretisch sind dies sich gegenseitig ausschließende Inflationsstrategien. Praktisch aber unterscheiden sich Individuen, Unternehmen und Staaten durch die Wahl einer Strategie bzw. der Mischung von verschiedenen Strategien. Zweifellos könnten Quantitätstheoretiker leicht eine Skala erfinden, auf der in speziellen Fällen oder allgemeinen Statistiken die Häufigkeit der einzelnen Typen gewertet oder gemessen werden kann. Hier wird die Meinung vertreten, daß eine Mischung von Hausvater- und Unternehmer-Strategie das beste Mittel zur Inflationsbekämpfung und zur Förderung der Produktivität ist.
15 Peter Marris: *Loss and Change,* New York, 1974, S. 114–116.
16 Robert Heilbroner: The Inflation in Your Future, in: *The New York Review of Books,* Band XXVII, Nr. 7, 1. Mai 1980, S. 7.
17 *Ibid.* S. 7.
18 Zahlen aus einer Studie der Vereinigung der Hypothekenbanken Amerikas, nach John B. William: Report Affirms Worth of Real Estate, in: *International Herald Tribune,* 8. Juli 1980.
19 *Ibid.*
20 Die folgende Darstellung der Probleme von Rentnern und Pensionären bezieht sich auf die Situation in den USA und ist in den meisten Fällen nicht direkt auf die europäischen Länder übertragbar. Dort sind Pensions- und Wohlfahrts-Programme meistens nach dem Lebenshaltungskosten indexiert, und fast alle Bürger sind berechtigt, diese Programme in Anspruch zu nehmen. Andererseits können jüngste amerikanische Innovationen auf dem Finanzmarkt, wie z. B. der weitverbreitete Gebrauch der Geldmarktfonds, zunehmend für die Europäer an Bedeutung gewinnen. In Europa erleiden diejenigen, die ihr Geld auf Sparkonten oder in anderen konservativen Vermögensanlagemöglichkeiten angelegt haben, eine starke Erosion ihrer Kaufkraft, und ihr traditionelles Konsumverhalten läßt sich bei einem zu hohen Preisniveau nicht mehr verwirklichen.
21 The Death of Equities: How Inflation is Destroying the Stock Market, in: *Business Week,* 13. August 1979, S. 54.
22 Siehe: William D. Nordhaus: Falling Share of Profits, in: *Brookings Papers on Economic Activity,* Band 1, herausgegeben von: Arthus M. Okun und George L. Perry, Washington D. C., 1974, S. 169–208.
23 The Death of Equities, S. 54.
24 Siehe: Jason Epstein: Capitalism and Socialism: Declining Returns, in: *The New York Review of Books,* 17. Februar 1977.
25 The Death of Equities, S. 54.
26 Inflation is Wrecking the Private Pension System, S. 92.
27 Peter F. Drucker: *The Unseen Revolution: How Pension Fund Socialism came to America,* New York, 1977.
28 Mancur Olson: *The Logic of Collective Action: Public Goods and the Theory of Groups,* Cambridge, Mass.: Harvard University Press, 1971.

29 Diese Vergleiche basieren auf allgemeinem Wertzuwachs zwischen 1972 und 1979. Siehe: The Death of Equities, S. 56.
30 Jean Ross-Skinner: Art: How good an Investment?, in: *Dun's Review,* Mai 1980, S. 60–68.
31 How to Play the Business Cycle, in: *Business Week,* 9. Juni 1980, S. 117.
32 Investing for the Recession and Beyond, in: *Business Week,* 9. Juni 1980, S. 114–115.
33 U. S. Department of Labor Statistics nach dem Report von Robert A. Rosenblatt: The Moderate Life in U. S. Now Costs $ 20000 a Year, in: *The International Herald Tribune,* 2. Mai 1980.
34 Olson: *The Logic of Collective Action,* S. 2.
35 Siehe: Objectives in: Robert Townsend: *Up the Organization,* How to Stop the Corporaton from Stifling People and Strangling Profits, London: 1970, S. 120–121. Ebenso: Peter Drucker: *Managing for Results,* New York, 1964.
36 Wie in: The New Planning, in: *Business Week,* 18. Dezember 1978, S. 62.
37 Durch die niedrigen Inflationsraten der fünfziger und sechziger Jahre können beim Vergleich der wirtschaftlichen Entwicklung in verschiedenen Jahrzehnten Verzerrungen auftreten. – Diese Verzerrungen können unternehmerisches Handeln und Initiativen verdecken, da diese mit einer zeitlichen Verzögerung erst wirksam werden. Aber Unternehmen, die nicht über innovative Impulse unter der Oberfläche verfügen, werden über radikale Umstrukturierungen und neue Strategien nachdenken müssen, um die inflationären achtziger Jahre zu überleben. Aber natürlich kann es auch entgegengesetzt gerichtete Verzerrungen geben: In inflationären Zeiten kann unternehmerisches Versagen länger unentdeckt bleiben als in Zeiten der Preisstabilität.
38 *Ibid.,* S. 62.
39 William C. Norris: A Risk-avoiding, Selfish Society, in: *Business Week,* 28. Januar 1980, S. 20.
40 Siehe: Joseph A. Schumpeter: *Capitalism, Socialism and Democracy,* New York, 1950, 3. Auflage, Kapitel XII.
41 Siehe: Gerald R. Rosen: The CPI Controversy, in: *Dun's Review,* Mai 1980, Seite 54–57, und: Which Inflation Rate Should Business Use, in: *Business Week,* 7. April 1980, S. 94–97, und Alfred Rappapot: Measuring Company Growth Capacity During Inflation, in: *Haward Business Review,* Jan.–Feb. 1979, S. 91–100.
42 Winston Williams: U. S. Capital Outlays Seen at Cyclical Peak, in: *International Herald Tribune,* 28. Mai 1980.
43 Hard Times for Big Business?, in: *Newsweek,* 26. Mai 1980, S. 37.
44 *Ibid.* Ebenso siehe: Inflation Props Up Profits, in: *Business Week,* 19. Mai 1980.
45 The Death of Equities, S. 56.
46 Merrill Lynch's Marauding Herd, in: Time, 4. August 1980, S. 47.
47 Hot Seller: Bonds Indexed to Oil and Gold, in: *Business Week,* 13. August 1979, S. 74.
48 U. S. Investors May Diversify Overseas, in: International Herald Tribune, 17./18. Mai 1980.

49 Siehe: Lewis D. Solomon: *Multinational Corporations and the Emerging World Order,* Port Washington, New York, 1978, Kapitel 3.
50 Siehe: C. F. Bergsten: Thomas Horst und Theodore Moran, *American Multinationals and American Interest,* Washington, D. C.: 1978, Kapitel 7.
51 Yair Aharoni: *The Foreign Investment Decision Process,* Cambridge, Mass., 1966, S. 115–116.
52 Brandt Commission: *North-South: A Program for Survival,* Cambridge, Mass:, S. 187–188.
53 Siehe: La Mistica dell'inflazione, Kapitel 9, in: Vittorio Mathieu: *Cancro in Occidente: Le rovine del giacobinismo,* Milano: 1980.
54 M. D. K. W. Foot: Monetary Targets: Their Nature and Record in the Major Economies, vorgetragen an der: City of London University, Mai 1979.
55 M. S. Mendelsohn: Beating Inflation: The German and Swiss Experience, in: *The Banker,* Dezember 1979.
56 OECD Zahlen für 1979 nach: U. S. Retreats to 9th Place in OECD List. Natürlich neigen diese Zahlen von 1979 dazu, das amerikanische Volkseinkommen im internationalen Vergleich unterzubewerten, da sie auf den damals aktuellen Wechselkursen beruhen (wie hier im Vergleich zu den Zahlen der OECD-Länder). Nichtsdestotrotz dienen diese Zahlen dazu, die Ausführung unter Punkt 1 zu bestätigen: daß nämlich die Bundesrepublik Deutschland und die Schweiz reiche Länder sind. In: *The International Herald Tribune,* 25. April 1980.
57 Siehe, z. B.: West Germany: A Social Market Economy, Kapitel 2 in: R. Isaak: *European Politics: Political Economy and Policy Making in Western Democracies,* New York, 1980.
58 Wie M. S. Mendelsohn feststellt: »Beide waren in der außergewöhnlichen Lage, ihre importierten Arbeitskräfte nach 1974 um 25 Prozent zu reduzieren, obwohl sie nun entsprechend weniger Spielraum als vor fünf Jahren haben, um auf anderer Leute Kosten zu deflationieren«, in: *Beating Inflation: The German and Swiss Experience,* S. 37.
59 *Ibid.* S. 38.
60 Stanley W. Black: Floating Exchange Rates and National Economic Policy, New Haven, 1977, S. 98–99.
61 Mendelsohn. S. 39.
62 Deutsches Institut für Wirtschaftsforschung: Wochenbericht 22/76, S. 224.
63 Siehe: Labor-Management Codetermination or Industrial Democracy, in: R. Isaak: European Politics, S. 55–56.
64 Wie zitiert in: Some Interest Rate Roulette, in: *Time,* 28. Juli 1980, S. 44.
65 Karen W. Arenson: New Storm Gathering in Interest Rates?: A Stubborn Cycle Points to Higher Levels, in: New York Times, 3. August 1980.
66 Siehe: William D. Nordhaus: The Political Business Cycle, in: *Review of Economic Studies,* 42, 1975.
67 Siehe: Will the New Pay Guide Cut Prices Loose? in: *Business Week,* 4. Februar 1980, S. 28–29; und: Jill Wechsler: COWPS Eyes Prices, in: *Dun's Review,* Mai 1980, S. 99.
68 Für Details über TIP siehe: Sidney Weintraub: Proposal for an Anti-Inflation Package, in: *Challenge,* September/Oktober 1978, S. 53–54; und: Sidney Weintraub: *Capitalism's Inflation and Unemployment Crisis,* Reading, Mass., 1978, Teil III, Seite 113–164.

69 Siehe: Ann W. Reilly: The Battle Among Conservatives, in: *Dun's Review,* Mai 1980, S. 48–53; und: Gardner Ackley: Increased Inflation: A Harbinger of Fear in the Business Community?, same Issue, S. 11.
70 Murray Seeger: Iceland Fishing for Million-Kronur Inflation Answer, in: *International Herald Tribune,* 8. Juli 1980, S. 4.
71 Siehe: R. Isaak: The Individual in International Politics: Solving the Level-of-Analysis Problem, in: *Polity,* 7, Nr. 2 (1974) und: Ralph Hummel, Notes on Reification of Inflation and Possible Phenomenological Reduction, in: Urbia Associates Occasional Papers Series, Phen. 1980–2 (Spruce Head Island, Maine: vervielfältigt 1980).
72 Siehe: *European Politics,* besonders S. 2–24 ff.
73 Ibid., Great Britain: A Socialized Economy in Crisis, S. 99–125. Für die Motive der britischen Arbeiter siehe: John H. Goldthorpes Essay: The Current Inflation: Towards a Sociological Account, in: *The Political Economy of Inflation,* herausgegeben von Fred Hirsch und J. Goldthorpe, Cambridge, Mass., 1978, S. 186–214.
74 Marion Bond, Exchange Rates, Inflation and the Vicious Circle, in: *Finance and Development,* März 1980, S. 30.
75 *Ibid.*
76 *Ibid.*
77 So schränkte z. B. die Tokio-Runde der multilateralen Handelsberatungen der Industrieländer 1979 den schleichenden Protektionismus der siebziger Jahre ein und begünstigte die Exporte der Entwicklungsländer durch Verbote von Zöllen. Diese Verträge wurden jedoch von Argentinien als einzigem Entwicklungsland unterschrieben und so kommen sie auch nur diesem Land zugute. Siehe: Bela Balassa: The Tokio Round and the Developing Countries, in: *Journal of World Trade Law,* Band 14, Nr. 2, März-April 1980, S. 93–118, sowie: Andrew Shonfield: The Politics of the Mixed Economy in the International System of the 1970's, in: *International Affairs,* Band 56, Januar 1980, Nr. 1 S. 1–14.
78 Meine Interpretation der Reaktionen der OECD-Länder auf die Inflation verdanke ich Marshall Cass, amerikanischer Wirtschaftsberater bei der OECD, der am 15. Februar 1980 vor der OECD in Paris über positive Anpassung sprach.
79 Wilhelm Hankel: Germany: Economic Nationalism in the International Economy, in: Wilfried Kohl und Giorgio Basevi: *West Germany: a European and Global Power,* Lexington, Mass., 1980, S. 21–43.
80 W. Hankel *Prosperity amidst Crisis: Austria's Economic Policy and the Energy Crunch,* Boulder, Colorado, 1981, S. 149.
81 Siehe: The Political Economy of the European Monetary System: A Conference Report, herausgegeben von Giorgio Basevi und Wilfrid Kohl, in: Occasional Paper Nr. 31, Juni 1980 (Bologna: The Johns Hopkins University Bologna Center).
82 Siehe: Paul Lewis: EEC Acts to Extend Monetray System, Promote Ecu, in: *International Herald Tribune,* 4. Dezember 1980.
83 Siehe: Tom de Vries: On the Meaning and Future of the European Monetary System, in: Essays in International Finance, Nr. 138, September 1980, (Department of Economics, Princeton University, Princeton, New Jersey), and: R. Isaak: *European Politics,* S. 179–201.

84 F. Harvey Popell: How Inflation Undermines Morality, in: *Business Week*, 5. Mai 1980, S. 20.
85 Leonard Silk: Web of Inflation Growing More Tangled, in: *International Herald Tribune,* 4. Dezember 1980. Ebenso siehe: Ralph Bryant: *Money and Monetary Policy in Interdependent Nations,* Washington, D. C., 1980.
86 Siehe z. B.: John A. Davenport: A Testing Time for Monetarism, in: *Fortune,* 6. Oktober 1980.

Teil III
Schlußfolgerungen:

Leben und Überleben in inflationären Zeiten

Ergebnisse einer Aussprache über Gründe, Hintergründe und Folgen moderner Inflation am Bologna Center, Schule für fortgeschrittene internationale Studien (S.A.I.S.) der Johns Hopkins University, Washington, am 30. April 1981 unter der Leitung von Karl Deutsch

In der westlichen Kultur geht von der Idee des Geldes eine große Faszination aus ... Es ist die Faszination eines wirklichen Dinges, das eine metaphysische Idealität erreicht hat, oder einer metaphysischen Einheit, die zu wirklicher Existenz gelangt ist. Geister und Gespenster leben in solchem Zwischenzustand der Existenz; und Geld ist beides: real und irreal, wie ein Spuk. Wir erfanden das Geld und wir benutzen es; aber wir können weder seine Gesetze verstehen noch seine Aktionen kontrollieren. Es besitzt ein Leben eigener Art, welches es eigentlich nicht haben dürfte ...

Lionel Trilling: The Liberal Imagination

A. Teilnehmer

I. Autoren

Wilhelm Hankel, Senior Visiting Professor for Economics an der Johns Hopkins University, School of Advanced International Studies und Hon. Professor für Währungs- und Entwicklungsfragen an der Johann-Wolfgang-Goethe-Universität, Frankfurt/M.
Robert Isaak, Ass. Professor of Political Economy and European Studies an der Johns Hopkins University, School of Advanced International Studies; Ass. Professor for Management der Pace University, New York (beurlaubt).

II. Diskussionsleiter
Karl Deutsch, Professor of Government of Harvard University, Cambridge/Mass. und Direktor des Wissenschafts-Center Berlin.

III. Kommentatoren
Stephen Goldfeld, Professor of Economics und Direktor der Abteilung Wirtschaftswissenschaften an der Princeton University, Princeton, und Mitglied des Council of Economic Advisers to the US-President der Carter-Administration
Ahmed Aker, Ass. Prof. of Economics an der Johns Hopkins University, School for Advanced International Studies, Washington. D. C.
David Coe, Economist at the Organisation for Economic Cooperation and Development (OECD), Paris.
Wolfgang Hager, Visiting Professor for Political Science an der Johns Hopkins University, School for Advanced International Studies, Forschungsbeauftragter am Europäischen Hochschulinstitut, Florenz.
Edward Weisband, Professor of Political Science und Direktor der Abteilung für politische Wissenschaften der Staats-Universität New York, Birmingham/N.Y.

Stefano Zamagni, Professor für Volkswirtschaftslehre an der Universität Bologna und Visiting Professor for Economics an der Johns Hopkins University, School for Advanced International Studies.
Vera Zamagni, Professor für Wirtschaftsgeschichte an der Universität Florenz und Visiting Professor for Economic History an der Johns Hopkins University, School for Advanced International Studies.

B. Wilhelm Hankels Thesen: Moderne Inflation, Gründe, Hintergründe, Illusionen

1. Inflation, obwohl eines der ältesten historisch bezeugten Wirtschaftsleiden, stand lange Zeit im Schatten des Interesses politischer Ökonomie. Obwohl die politischen Ökonomen seit jeher die Funktionen sozialwissenschaftlicher »Protestanten« wahrnahmen, protestierten sie nur am Rande und in Zeiten exzessiver Hyper-Inflation gegen den auch zu ihren Zeiten weder unbekannten noch unbedeutenden »Preiswucher«. Die Merkantilisten protestierten gegen die Unterversorgung ihrer Zeit (und Staaten) mit Geld, die Klassiker gegen Staatskontrollen und -monopole im Wirtschaftsleben, Marx wie Keynes gegen den blinden Glauben in die alles regulierende Kraft des Laissez-faire, Marx gegen die soziale, Keynes gegen die Beschäftigungsausgleichsfunktion freier, sich selbst überlassener (Gleichgewichts-)Märkte. Im großen und ganzen akzeptierten die älteren Ökonomen die Freiheit der Preise, zu steigen.

Obwohl die politische Ökonomie vor gut 300 Jahren mit Jean Bodins berühmter Erklärung (und feuriger Attacke) auf die damalige spanisch-importierte (Gold)Inflation den Reigen wissenschaftlicher »Infragestellungen« eröffnete, beschäftigten sich seine Nachfolger überwiegend mit anderen Problemen: Außenhandel, wirtschaftlichem Wachstum, Einkommensverteilung, Gleichgewicht, Preisbestimmung, Beschäftigung, Weltwirtschaftsordnung – Problemen, die sie offenbar für wichtiger und politisch vorrangiger ansahen!

Erst seit den beiden »politischen« Groß-Inflationen im Gefolge der beiden Weltkriege des 20. Jahrhunderts rückt die Beschäftigung mit der Inflation, ihren Ursachen und Folgen, ins Bewußtsein der Ökonomen, und dies auch erst mit wachsender intellektueller Selbstbeschleunigung nach den Wiederaufbaujahren des Zweiten Weltkrieges, also seit Ende der 50er Jahre. Warum so spät?

2. Zunächst: Was steht hinter der neuen Übereinstimmung aller traditionell zerstrittenen politischen Schulen, der neo-klassischen,

neo-keynesianischen wie neo-marxistischen, daß Inflation *der* Hauptfeind
- funktionierender Marktwirtschaft sei, deren Preismechanismus sie zerstöre,
- sozial gerechter Einkommens- und Vermögensverteilung sei, die sie durch »unverdiente« Inflationsverluste und -gewinne nachhaltig störe, sowie
- einer wirtschaftlich befriedigenden Vollausnutzung der verfügbaren Ressourcen sei, die sie durch die aus ihr resultierende »Stagflation« verunmögliche?

Wenn *alle* ökonomischen Schulen einig wie selten, wenn auch mit unterschiedlicher Motivierung lautstark gegen die Inflation protestieren und ihre Bekämpfung verlangen (»inflationem esse delendam«), steht die ökonomische Kirche möglicherweise nicht nur vor ihrer (Wieder)Vereinigung, sondern ebenso möglicherweise vor einem neuen Dogmatismus!

3. Zwei Faktoren hinter dieser neuen und atypischen politischen Antiinflationsökonomie sind vor allem erklärungsbedürftig:
erstens, die vergessene (oder verdrängte) Lehre der beiden Zwillingsväter moderner wirtschaftlicher Wachstumstheorie, des Schweden Knut Wicksell und des Austro-Amerikaners Joseph A. Schumpeter; der erste zeigte, daß wirtschaftliches Wachstum nicht ohne inflationäre Kreditfinanzierung realer Investitionen, der zweite, daß kein positiver, das Sparen belohnender Real-Zins ohne dynamische, die inflatorische Kreditfinanzierung zur Schließung der Lücke zwischen gewünschten Investitionen und verfügbaren Ersparnissen nutzender (oder mißbrauchender) Innovateure vorstellbar sei;
zweitens, die für unsere Kreuzzugsstimmung und -mentalität ebenso symptomatische wie merkwürdige Koinzidenz einer, gemessen an früheren Perioden, mäßigen Inflationsrate mit einem Zustand der Gesellschaft, in dem die Mehrheit der geldbenutzenden Einkommensbezieher und Sparer gelernt hat, nicht nur mit der Inflation zu leben, sondern auch sich vor ihren Folgen weitaus wirksamer zu schützen als je im Laufe der langen Inflationsgeschichte. Nicht nur geht es trotz (oder wegen?) der Inflation allen gesellschaftlichen Gruppen der Gesellschaft besser denn je. Auch die Möglichkeiten sich *privat* (durch Selbsthilfestrategien und -aktionen) vor den unerwünschten (Umverteilungs)Folgen der Inflation zu sichern, sind im gegenwärtigen Stadium der westlichen Wohlstands- und Wohlfahrtsgesellschaften so entwickelt wie noch nie.

Woher also der neue Konsens, daß Inflation nicht nur bekämpft, sondern *öffentlich*, d. h. mit kollektiven statt individuellen Maßnahmen bekämpft werden muß?
Da die Antwort auf die zweite Frage Gegenstand der Analyse des folgenden Beitrags von Robert Isaak ist, beschränkt sich der Verfasser auf den ersten der beiden Punkte.
4. Inflation war zu allen Zeiten und für alle Gesellschaften ein politisch motivierter *Verteilungskampf*, in dem die Alt-Besitzer von Ressourcen (Land, Produktionsmittel) durch die Neu-Benutzer derselben bereits vergebenen Ressourcen bedroht wurden – ein gnadenloser Kampf, in dem Geld das Pulver und explodierende Preise die Geschosse waren, die die Bastion der jeweils bestehenden Eigentümerverhältnisse zum Einsturz brachten. Nur – erstaunlich genug: Die Bedrohten revoltierten nicht gegen die Beraubung (oder »Ausbeutung«) über steigende Preise, sondern über steigende Steuern. Seltsam, aber nachprüfbar: Die großen demokratischen Revolutionen der westlichen Welt (in England, den Vereinigten Staaten von Nordamerika und Frankreich) richteten sich nicht gegen die damals, verglichen mit heute, erheblichen Inflationsraten, sondern gegen die eher unerheblichen Steuersätze: No taxation without representation, und nicht: Wehe der Regierung, die in Sachen Inflation die Zügel schleifen läßt, wobei offen bleibt, ob ihre Zügel überhaupt den Inflationsgaul am Trabe hindern würden.
Nur kann der Grund für die Inflationsgleichgültigkeit, wenn nicht gar -robustheit älterer erwerbsorientierter (kapitalistischer) Gesellschaften weder aus der Inflationsunwissenheit der damaligen Ökonomen noch der Geldbenutzer erklärt werden. Bodins Nachfolger, die bereits den Zusammenhang zwischen Geldversorgung (verfügbarem Geldvolumen) und steigenden Preisen (Preisniveau) kannten und insoweit bereits über das (nur unwesentlich verfeinerte) quantitätstheoretische Wissen der Mehrheit moderner Monetaristen verfügten, hatten gar keine Chance, die Geldbenutzer über diesen Zusammenhang aufzuklären; denn diese akzeptierten ja in ihrer Mehrheit den bestehenden (und sich zeitweilig erheblich verschärfenden) Inflationstrend: offenbar weder aus Inflationsblindheit noch mangelndem Inflationsbewußtsein. Vielmehr: Die junge und aufstrebende Bourgeoisie des ancien régime-Kapitalismus sah in der sie begünstigenden Inflationsrate »ihre« Chance, das Ressourcenmonopol der Alt-Besitzer dieser Ressourcen zu brechen, nämlich des seit altersher privilegierten Adels. Der neue Geldadel expropriierte über die Inflationsrate den alten Bodenadel, der die neue Gefahr entweder ignorierte

(après nous le déluge) oder sich zu Unrecht über die mit der Inflation steigenden Grundstückspreise und -renten für ausreichend inflationsgesichert hielt.

Die Inflation fungierte somit als Fahrstuhl, der die unteren, produktiven und inflationserfahreneren Klassen auf die oberen Ränge der gesellschaftlichen Pyramide beförderte. Während die oberen inflationsbedrohten Klassen sich sicher fühlten, obwohl sie es in Wahrheit nicht waren; denn sie mußten zwischen sozialem Abstieg oder Anpassung wählen.

5. Dieses hat sich in der noveau régime-Gesellschaft der reich und wohlstandsegalitär gewordenen demokratischen Gesellschaften von Grund auf geändert. Aus der sozialen Reichtumspyramide ist ein -zylinder geworden, dessen langer »Schaft« nur noch eine kleine Spitze »unanständig« hoher Einkommen und Vermögen trägt. Aber noch gravierender: Wir haben es ausgeprägter denn je mit einer »Zwei-Klassengesellschaft« zu tun; die einen (private Haushalte und ihre Intermediäre: die finanzierenden Banken und Versicherungen) bilden ihr Geldvermögen als Gegen- und Kreditfinanzierungsposten zum Real-Vermögen oder den Real-Investitionen der anderen (überwiegend Unternehmen und/oder öffentliche Sektoren). Die ihr Vermögen in Geldforderungen anlegenden privaten Haushalte sowie ihre Finanzinstitutionen (Banken, Versicherungen) sind somit die Hauptgläubiger (oder Financiers) der realen Kapitalbildung geworden, die Träger dieser realen Kapitalbildung selber (Unternehmen und Staat) die Hauptschuldner dieses Prozesses. Die Konsequenzen dieser Zweiteilung des Vermögensbildungszylinders, in dem die Besitzer von Geldforderungen welchen Typs auch immer: Wertpapiere, Bankeinlagen, Versicherungsansprüche usw., die Interessen (und die Mentalität) der Sparer repräsentieren, die Besitzer von Real-Vermögen (das zu einem erheblichen Teil mit Geldschulden, dem Gegenwert der Geldvermögen belastet ist) die Interessen (und die Mentalität) der Investoren, liegen, was die Einschätzung des Inflationsrisikos betrifft, auf der Hand. Jeder Prozentsatz jährlicher Inflationsrate schädigt die Spar- oder Finanzierungssektoren und begünstigt zugleich die verschuldeten Investitionssektoren; es findet ein »unverdienter« Ressourcentransfer über die Real-Verluste der Sparer auf ihren Geldvermögenskonten und die Inflationsgewinne der investierenden Schuldner auf ihren Geldverschuldungs-(oder Kredit)konten statt. Aber nicht nur das: Angesichts des inzwischen erreichten »Reichtums« an verdientem Geldvermögen (der Höhe des Zylinders) schädigt der über die Inflation auf den Geldvermögens-

konten bewirkte reale Kapitalverlust, der um so größer ausfällt, je mehr die jährliche Inflationsrate den jährlichen (nominalen) Zinsertrag übersteigt, die sparenden und finanzierenden Sektoren härter, als diese in der Regel jährlich über ihre prozentuale Steigerung laufender (nominaler) Einkommen und Gewinne ausgleichen können! Je kontinuierlicher das Inflationsphänomen wird, und je mehr sich die Stagflation verfestigt, desto schwieriger wird es in reichen und wohlstandsegalitären Gesellschaften, das dann unvermeidlich negative Kapitalkonto der Sparer über ihr positives Einkommenskonto auszugleichen!

Nur: Wenn die Kapitalverluste der Sparer die unerwarteten »windfall«-Gewinne der Investoren speisen, erhebt sich die Frage, warum nicht wenigstens diese am Fortgang der Inflation Interessierten für ein Mehr statt ein Weniger an Inflation in der Gesellschaft eintreten? Wie überzeugend das demokratische Wahlsystem: ein Mann – eine Stimme. Da in allen modernen Massenwohlstands- und -wohlfahrtsgesellschaften die *Zahl* (und der daraus ableitbare *Stimmenanteil*) der Sparer bei weitem größer ist als der der Investoren (deren Real-Vermögen sich zudem mit wachsender Konzentration auf immer weniger »wahre« Eigentümer verteilt), werden alle westlichen Gesellschaften dieses Typs und Entwicklungsstadiums zunehmend von Sparer-, und nicht mehr (wie in den jungen, aber armen Gesellschaften früherer Stadien) von den Investoreninteressen bestimmt.

Die Sparer-, nicht (mehr) die Investorenmentalität diktiert demokratischen Regierungen die anzustrebende Linie und Härte der Inflationsbekämpfung. Dieser Sieg des Sparer- über das Investoreninteresse scheint der Preis zu sein, den die moderne Wohlstandsgesellschaft zu zahlen hat: für ihren Wohlstand der Massen. Er ist auch der Preis für den Durchbruch vom »plutokratischen« zum »demokratischen« Wahlsystem: in dem die Mehrheit der Köpfe (was auch immer sie motiviert) entscheidet und nicht mehr die Zugehörigkeit zu einer Klasse, sei es Erb- oder Geldadel.

In unserer modernen Wohlstandsdemokratie verändert somit die Inflation ihre überkommene Funktion: Sie befördert nicht mehr länger arme und produktive Klassen an die Spitze der Wohlstandspyramide, sie droht allen Geldsparern – und damit der demokratischen Mehrheit – mit ungewollten Verlusten und mit sozialem Abstieg vom Wohlstandszylinder. In einer Gesellschaft, in der die Majorität Arbeit »nimmt« und nicht »gibt« und ihr Vermögen in Geldforderungen hält (und nicht primär in Sachgütern und/oder Produktionsmitteln), verschwinden zwangsläufig die alten Grenzen und Frontverläufe des traditionellen *Klassenkampfes*. An seine Stelle tritt eine neue Klassensolidarität, ein Sozialkontrakt aller vom inflationären Abstieg Bedrohten. Denn vor der Inflation sind insofern alle gleich – als alle dasselbe (wenn auch in unterschiedlichem Ausmaß) zu verlieren haben: Vermögen, Status, Sicherheit.

6. Diese Grundstimmung erklärt, warum die Inflation und ihre Bekämpfung Gegenstand eines Kreuzzuges der Massen werden konnte. Das neue Angstgefühl vor Inflation und ungewolltem sozialen Abstieg läßt die Betroffenen zutiefst *konservativ* empfinden. In diesem Milieu gedeihen Sozialphilosophien, die das Bestehende verteidigen, wie der moderne Monetarismus. Seine These, daß Inflation »kein Problem mehr löst, sondern nur neue schafft«: Stagflation, soziale Konflikte, weltwirtschaftlichen Protektionismus und Desintegration, weil die über die Weltwirtschaft miteinander verflochtenen Nationen unterschiedliche Inflationsrhythmen haben und unterschiedliche Antiinflationsstrategien verfolgen – läßt ihn seiner Popularität gewiß sein. Nur, wie wirklichkeitsgerecht ist diese Philosophie? Der moderne Monetarismus, der vorgibt, die Gesellschaft und ihre politischen (Gruppen)Akteure von den »Geldillusionen« zu befreien (der Illusion, daß Geld als Werteinheit und -maßstab der Einkommens- und Vermögensbildung über längere Perioden eine dem Zollstock vergleichbare Konstante sei), macht sich und seinen Anhängern drei alte und neue »Inflationsillusionen« vor:

Die erste, daß Inflation ein Krankheitssymptom und nicht die Normalverfassung einer Geld und Kredit als Mittel zur Ressourcenfreisetzung und -finanzierung benützenden Gesellschaft sei; die wachsende und sich permanent wandelnde Gesellschaft hat nicht die Wahl, *ob,* sondern nur *wieviel* Inflation sie sich leisten kann. Ihre Abwägung besteht nicht darin, die Inflationsschäden der Sparer einer für positiv erachteten Verteilungskonstanz gegenüber zu stellen, sondern die (Alternativ)Kosten der Preisniveaustabilität (Wachstums- und Innovationsverzichte) mit den (Alternativ)Kosten der Inflation (der politischen Unzufriedenheit der Inflationsgeschädigten) zu vergleichen und im Parallelogramm der Kräfte die Diagonale zu einer gesamtgesellschaftlichen Minimalkostenkombination zu verdichten, die die Gesellschaft mit dem notwendigen Wachstum und dem nicht minder notwendigen sozialen Frieden versorgt.

Die zweite, daß der Versuch *aller* gesellschaftlichen Gruppen, »ihren« Besitzstandsanteil am Real-Einkommen und -Vermögen der Gesellschaft festzuschreiben (durch Fixierung *realer,* die Inflationsrate einkalkulierender Geldeinkommens- und Vermögensentgelte:

Real-Lohn- und *Real*-Zinspositionen), den Verteilungskampf nicht eliminiert, sondern verschärft. Die Befürworter derartiger Real-Wertstrategien (über Antizipationen) verkennen das Paradoxon oder Lebensgesetz jeder mit unterschiedlicher (monopolistischer) Markt*macht* sowie einer unvollkommenen *Geldverfassung* ausgestatteten Gesellschaft: Mächtige Teilgruppen der Gesellschaft können »ihre« Inflationserwartungen (um nicht zu sagen: -forderungen) erfolgreicher und insoweit »richtiger« durchsetzen als schwächere und mit weniger »Kreditwürdigkeit« ausgestattete Teilgruppen derselben Gesellschaft (z. B. sich über die Selbstbestimmung ihres cash-flow oder billigere Xeno-Kreditmärkte finanzierende Großunternehmen versus Kleinunternehmen).

Die traditionelle Inflationsbekämpfung über knappes Geld und hohe Zinsen (die in Wahrheit nur die national kontrollierbaren Teilaggregate des Geld- und Finanzierungsangebots erfaßt) dezimiert den preis- und kreditabhängigen »Konkurrenz«sektor der Gesellschaft und stärkt damit indirekt den Anteil und das Gewicht des inflationsresistenten »Monopol«sektors (der Multis und Großunternehmen); sie ist daher in ihrer Wirkung nicht nur illiberal und reaktionär (chancenfeindlich), sondern kontraproduktiv: Die traditionelle Inflationsbekämpfung verstärkt somit über den Monopol- auch den (späteren) Inflationsgrad der Gesellschaft oder richtiger: ihren dann unbekämpfbaren Stagflationsgrad.

Die dritte, daß ein öffentlich garantiertes Inflationsschutzversprechen (das aus den dargelegten Gründen gar nicht eingehalten werden kann) die gesellschaftliche Kohäsion demokratischer Gesellschaften verstärkt; im Gegenteil: Zeigt sich, daß die aus Gründen der egalitären Wohlstandssicherung und -verteilung abgegebene Antiinflationsgarantie nicht einzuhalten ist, steht nicht nur die Regierungsfähigkeit demokratisch verfaßter Gesellschaften auf dem Spiel, sondern ihre Glaubwürdigkeit. Die Negativerfahrung permanenten Versagens demokratischer Regierungen nährt die Sehnsucht nach der starken (meist weniger demokratischen) Regierung, wenn nicht schlimmerem. Denn die aus ideologischen (besitzkonservierenden) Gründen geführte Antiinflationspolitik vergrößert auch die Inflationsschäden Einzelner (die die Möglichkeiten ihres »privaten« Inflationsschutzes entweder nicht kennen oder unzureichend nützen).

Zusammenfassend: Die öffentliche Inflationsbekämpfung mit unzureichenden Mitteln (Wettbewerbs- statt Monopoldezimierung, nationaler statt internationaler Geldkontrolle) verstärkt nicht nur die Krankheit, die sie bekämpfen soll: macht die Gesellschaft über die

Verstärkung ihres Monopol- und Stagflationsgrades noch inflations- und inflationsbekämpfungsanfälliger. Sie zerstört letztlich die Demokratie, weil sie vorgibt, Forderungen erfüllen zu können, die noch nie erfüllt worden sind, weder bisher noch (vermutlich) in Zukunft – daß Inflation beseitigt werden kann.

7. Der durch Massenwohlstand und -wohlfahrt begrabene traditionelle *Klassenkampf* der westlichen Gesellschaften, der letztlich obsolet geworden ist, weil dem Real-Vermögen der Produktionsmittelbesitzer ein immer größeres und noch wachsendes Geldvermögen der Nichtproduktionsmittelbesitzer gegenübersteht (das dieses finanziert), hat sich auf zwei neue Ebenen verlagert: *in* der Gesellschaft auf das Verhältnis der »jungen« noch arbeitenden Schichten zu dem der »alten« nicht mehr arbeitenden Schichten und *zwischen* den Gesellschaften auf das der schon »reichen« Nationen zu den noch »armen« Nationen.

Der alte Klassenkonflikt in der Gesellschaft droht in einen neuen *Generationenkonflikt*, der Welthandel als ein über die terms of trade ausgetragener Konkurrenzkampf in einen *internationalen Verteilungskampf* über den Anteil an den Weltressourcen (Nord-Süd-Konflikt) überzugehen.

In der westlichen Gesellschaft wächst aus generativen Gründen die Altersbelastung (längere Lebenserwartung bei rückläufiger Geburtenhäufigkeit): Die alten Leute führen (verstärkt durch ein immer frühzeitigeres Ausscheiden aus dem aktiven Arbeitsleben) ein zweites (generationenlanges) Leben *nach* ihrer Arbeitszeit, das die zahlenmäßig absinkende jüngere und (noch) aktive Generation finanzieren muß: durch höhere Produktivität und/oder höhere Soziallasten zugunsten der Vorgeneration.

Die in allen westlichen Altersgesellschaften steigenden Finanzierungsdefizite der sozialen Sicherungssysteme signalisieren nicht nur diesen unausweichlichen Verteilungskonflikt. Sie zeigen die Unfähigkeit *schwacher* demokratischer Regierungen, diesen generativen Verteilungskonflikt *offen*, d. h. unter Vermeidung sonst unvermeidlicher Inflationsprozesse zu lösen. Da aufgrund der bereits feststehenden demographischen Strukturen (der Zahl der Alten und ihres mit oder ohne Rentenformel feststehenden individuellen Lebensanspruchs sowie der nachwachsenden Zahl Junger, deren Beschäftigungsanspruch und Produktivitätsleistung aber noch erfüllt werden muß) ab dem Jahr 2000 einigermaßen sicher mit einer Altersbelastung der dann verdienten (jungen) Pro-Kopf-Einkommen von 50 % und mehr (!) gerechnet werden kann und muß, stellt sich schon heute

die Frage, wie dieses Überlebensproblem ohne die »Umverteilungshilfe« der Inflation gelöst werden kann?
Wenn irgendwo, dann zeigt sich hier die Undurchführbarkeit (wenn nicht Unehrlichkeit) rigoroser Antiinflationspolitik: Denn eine politisch eingebaute und verstärkte Inflationsbremse vernichtet sowohl Beschäftigung wie Produktivität der jungen Arbeitsgeneration, die diese (sonst unerträgliche) Alterslast erwirtschaften und finanzieren muß! Die Antiinflationspolitik droht nicht nur den Generationenkonflikt zu verschärfen, sie bedroht mit dem Generationenvertrag auch die Lebensgrundlagen unserer Gesellschaft und ihrer humanen Fortsetzung.
Denn verweigert eine Generation der anderen die Bestreitung eines humanen Lebens nach der Arbeit, kann sie selber auch nicht mehr mit der Honorierung der Alterssicherung für sie selber durch die ihr folgende Generation rechnen!
Die zwischen Nord und Süd wachsende Konfliktgefahr wird durch rigorose Antiinflationspolitik der Industrieländer ebenfalls verstärkt. Entwicklungsländer, die die Status-quo-Politiken wohlstandssaturierter Industrieländer übernehmen oder durch übernationale Entwicklungshilfeorganisationen (Weltbank, Internationaler Währungsfonds, Gläubigerkartelle) dazu gezwungen werden, verschenken Wachstum, Beschäftigung und Aufholchancen, steigern ihre inneren Konfliktgefahren. Für die Verbesserung ihrer Entwicklungschancen (und der Minderung ihrer Abhängigkeit vom Ressourcentransfer aus dem Norden) sind daher nicht unsere Gesellschaftsmodelle und Theorien von *heute*, sondern von *gestern* »aktuell« – als sich die heute entwickelte Welt selber im Zustand ihrer Unterentwicklung befand!
Wenn irgendwo das im Westen erfundene »Block-Floating« freier, den unterschiedlichen Inflationsgrad und -rhythmus *zwischen* den Volkswirtschaften ausgleichender (und unschädlich machender) Wechselkurse einen Sinn hat, dann zwischen produktivitätsstärkeren Industrie- und produktivitätsschwächeren Entwicklungsländern; der terms of trade-Nachteil des Südens würde (und könnte) durch seine über die Wechselkurspolitik verbesserte Wettbewerbsfähigkeit auf den Weltmärkten (trotz strukturell bedingt höherer Inflationsrate) wettgemacht werden.
8. Was ist das Fazit: Inflation hat, mehr als ihre ideologisch befangenen Bekämpfer wahrhaben (wollen), etwas mit dem *Lebenszyklus* wachsender und sich erneuernder Gesellschaften zu tun. Sind Gesellschaften jung und arm und von einer ihren traditionellen Besitz

verteidigenden (feudalistischen) Elite regiert, ersetzt die inflatorisch finanzierte *evolutorische* Expropriation der Altbesitzer durch die ihre Finanzierungschancen besser (produktiver) nützenden dynamischen Innovateure die *Revolution*. Der alte Besitzadel muß sich dem anpassen oder sozial absteigen. Sind Gesellschaften alt und reich geworden, müssen sie gleichwohl der sozial und politisch verständlichen Illusion entsagen, die Inflation, die sie reich, egalitär und demokratisch gemacht hat, zu verketzern.

Gerade sie brauchen sie noch immer. Denn die bereits erkennbare Zukunft verlangt den demokratischen Gesellschaften und Regierungen ein Maß von Flexibilität und Anpassungsfähigkeit ab, das diese in der Regel nicht mehr besitzen, siehe die Probleme des inneren Generationen- und äußeren Nord-Süd-Konflikts. Fixierungen von Status-quo-Positionen sind weder ein Ziel an sich und mit Sicherheit keine »Endstation Sehnsucht« gesellschaftlicher Entwicklung.

Inflation ist daher beides in einem: Herausforderung und Antwort. Ihre letzte Ursache: der von allen bejahte geld- und banktechnische Fortschritt versorgt nicht nur die Gesellschaft mit billigerem und reichlicherem Finanzmittelangebot; er setzt über den Inflationsprozeß auch immer wieder die (in bisherigen Strukturen) blockierten Ressourcen frei, die den realen Fortschritt ermöglichen. Insoweit dies geschieht, korrigiert sich Inflation über die real ermöglichten Produktivitätssteigerungen immer wieder eigengesetzlich von selbst – freilich nur, wenn die mobilisierten Ressourcen produktive Innovationen finanzieren, nicht unproduktive Kriege, staatliche Prestigeobjekte und öffentlichen oder privaten Luxus. Deswegen spielt die Inflation im sozialen Fortschrittsprozeß eine ähnliche Rolle wie Mephisto in der Geschichte des Dr. Faust: als Teil von jener Kraft, die stets das Böse will und doch das Gute schafft.

Und wie schützt sich der Einzelne in einer unvermeidlich inflationären Umwelt? Mit dieser wichtigen Frage befaßt sich der folgende Beitrag:

C. Robert Isaaks Thesen:
Moderne Anti-Inflationsstrategien –
private und öffentliche

1. Eines Abends im September 1980 betritt ein Fremder, beladen mit zwei Koffern, das Casino von Jack Binion in Las Vegas. Der eine Koffer ist leer, während der andere US-$ 777 000,– in bar enthält. Binion, der Kassierer, genehmigt den Wechsel des Bargelds in Chips, mit denen der Fremde zum Spieltisch geht. Er setzt alle Chips auf einmal; er kann also sein Geld nur verlieren oder verdoppeln. Er gewinnt. Der Fremde verläßt ruhig den Spieltisch, tauscht die Chips gegen Bargeld und verstaut die US-$ 1 544 000,– in beiden Koffern. Beim Verlassen des Casinos sagt er zum Kassierer: »Wissen Sie, diese verdammte Inflation macht mein Geld immer wertloser. Deswegen setzte ich alles aufs Spiel.«
2. Vom Standpunkt des Individuums aus gesehen bedeutet Inflation, daß man der ständigen Gefahr eines Wertverlustes über längere Zeiten hin ausgesetzt ist. Anti-Inflationsstrategien und -politiken sollen diese weit verbreiteten Ängste vor Verlusten bekämpfen: vor Wert-, Status- und Lebensstandardeinbußen in den fortgeschrittenen westlichen Demokratien.

Der Soziologe Peter Marris zeigte in seinem Buch (Loss and Change), daß Menschen, die große Verluste oder sonstige tiefgreifende Änderungen befürchten, mehr als andere dazu neigen, auf konservative Verhaltensweisen und Werte zurückzufallen. Jede Verteuerung des Lebens verstärkt das Gefühl, materiell beraubt zu werden, und verschärft daher den Wettkampf um die einem »zustehenden« Güter und Dienste. Die bloße Drohung eines niedrigeren Lebens- und Beschäftigungsstandards erweckt bereits den Anschein, als ob jedermann weniger Zeit hätte, ein noch dazu geringeres Real-Einkommen zu verzehren.

Zeitanalytiker, wie z. B. Gary Becker und Staffan Linder, haben nachgewiesen, daß der Hang zu immer größerem Wohlstand den modernen Menschen unter Zeitdruck statt -entlastung setzt. Zeit wird in dem Ausmaße knapper, in dem die Produktion materieller

Güter zunimmt, während die für ihren Konsum zur Verfügung stehende Zeit gleichbleibt.
Daraus ergibt sich: Der einzelne braucht mehr Zeit sowohl für Konsum als auch für zusätzliches Einkommen, um seine Stellung in der Gesellschaft aufrechtzuerhalten. Die finanziellen Zwänge der modernen Inflation lädieren somit den Mythos, wonach sich in den westlichen Gesellschaften jeder selber helfen könne. Sie müßten daher fast zwangsläufig zu einer um sich greifenden konservativen Gegenreaktion führen, die in den 70er Jahren auch eintrat. Paradoxerweise hat die Inflation somit dazu geführt, die westlichen Instinkte für eine Maximierung des Eigennutzens zu intensivieren, während sie auf der anderen Seite gleichzeitig die sozialen Rahmenbedingungen, die diese Selbsthilfe überhaupt erst ermöglichen, zerstört (nichts weiter als ein Spezialfall von Olsons Theorem von der demokratischen Absurdität).

3. Was die individuellen (oder privaten) Anti-Inflationsstrategien angeht, lassen sich zumindest vier typische Verhaltensweisen (oder Idealtypen im Sinne Max Webers) unterscheiden, und zwar in Bezug auf Risikoorientierung, Zeithorizont, Leitmotiv, Konsumgewohnheiten und (Geld)Anlagedispositionen:

a) *Der Defätist:* Er übernimmt so wenig Risiken wie möglich, bevorzugt Einsparungen vor mutigen (aber riskanten) Investitionen; seine Angst vor möglichen Verlusten und sein fast schon neurotischer Konservatismus machen seine Entscheidungen vergangenheitsorientiert, passiv und defensiv; er geizt mit Aufwand und legt sich ein betont sicherheitsorientiertes Anlageportefeuille zu.

b) *Der Trittbrettfahrer:* Er übernimmt Risiken nur, wenn sie gar nicht oder wenig kosten, er lebt parasitär auf anderer Leute Kosten; seine Aktiv-Passiv-Entscheidungen sind rein gegenwartsbezogen nach der Maxime: maximin – minimin; er maximiert seinen persönlichen Gewinn und minimiert seinen persönlichen Einsatz; hohen persönlichen Aufwand leistet er sich nur, wenn andere ihn bezahlen, sonst reduziert er ihn; sein Anlageportefeuille konzentriert sich auf leicht realisierbare oder zu billigen Zinsen aufgenommene (kreditfinanzierte) Aktiven.

c) *Der gute Hausvater:* Er übernimmt begrenzte Risiken zu mäßigen Kosten, um mit der Markt- und Inflationsentwicklung Schritt zu halten; seine Aktiv-Passiv-Entscheidungen sind gegenwartsbezogen und von kurzfristigem Realismus geleitet; er akzeptiert den Wandel, um gegen Unstabilität gesichert zu sein; er bevorzugt hochwertigen Konsum in der Gegenwart, bevor die Kosten steigen; sein Anlageportefeuille legt den Schwerpunkt auf sichere Erträge, Liquidität, Streuung und Flexibilität.

d) *Der dynamische Unternehmer:* Er übernimmt hohe Risiken sogar zu erheblichen Kosten, um von der Inflation zu profitieren; seine aggresive Vorwärtsstrategie bezieht ihre Motive aus dem Reiz, zwischen der Chance des Erfolges und des Scheiterns wählen zu können, und zielt darauf, alle Energien und Hilfsquellen in Richtung des höchsten zu erwartenden Entgelts zu lenken; seine Entscheidungen sind zukunftsorientiert; sein Konsumverhalten folgt dem Alles-oder-Nichts-Schema; sein Anlageportefeuille kennt nur die schnellsten Renner im Börsenfeld, wobei er scharfsinnig das Spiel der Märkte verfolgt.

4. Diese Idealtypen privaten Inflationsselbstschutzes erklären als analytische Kategorien das typische Inflationsverhalten von Wirtschaftssubjekten, wie es während der 70er Jahre beobachtet werden konnte, und zwar auf den folgenden Analyseniveaus:

a) *Die Dispositionsebene des einzelnen:* In der Gruppe der passiv reagierenden Individuen läßt sich ein Klassenunterschied zwischen »besitzenden« und »nichtbesitzenden« (oder »verlierenden«) Defätisten erkennen. Erstere besitzen ein Haus oder Appartement, letztere beziehen ein Renteneinkommen. In Zeiten hoher Inflation und demzufolge stark anziehender Grundstückspreise und -werte nehmen die Interessengegensätze und -konflikte *innerhalb* derselben sozioökonomischen Gruppe stärker zu als die sozialen Abstände *zwischen* ihnen. Um nicht abzusteigen, muß man auf derselben Rolltreppe schneller laufen: Grundstücksbesitzer profitieren, Aktienbesitzer verlieren. Ältere über 65 Jahre tragen die Hauptlast der Aktienverluste; die von der Inflation am schwersten Betroffenen sind die Arbeitslosen, die Alten und die Armen. Sie werden durch äußere Umstände in die Rollen von Defätisten und Trittbrettfahrern gezwungen. Dagegen können diejenigen, die sich ein flexibles Gleichgewicht zwischen Guten-Hausvater- und Dynamischen-Unternehmer-Strategien leisten können, am besten mit der Inflation leben und überleben.

b) *Die Dispositionsebene der Unternehmen und Instutionen:* Das Überleben kollektiver Einheiten hängt entscheidend davon ab, ob und inwieweit es ihnen gelingt, zu Defätisten- und Trittbrettfahrer-Strategien überzugehen. Die Inflation verstärkt den natürlichen Hang aller Organisationen zu konservativem Verhalten – ein Klima, das den Guten-Hausvater-Typ begünstigt, den Dynamischen-Unternehmer-Typ entmutigt, obwohl die Sachlage das Gegenteil verlangt.

Denn Gute-Hausvater-Methoden sind immer kurz- bis mittelfristige Strategien, die auf schnellen Gewinn oder auf Marktanteilsicherung für bereits ausgereifte Produkte zielen: nämlich eine Risikobegrenzung auf der Grundlage von Kosten-Nutzen-Vergleichen *innerhalb der bestehenden Unternehmensstruktur.*

Dynamische Unternehmensstrategien verlangen jedoch langfristige Pläne und Investitionspräferenzen für die Bereiche des *potentiell* größten Wachstums. Sie müssen sich daher auf Nutzenmaximierung und Kostenminimierung *außerhalb der bestehenden Unternehmensstruktur* (ihrer traditionellen Produkte und Märkte) konzentrieren. Siehe das Fußfassen der japanischen Konkurrenz auf den traditionellen US- und Europa-Märkten!

c) *Die Dispositionsebene der öffentlichen Sektoren:* Die Anti-Inflationspolitik westlicher Regierungen zwingt also den Einzelnen geradezu in das Rollenverhalten von Defätisten und Trittbrettfahrern, dagegen die Männer der Geschäftswelt dazu, der Mentalität von Guten Hausvätern den Vorrang vor dynamischem Unternehmerverhalten zu geben. Die Folge: Produktivitätsfortschritt und wirtschaftliches Wachstum nehmen *ab* statt zu!

Auch der beispielhafte Erfolg der deutschen und schweizerischen Stabilitätspolitik der 70er Jahre beweist *nicht* gerade das Gegenteil: Vielmehr stellen die Politiken beider Länder eher Anomalien, mit Sicherheit aber keine Modelle (oder Regelfälle) dar; denn sie beruhen auf außergewöhnlichen, teilweise sogar außerdemokratischen Voraussetzungen: einem hohen und gut verteilten Reichtum, einer politischen Kultur konservativen Hausvater-Denkens, sozialen Kontrakten zwischen den (pluralistischen) Gesellschaftsgruppen, einem allgemein akzeptierten Anti-Inflationskonsensus in der Bevölkerung, einer deutlichen Neigung, Binnenmärkte, wenn sie gefährdet erscheinen, (protektionistisch) zu »schließen«, mit einer nicht immer fairen Unbekümmertheit billige Arbeitskraft bei Bedarf zu importieren und/oder zu exportieren, einem hohen Maß nationaler Homogenität und Vorzügen der Geographie, nämlich überschaubarer kleiner Räume.

d) *Die internationale Ordnung:* In der Ära flexibler Wechselkurse konnten Hartwährungsländer (wie Deutschland, die Schweiz und Österreich) trotz ihres internen Guten-Hausvater-Gehabes ein dynamisches Unternehmerverhalten praktizieren, indem sie durch Aufwerten ihrer Währungen ihre terms of trade verbesserten und die Kosten ihrer importierten Inflationen senkten. Besonders die Bundesrepublik Deutschland spielte dieses »Floating-Spiel« äußerst erfolgreich, indem sie vor allem darauf achtete, bei ihrer Aufwertungspolitik niemals die Rate der Weltinflation zu übertreffen, um ja nicht die eigenen Exportmärkte zu gefährden. Noch erfolgreicher operierten die Österreicher, die über die Hereinnahme des inflationierten, aber wechselkursverbilligten Auslandskapitals den Prozeß ihrer inneren Entwicklung und Umstrukturierung mit geringen Eigenkosten (Konsumverzichten) finanzierten.

Auf der anderen Seite zielten die Strategien der Weichwährungsländer (USA, Großbritannien, Frankreich) darauf ab, durch Abwertung ihrer Währungen das Defizit in ihren Leistungsbilanzen zu verringern, um so die Spielräume für die Bekämpfung ihrer internen Depressions- und Inflationstendenzen zu vergrößern.

Aber beide Arten von Teufelskreisstrategien kosteten ihren Preis: Sie vergrößerten die Rate der Weltinflation und belasteten die Kreditwürdigkeit der Schuldnerländer mit der Hypothek einer exzessiven Auslandsverschuldung, die nunmehr zu Lasten künftiger Entwicklungschancen abgetragen werden muß.

Während sich die Hartwährungsländer die Leistungsfähigkeit eines Systems freier Wechselkurse zu *Nutzen* machten, um ihre terms of trade über Aufwertungen zu verbessern, mußte die Mehrheit der Weichwährungsländer den größten Teil der vom System verursachten *Kosten* übernehmen: Sie zahlten in verschlechterten terms of trade und importierten cost-push.

5. Die Fähigkeit einer Nation, mit den exogenen Schocks nach Art der 70er Jahre fertig zu werden, hängt entscheidend davon ab, wie sich die Leute auf unvermeidliche Änderungen einstellen und wie stark die Verhandlungsposition der betreffenden Volkswirtschaft in der Weltwirtschaft ist. Mit Ausnahme der Erdölförderländer wurden alle Entwicklungsländer in Defätisten- und Trittbrettfahrer-Strategien gezwungen. Die in den reichen Nationen umgehende Furcht, in der und über die Inflation etwas am bisherigen Besitzstand zu verlieren, machte diese anfällig für ein weitverbreitetes Gute-Hausvater-Denken, just zu einer Zeit, als das Gegenteil – ein zukunftsorientiertes, mutiges, Risiken bejahendes, dynamisches Unternehmerverhalten – den Ausweg aus der Krise eröffnet hätte! Hausvater-Denken ist letztlich selbstzerstörend, weil es Auswege blockiert, nicht öffnet. Und das von Verlustängsten inspirierte neo-konservative Denken erzeugt nicht nur überzogene, monetaristische Antiinflationskonzepte; es setzt auch falsche *politische* Akzente: intern, indem es »Ordnung« vor »Soziale Gerechtigkeit« stellt, und extern,

indem es die Konfrontation Ost-West neu belebt, dagegen die Konfrontation Nord-Süd herunterspielt!

Die Nationalstaaten haben, so scheint es, ihren eigenen »Lebenszyklus«, was das Verhältnis von Demokratie zu sozioökonomischem Wandel betrifft: Er schlägt sich fast immer in Veränderungen der (privaten wie öffentlichen) Anti-Inflationsstrategien nieder. In Zeiten der frühen Industrialisierung verdrängten dynamische Unternehmerstrategien die alten Defätisten- und Trittbrettfahrer-Verhaltensweisen. In der Spätphase der Industrialisierung kehren diese alten Verhaltensmuster wieder: Der Hausvater-Manager verdrängt den dynamischen Unternehmer. Öffentliche Defizit-Wirtschaft verlagert die Risiken des privaten unternehmerischen Investments auf die staatliche Ebene. Der Prozeß verlangt eine ihn begleitende Hausvater-Bürokratie, und in dieser »progressiven Phase« des Wohlfahrtsstaates nehmen immer mehr entmutigte Leute zwangsläufig das Verhalten von Defätisten und Trittbrettfahrern an.

D. Diskussionsbericht

(erstellt von Dipl. Vw. Wolfgang Schill) – Im folgenden Diskussionsbericht werden Standpunkte wiedergegeben, nicht wörtliche Zitate –

I. Differenzierung zwischen Inflation und Hyperinflation

Ist es nicht notwendig, zwischen Inflation und Hyperinflation zu unterscheiden? Wo würde die Grenze zwischen beiden Phänomenen liegen. (V. ZAMAGNI)
Hyperinflation entsteht, wenn privater und öffentlicher Konsum (anstatt produktiver Investition) durch inflationäre Kredite finanziert werden. Da dies hauptsächlich in Kriegs- und Krisenzeiten der Fall ist, kann man Hyperinflationsbetrachtungen zu »Normalzeiten« unberücksichtigt lassen. (HANKEL)
Tragen denn wachsende Militärausgaben zum Ausbau von Sicherheit und Vertrauen bei, wie in den Wirtschaftsteilen der Weltpresse immer unterstellt wird? Die politische Wissenschaft hält genau das Gegenteil für richtig, da Ressourcen von produktiven Sektoren der Volkswirtschaft in unproduktive Sektoren verlagert werden. Wie reagiert ein Sparer auf wachsende Militärausgaben? Stellt er seine Ersparnisse dann eher für Investitionen zur Verfügung oder legt er sie lieber auf ein einfaches Bankkonto? (DEUTSCH)
Die Wirtschaftspresse reflektiert nicht unbedingt die langfristigen Gedankengänge von Ökonomen. Jedoch ist es ein Faktum, daß Geschäftsleute positiv auf wachsende Militärausgaben reagieren, was auf kurzfristige Nachfrageeffekte zurückzuführen ist. Zudem verspricht der Markt für Rüstungsgüter hohe Gewinne sowie technologische Innovationen. (HAGER)

II. Inflation als Ursache des Widerspruchs zwischen Umverteilungs- und Status-quo-Zielen

Liegt nicht ein Widerspruch in Prof. Hankels Ausführungen, wenn er einerseits argumentiert, Inflation sei wünschenswert und die Regierungen sollten sich dementsprechend verhalten, zum anderen aber die Regierungen anklagt, sie betreiben nur der Öffentlichkeit gegenüber eine Anti-Inflationspolitik, nähmen aber tatsächlich bewußt Inflationsraten in Kauf? (WEISBAND)

Der Widerspruch liegt nicht in der vorgelegten Arbeit, sondern in der Haltung der Regierungen. Diese müssen aus Rücksicht auf die inflationsfeindliche Wählermehrheit eine Anti-Inflationshaltung einnehmen. Gleichzeitig erkennen sie aber auch, daß Inflation eine Reihe von Verteilungsproblemen löst, was ihnen entgegenkommt. Man könnte die Haltung als einen neuen Typ »öffentlicher Kreditunwürdigkeit« bezeichnen. (HANKEL)

III. Sozialversicherungen, die Bedeutung der Altersstruktur und die Einflüsse auf die Risikobereitschaft

In den USA haben sich trotz einer 100%igen Indexierung des Systems der Sozialversicherungen die Probleme verschärft. Aufgrund höherer Nominaleinkommen (jedoch gesunkener Reallöhne) stiegen zwar die Beiträge zu den Sozialversicherungen, jedoch in geringerem Maße als die indexierten Ausgaben. Dies hing natürlich auch mit den genannten demographischen Problemen zusammen. Für die USA muß daher festgestellt werden, daß das System der Sozialversicherungen entgegengesetzte Wirkungen hatte, als in den Vorträgen herausgestellt wurde. (GOLDFELD)

Wie ist dieses kleine »biologische Wunder«, progressive Zuwachsraten von Alten anstatt einer numerischen Explosion von Neugeborenen, eigentlich faßbar? Man sollte festhalten, daß ca. 10–15% der Bevölkerung über 65 Jahre alt ist. Diese »gefährlichen Charaktere« haben nun ihre Lebenserwartung von 68 Jahren auf 73 oder 75 Jahre erhöht, was einem Bevölkerungswachstum von etwa 6–7% gleichkommt. Es ist fraglich, ob dieser Zuwachs wirklich dazu geeignet ist, die gesamte Volkswirtschaft aus dem Gleichgewicht zu werfen. Schließlich müßte man auch diejenigen zwischen 15 und 25 Jahren mit in die Rechnung einbeziehen, denen man erlaubt, zehn Jahre außerhalb der Produktion zu stehen um zu lernen oder zu studieren, oder falls sie ohne Ausbildung sind, arbeitslos zu bleiben bis sie so desillusioniert sind, daß sie auch für geringen Lohn bereit sind zu arbeiten.

Immerhin haben die USA ihr System der Sozialversicherungen vor dem Bankrott gerettet, indem sie eine Entlassung aus Altersgründen bis zum 70. Lebensjahr per Gesetz verboten haben. Unter dem Strich

bedeutet das, daß die Alten fünf Jahre länger leben und das Geld der Versicherung in Anspruch nehmen (von 70–75 Jahre), gleichzeitig aber fünf Jahre länger (ab 65) Beiträge bezahlen. Da hauptsächlich diejenigen mit gutbezahlten Arbeitsstellen länger arbeiten werden, dürfte es für die Gesamtfinanzlage der Sozialversicherungen nicht allzu fürchterlich aussehen. (DEUTSCH)
Man sollte betonen, daß in der Bundesrepublik Deutschland genau die entgegengesetzte Politik wie in den USA betrieben wird. Schon vor Erreichen des Rentenalters ist es möglich, mit 100% Rente aus dem Arbeitsmarkt auszuscheiden, und ein Kündigungsschutz für ältere Arbeitnehmer existiert nicht. Beides führt zu einem Überhang alter Leute in der Rentenversicherung und einer finanziellen Unterdeckung. Darin liegt das eigentliche Problem der deutschen Sozialversicherung. (HANKEL)
In den USA arbeiten z. Zt. *drei* aktive Beitragszahler für *einen* Rentner. Für das Jahr 2000 wird ein Verhältnis von 2 : 1 erwartet. Die vorher genannten 8 % verdeutlichen daher nicht alle Implikationen, die auf die zukünftigen Beitragszahler zukommen (GOLDFELD)
Im Falle der Bundesrepublik liegt das Problem darin, daß die Ausgabenseite sozusagen besser dynamisiert ist als die Einnahmenseite. Die Regierungen fürchten unvermeidbare Beitragserhöhungen als eine faire und ehrliche Lösung und hoffen daher auf Inflationswirkungen. (HANKEL)
Der Interpretation von Prof. Isaak, daß eine weniger »versicherte« Gesellschaft eher Mobilität und Veränderung zuläßt als blockiert, muß widersprochen werden. Am Beispiel Westeuropas und Japans läßt sich für die 60er Jahre zeigen, daß ein sehr hoher Grad an Sicherheit, gesellschaftliche Veränderung und Risikobereitschaft miteinander vereinbar sind. Japan besitzt das perfekte Versicherungssystem innerhalb des privaten Sektors, und seine Großindustrie ist risikoorientiert. Dieses scheinbare Paradox wäre einer näheren Betrachtung wert. (HAGER)
Der britische Soziologe F. Parkin ermittelte folgende Kennzahlen, in denen er das Verhältnis der Löhne zwischen Angehörigen der Mittelklasse und ungelernten Arbeitern erfaßte: Großbritannien, Bundesrepublik Deutschland, Skandinavien, Niederlande: 2 : 1; Frankreich: 4 : 1; Italien: 7 : 1. Die Zahlen deuten darauf hin, daß in den nordwesteuropäischen Ländern hohe Löhne und der Wohlfahrtsstaat akzeptiert werden, während in Italien und anderen südeuropäischen Ländern eine Mittelklasse vorherrscht, die glaubt, es sei normal, ca.

das Siebenfache eines ungelernten Arbeiters zu verdienen, gleichzeitig aber den Wohlfahrtsstaat als gefährlich erachtet, womit sie das Risiko von Militärherrschaft und Bürgerkrieg eingeht. Die Frage ist also, welches Risiko wir betrachten: ein soziologisch-politisches Risiko oder ein Unternehmerrisiko? Und sind die Unternehmer der Niedriglohnländer wirklich besonders enthusiastisch, Risiken einzugehen? (DEUTSCH)

»Maintenance«, wie vorhin definiert, verändert das Verhalten insofern, wie hohe Inflation den Einzelnen dazu zwingt, mit dem Kaufkraftschwund Schritt zu halten. Dies mindert gleichzeitig seine Bereitschaft, Risiken einzugehen. Der entscheidende Punkt ist, daß die Leute nicht verlieren wollen, was sie besitzen. Um das zu realisieren, müssen sie härter arbeiten, um höhere Löhne oder höhere Zinsen für ihre Ersparnisse zu erreichen. Diese Umstände führen schließlich dazu, daß ein Teil der unternehmerischen Motivation früherer Zeiten jetzt für reine Besitzstandswahrung verwendet wird. Am Beispiel der Schweiz zeigt Katzenstein, wie sich ein solches Land durch geringe Binnenkosten der Besitzstandserhaltung den Luxus hoher unternehmerischer Risiken im Ausland erlauben kann. Das Entscheidende ist daher, daß Länder mit geringer innenpolitischer Konfrontation wie die Schweiz oder die Bundesrepublik Deutschland (nicht jedoch Frankreich oder Italien) besser mit den Entwicklungen der 70er Jahre zurechtkamen als andere. Damit wären wir wieder bei Prof. Deutschs Argument hinsichtlich der nordwesteuropäischen und südeuropäischen Strategien, was gleichzeitig verdeutlicht, was mit dem Ausdruck »Kapitalismus in besonderem kulturellen Kontext« gemeint ist. (ISAAK)

IV. Bedeutung des Elitenwechsels

Schumpeters Analyse zeigt u. a. einen Zusammenhang auf, zwischen Innovation mit Produktivitätsfortschritt und Innovation und Heraufkunft neuer gesellschaftlicher Klassen. Im Falle Europas, vielleicht auch der USA, waren Produktinnovationen mehr oder weniger mit Eliteablösungen verbunden. Für Japan scheint diese Beziehung nicht zu gelten. In Deutschland jedoch stehen die allerwenigsten alten Firmen noch unter der Leitung der Gründerdynastien. (HANKEL)

Kann man wirklich annehmen, daß mit Beginn des Automobilzeitalters die Eliten in den USA wechselten? Diejenigen, die Howard

Taft, Eisenhower oder Reagan wählten sind so verschieden nicht, obwohl stets neue Produkte auf dem Markt kamen. Ähnliches gilt für Frankreich. (DEUTSCH)
In den USA glaubt niemand, einschließlich Kissinger, daran, es wirklich »geschafft« zu haben. Die Aufwärtsmobilität ist daher unersättlich, Geld steht für Status und Klassenzugehörigkeit. All dies führt zu Innovationen. Niemand zweifelt daran weiter aufsteigen zu können. Dies veranlaßt auch die Wohlhabendsten, weiter produktiv tätig zu bleiben und sich nicht auf ihren Lorbeeren auszuruhen. Eine solche Einschätzung begründet die nicht vorhandene Feudaltradition in den USA. Während der 70er Jahre jedoch, ließ sich beobachten, daß die USA eine Entwicklung in Richtung einer klassenorientierten und -konsolidierten Gesellschaft erlebten, in der die horizontale Mobilität eingeschränkt wurde. Die wachsende Unsicherheit über Inflation und Preise, Löhne und Arbeitsplätze führte dazu, daß sich der Einzelne mehr auf »Konkretes« konzentrierte. Dazu gehörte der Lohn und seine sinkende Kaufkraft, die individuelle Verhandlungsstärke auf den Märkten und die Sicherheit des Arbeitsplatzes. All dies begünstigte die konservative Konsolidierung der existierenden Status-quo-Strukturen und führte zu einem Nachlassen unternehmerischer Aktivität und Strategie. Schließlich trug die Entwicklung zu einer Trennung von solchen Kulturkreisen bei, die eine solche »Erhaltungskonsolidierung« bereits hinter sich haben (Bundesrepublik Deutschland, Schweiz, Japan). (ISAAK)

V. Preisniveau und Preisstruktur

Es ist bisher vergessen worden, daß die Inflation, die Veränderung des Preisniveaus also, nicht mit einer Erhöhung *aller* Preise gleichzusetzen ist, sondern vielmehr die *Struktur* der relativen Preise verändert. Da einige Preise schneller steigen als andere, impliziert ein solcher Prozeß Verteilungswirkungen und Veränderungen in der Kapitalstruktur. Es ist nicht klar, ob das neue, durch die Inflation herbeigeführte Gleichgewicht dem alten vorzuziehen ist. Daneben wird deutlich, daß Anti-Inflations-Strategien nur dann halten, was sie versprechen, wenn die gesamte Struktur der relativen Preise richtig vorhergesehen wird. Dies erscheint unmöglich. Sollte es aber dennoch gelingen, so wäre es außerdem notwendig, die Inflationszuwächse richtig zu antizipieren, um nützliche Verteilungseffekte durch die Inflation zu erreichen. Da dies als sehr unwahrscheinlich anzu-

sehen ist, muß man schließen, daß Inflationswirkungen nicht vollständig zu antizipieren sind. (S. ZAMAGNI)
Dieses ist der politisch wie psychologisch gefährlichste Aspekt der »Stabilisierungspolitik«: mit oder ohne förmliche Indexierung von Geldforderungen. Die Leute mißverstehen die Stabilität eines Abstraktum, nämlich des allgemeinen Preis*niveaus*, das die reale Kaufkraft ihrer Geldforderungen garantieren soll, als konkrete Versicherung gegen Veränderungen »ihres« Anteils am Real-Einkommen und -Vermögen. Sie verwechseln die Stabilität des Preis*niveaus* mit der Stabilität von *relativen* Preisen und Einkommen, die ihnen niemand garantieren kann. Denn diese hängt, worauf schon Schumpeter hinwies, sehr wesentlich von Macht- und Monopolpositionen ab. Ein Preissetzer verändert mit *seinem* Preis auch das Preis*gefüge*, seinen Preis im Verhältnis zu denen der anderen. Inflationsbekämpfung schaltet diesen Machtkampf um die günstigeren relativen Preise nicht aus, sie verschärft ihn wesentlich. (HANKEL)

VI. Kosten der Inflation versus Kosten der Inflationsbekämpfung

Prof. Hankels Ausführungen lassen sich im wesentlichen in zwei Punkten zusammenfassen: Wir kennen keine zuverlässigen Methoden der Inflationsbekämpfung. Daher erscheint eine Art laissez faire-Politik gegenüber der Inflation nicht einmal die schlechteste Lösung. Das zweite und wichtigere Problem der Inflation sollte jedoch jetzt eingehender diskutiert werden: ihre Kosten. Zum einen wurde aus beiden Papieren deutlich, daß wachsende Inflationsraten die Ungewißheiten erhöhen, was dann zu Störungen im Spar- und Investitionsverhalten führt sowie die Effizienz des Preismechanismus beeinträchtigt. Zumindest in den USA kommt ein nichtneutrales Verhalten des Steuersystems bei steigenden Inflationsraten hinzu. Als weitere Kosten der Inflation wären zu nennen: Veränderungen in der Einkommensverteilung und Probleme in der Kalkulationspraxis der Unternehmungen. Obwohl es sehr schwierig wäre, alle Kosten exakt zu erfassen, wird doch deutlich, daß Inflation mit Kosten verbunden ist, die über die von beiden Autoren genannten hinausgehen. Einer der Hauptgründe dafür sind die Veränderungen seit den 30er Jahren: Trotz Arbeitslosigkeit sinken die Löhne kaum, und aktive Wirtschaftspolitik und Sparerschutz haben die Erwartungshaltungen verändert. Man kann den Leuten kaum noch Angst machen. Die Hauptfrage ist daher: Wie kann man es vermeiden, in die 30er

Jahre zurückzufallen, ohne die sozialen Kosten dafür zahlen zu müssen? (GOLDFELD)
Wenn man wirklich in die Wirtschaftspolitik der 30er Jahre zurückfiele, hätte man auch mit deren politischen Effekten zu rechnen, was angesichts der Technologie und Waffensysteme der 80er Jahre einem exzellenten Rezept für globalen Selbstmord gleichkäme. Wie Schumpeter bereits beschrieb, können sich traditionelle wirtschaftliche Verhaltensmuster als psychologisch und soziologisch ungeeignet erweisen. Heute, im Jahre 1981, ist der größte Teil der Arbeitskräfte in Europa und Übersee organisiert bzw. befindet sich auf dem Wege dorthin. Die zahlreichen Bürokratien der Militärstaaten tendieren dazu, diese Entwicklung mit höheren Preisen für die im Lande produzierten Güter zu ermöglichen. Vielleicht kann man schon im Jahre 2000 mit einem vollkommen monopolisierten Weltmarkt rechnen. Im nationalen Rahmen ist unter Umständen möglich die Oligopolisierung auf den Arbeitsmärkten zu brechen. Auf internationaler Ebene ist es jedoch schwierig einzusehen, wie der weltweite Oligopoldruck auf irgend jemandes Kosten gebrochen werden könnte. Bedeutet all dies, daß wir uns in Richtung einer Cost-Push-Inflation bewegen, die bedingt ist durch die wachsende Verbreitung organisatorischer Fähigkeiten, die ansteigende Bürokratisierung der Staaten und der daraus folgenden umsichgreifenden multilateralen Oligopolisierung der Exportpreise in aller Welt? (DEUTSCH)
Vorsicht: Der oligopolistische Einfluß auf Preise und Inflationsraten ist nicht eindeutig. Er ist unterschiedlich, je nachdem ob eine kleine Zahl großer Unternehmen in einer Branche, in einer kleinen oder großen Volkswirtschaft konkurriert oder in einem internationalen System. Das einzige was klar ist, ist, daß Oligopole versuchen, die Preise heraufzusetzen. Da sie aber gleichzeitig den Wettbewerb untereinander verschärfen, bleibt unklar, ob sie damit die Inflation anheizen. Damit der oligopolistische Preisanstieg zur generellen Inflation ausufert, muß noch etwas Drittes hinzukommen – nur daß dieses genau das ist, was die meisten Ökonomen bislang noch nicht genügend erforscht haben. (GOLDFELD)
Dieses »Dritte« liegt vor, wenn Regierungen Lebensstandards fixieren, das nötige Geld dafür bereitstellen. (DEUTSCH)
Wenn die Welt im Jahre 2000 tatsächlich ein großer oligolistischer Markt sein sollte, so wäre das das Beste, was uns passieren könnte. Zwei Gründe sprechen dafür: Einmal die Erfahrungen der westeuropäischen Länder während der 60er Jahre. Überspitzt formuliert, gab es keine Konkurrenz auf der Arbeitsseite und die Firmen trugen

ihren Wettbewerb mit oligopolistischer Disziplin (nicht über die Preise) aus. Diese kurze Periode war gekennzeichnet von hohem Wirtschaftswachstum und niedriger Inflation. Der zweite liegt im damaligen Aufbau eines Netzwerks gegenseitiger Zahlungsbilanzhilfen, was in der Tat Vollbeschäftigung ermöglichte. Die heutige Vorstellung eines automatischen Prozesses über irgendwie geartete Marktprozesse ist eine Illusion, mit der wir leben. Daher ist eine rasche Entwicklung von Oligopolen, die alle in etwa den gleichen Spielregeln folgen, wünschenswert. (HAGER)

Inflationierung, Oligopolisierung und ein über die Veränderungen der relativen Preise durchgesetzter Wandel der Techno-Strukturen bedeuten nicht nur »Kosten«, sondern auch »Erträge«. Sie fördern Innovation und Substitution. OPEC und die monopolistisch durchgesetzte Eskalation der Ölpreise sind nur ein Beispiel unter vielen. Ohne die Ölpreiserhöhungen gäbe es weder das Ersatz-Öl in der Nordsee noch andere Formen inzwischen lukrativer Alternativ-Energie oder kostendeckendes Energiesparen. Das OPEC-Oligopol hat somit seine eigene Substitutionskonkurrenz unfreiwillig gefördert und finanziert.

Ein nicht minder eindrucksvolles Beispiel bieten die exterritorialen Xeno-Kreditmärkte. Ihr Recycling hat nicht nur die Durchsetzung und Finanzierung der hohen OPEC-Ölpreise ermöglicht, sondern damit auch (zu OPEC's Mißvergnügen) das Aufkommen alternativer Energieformen und -quellen. Deswegen ist Prof. Deutschs Vision von der Oligopolisierung der Weltwirtschaft auch gar nicht so erschreckend. Sie bestätigt Schumpeters These von der automatischen Selbstkorrektur aller »produktiven« Inflationsfinanzierung, auch der über die Xeno-Märkte, die ja ein Stück bank- und finanzierungstechnischer Innovation darstellen.

Erschreckend ist nur die »doppelte Inflationsmoral« der öffentlichen Akteure. Der deutsche Finanzminister, der zuhause gegen Inflation ist, nimmt zur Zeit einen Riesen-Kredit bei den Saudis auf, um das Loch in seinem Budget zu stopfen, er setzt also inneres deficit-spending, das unpopulär ist, durch ein äußeres, über kreditweise Leistungsbilanzdefizitfinanzierung. Nichts dagegen. Nur sollte er dann nicht von Antiinflationspolitik, sondern der äußeren Finanzierung innerer Aufgaben wie Vollbeschäftigung, Strukturpolitik etc. sprechen. (HANKEL)

Fürchtet man mit Prof. Hankel bei der Inflationsbekämpfung statt des Bazillus den Patienten zu töten, muß man auch die Frage beantworten, warum ein Laissez-faire der Inflation gegenüber zu ihrer Stabilisierung führen soll – und nicht ihrer Hypertrophierung. Die wahren Kosten der Inflation liegen in ihrer Selbst-Beschleunigungsgefahr. Und wenn es zutrifft, daß unsere modernen Volkswirtschaften die Inflation und ihre Selbstbeschleunigungstendenzen, aus welchen Gründen auch immer, begünstigen, dann sollte staatliche Wirtschaftspolitik *immer* gegen Inflation gerichtet sein, zumal die Erfolgsbilanz (selbst in den USA) gar nicht so negativ ist.

Nur die zu einfachen monetaristischen Lösungen verursachen die zu hohen sozialen Kosten. (COE)

Die folgenden drei Punkte sind der Kern des Problems und müssen daher in den Mittelpunkt der Hankelschen Thesen gestellt werden: Erstens, aus der Oligopolisierung ergibt sich überhaupt erst der Wettbewerb um Innovationen. Und neben Schumpeter muß hier auf Kondratieff verwiesen werden. Denn dieser Prozeß läuft nicht in kurzfristigen Zyklen ab, sondern in langfristigen Wellen. Er stellt Fragen wie: Wie groß ist der Einfluß des öffentlichen Sektors auf den privaten, um sein innovatorisches Profil zu verbessern? Wie insbesondere kooperiert der öffentliche Sektor mit den privaten Großfirmen, um deren Innovationsverhalten zu fördern? Alles Fragen, die, obwohl sie sich in jeder Gesellschaft stellen, bisher von jeder recht unterschiedlich beantwortet worden sind: In Japan anders als in England usw., wie die Beispiele Goldfelds und Isaaks hinlänglich beweisen.

Zweitens, im Mittelpunkt moderner Innovationsförderung muß heute die *Energie*versorgung stehen. Von der Energie- und nicht mehr von der Kreditversorgung hängt ab, wieviel Wachstum, Produktivität und Lebensstandard in den verschiedenen Gesellschaften in Zukunft möglich sein wird. Auch hier geht es darum (wie in der Sozialversicherung), wieviel Risiken der öffentliche Sektor übernimmt, damit der private die ihm zugedachte Rolle spielen kann. Prof. Isaak machte am Beispiel Japans klar, daß der öffentliche Sektor keineswegs dominieren muß. Bei der modernen Innovationsförderung und der sie tragenden industriepolitischen Strategie geht es um eine *Mischung* der Risiken und der daraus resultierenden Kosten. So wie der Wohlfahrtsstaat einen (vielleicht zu hohen) Teil der privaten Lebensrisiken absichert, so brauchen wir auch ein neues Rollen- und Risikoverständnis zwischen Staat und Markt. Europa mit seiner alten Tradition auch auf diesem Gebiet hat hier eine Reihe neuer und überraschender Lösungen gefunden. Sie zeigen, wie rückständig hier noch immer die USA sind.

Drittens, geht es um eine Neuordnung der Beziehung von Nationalstaat zu internationalem Kapital. Wir machen vielleicht zuviel Aufhebens von den Konsequenzen der Xeno-Kreditmärkte in Bezug auf eine Aushöhlung der traditionellen Staatsautorität: So als ob diese Märkte eine finstere, inflatorische Macht wären, die das nationale Instrumentarium der Einkommenspolitik paralysierten. (WEISBAND)
Sagte ich »finster«? (HANKEL)
Nein, es geht darum zu erkennen, daß sich eine neue Arbeitsteilung abzeichnet: Wenn den Staaten neue Probleme erwachsen, werden diese nicht überflüssig, sondern im Gegenteil zuständig für neue Aufgaben. (WEISBAND)

VII. Inflation und die Nord-Süd-Diskussion

Eigenartigerweise sprach man bisher nicht über die Verteilung von Gütern und Einkommen zwischen Nord und Süd. Inflation, zusammen mit den Abwertungen der westlichen Währungen, war eine strukturelle Antwort des Nordens, um einer Einkommensverteilung zugunsten des Südens entgegenzuwirken. Inflation ist in letzter Konsequenz eine monetäre Frage, und früher oder später sind Preisanstiege mit der Ausweitung des Geldangebots verbunden. Daher ist klar, daß man über die Kontrolle der Geldmenge das Preisniveau innerhalb angemessener Margen kontrollieren kann. Es ist eine Tatsache, daß der Norden keine Preissenkungen will, um die Belieferung von Gütern an die Ölproduzenten oder andere Länder, deren terms of trade sich verbessern, zurückzuhalten. (AKER)
Seit es flexible Wechselkurse gibt, haben wir eine neue unterschiedliche Situation in den Beziehungen zwischen Nord und Süd. Unterschiedliche Inflationsraten können durch Wechselkursanpassungen ausgeglichen werden. (HANKEL)
Ist es richtig, daß diejenigen Länder der Dritten Welt, die die höchsten Inflationsraten verzeichnen mußten, in ihrer wirtschaftlichen Entwicklung weiter fortgeschritten sind als andere? (WEISBAND)
Das erscheint sehr zweifelhaft. Die Gründe für Inflation in Entwicklungsländern liegen gewöhnlich in hohen Staatsdefiziten und Subventionen an den privaten Sektor. Dies eine gute Entwicklungspolitik zu nennen, wäre nicht richtig. (AKER)

Trotzdem hat die Inflation den Entwicklungsländern bei dem Aufbau leistungsfähiger Binnenstrukturen nicht allzu sehr geschadet. (HANKEL)

Meines Erachtens doch. (AKER)

Die heutigen Schwellenländer (NIC's) hatten jahrzehntelang hohe Inflationsraten: Mexico, Brasilien, Taiwan, Korea u. a. (HANKEL)

Ein hübsches Beispiel dafür, daß sich Ökonomen erst über die Tatsachen einigen sollten, über deren Konsequenzen sie streiten. (DEUTSCH)

VIII. Steuern oder Inflation als Mittel der Innovationsförderung

Prof. Goldfeld hatte vorgeschlagen, eine Einkommenspolitik über das Steuersystem einzuleiten. Dies bedeutete, daß der US-Kongreß einem Gesetz zustimmen müßte, das z. B. bei einer Inflationsrate von 10 % die zusätzlichen Steuerzahlungen auf 5 % beschränkt. (ISAAK)

Mit anderen Worten: Die Gewerkschaften müßten sich mit einem 5 %igen Abschlag einverstanden erklären? (DEUTSCH)

Es müßte ein politisch akzeptierbarer Ansatz gewählt werden. Aber der zentrale Punkt wäre, das Steuersystem heranzuziehen, um positive Anreize zu geben. Worum es geht, zeigt die Analogie eines Fußballspiels. Wenn einer nach dem anderen aufstünde, um besser zu sehen, befänden sich am Ende alle in einer unbequemeren Lage ohne jeglichen Vorteil. Einkommenspolitik mit Hilfe des Steuersystems ist grundsätzlich eine Methode, die Leute davon zu überzeugen, sich hinzusetzen. (GOLDFELD)

Das gilt grundsätzlich auch für die Politik eskalierender Zinsen. (HANKEL)

Und was würde man mit dem Geldangebot machen? (AKER)

Genau das, was man auch ohne eine solche Politik getan hätte. Man verändert auch kein bißchen die aggregierte Nachfragesteuerung. Eine solche Einkommenspolitik diente nur dazu, die kurzfristigen Effekte der jeweiligen Geld- und Fiskalpolitik angenehmer zu machen. (GOLDFELD)

Haben wir nicht gesehen, daß die Einkommensverteilung innerhalb eines Landes fast strukturell ist? Durch den ein oder anderen Trick kann man die Arbeiter nicht davon überzeugen, niedrigere Löhne in Kauf zu nehmen. (AKER)

Aber was die USA gegenwärtig betreiben, ist eine restriktive Geldpolitik, die sie auch beibehalten wollen. Seit Nixon weiß man, daß es unmöglich ist, einerseits die Wirtschaft anzukurbeln und anderseits die Preise und Löhne durch Kontrollen niedrig zu halten. Zwischen beidem muß eine Konsistenz vorhanden sein. (COE)

IX. Widersprüche zwischen beiden Papieren

Beim Vergleich der beiden Papiere von Prof. Hankel und Prof. Isaak fällt auf, daß Hankel die These vertritt, Inflation fördere Innovation über die Verfügbarkeit von Krediten (Schumpeter, Wicksell), was schließlich neue Produkte und neue industrielle Führungsklassen hervorbringt. Prof. Isaak dagegen argumentiert, daß zu Zeiten inflationärer Prozesse konservative Tendenzen verstärkt werden. Irgend etwas paßt da nicht ganz zusammen. (DEUTSCH)
Die Schwierigkeit liegt im historischen Zusammenhang. Die Inflation der 70er Jahre ging einher mit fallenden Produktivitätsraten, weniger Innovationen, sinkender Investitionstätigkeit, wobei einige Länder wie Japan, Frankreich oder die Bundesrepublik Deutschland eine Ausnahme bilden. In dieser speziellen historischen Situation fielen hohe Inflationsraten und konservative Reaktionen aufgrund der allgemeinen Unsicherheit zusammen. (ISAAK)
Unsere Gesellschaft bewegt sich gegenwärtig in Richtung auf eine Sparermentalität zu, weg von einer Investorenmentalität. Die Monetaristen bestärken die Politiker darin. Die von Prof. Deutsch genannten Widersprüche liegen daher weniger in unseren Papieren als in der heutigen wirtschaftlichen Realität. Jedoch kann eine Gesellschaft mit ausschließlicher Sparermentalität nicht überleben. Das hat Prof. Isaak mit Hilfe seiner vier Typisierungen vor Augen geführt. (HANKEL)
Schließen sich diese vier Kategorien aus und unter welchen Umständen trifft die eine oder andere zu? (AKER)
Diese Kategorien sind selbstverständlich nicht erschöpfend. Wir könnten durchaus heute nachmittag noch weitere hinzufügen. Der Ansatz lag jedoch in der Weberschen Art und Weise, Typisierungen auf der Ebene des Individuums vorzunehmen, da auf dieser Ebene die vier Kategorien am eindeutigsten sind. Sowie man jedoch auf die Ebene kollektiver Entscheidungen und korporativer Strategien gelangt, sind diese Typen zwar gleichermaßen nützlich, jedoch, bedingt durch das Olsonian-Paradox, komplexer. Erreicht man

schließlich die Staatsebene, wird das Analyseniveau sehr abstrakt und die Unterscheidung von privatem und öffentlichem Interesse außerordentlich schwierig. Diese Probleme sind bedingt durch nicht antizipierte Konsequenzen der Benutzung der Kategorien auf Ebenen oberhalb der des Individuums. Dies bedeutet jedoch nicht, daß die Leute solche deskriptiven Kategorien nicht benutzten oder daß sie nicht nützlich wären.

Diese Kategorien sind Idealtypen, ähnlich David Shapiros »Neurotic Styles«, die auf Individuen, Unternehmungen oder Staaten in gewissen Zeiten in der einen oder anderen Weise dominierend zutreffen, wobei durchaus ein bestimmtes Mix der Fall sein kann. Im Laufe des Industrialisierungsprozesses kann sich eine Nation daher von einer hauptsächlich unternehmerischen Strategie zur Kategorie des »Guten Hausvaters« hinentwickeln. Während der spät- oder postindustriellen Phase ist dann ein Hineingleiten in ein Strategie-Mix möglich, das von den Kategorien des »Defätisten« oder »Trittbrettfahrers« dominiert wird. (ISAAK)

Dazu müßte man aber diese Kategorien klar abgrenzen können. (AKER)

Es liegt ein methodologisches Problem vor, wenn man gleiche Idealtypen sowohl für Individuen, Unternehmungen und Staaten anwenden will. Der richtige Schritt wäre, die psychologische Literatur über universelle menschliche Reaktionen gegenüber Unsicherheit zugrundezulegen. Ansonsten endet so etwas mit vagen, induktiven Systempaketen, die auf persönlicher Erfahrung beruhen. (HAGER)

In der ökonomischen Literatur gibt es ähnliche Kategorisierungen. So unterschied Prof. Tobin in seiner Portfolio-Theorie zwischen »risk lover«, »risk averters« etc. (GOLDFELD)

Was Prof. Isaak versucht hat, ist folgendes: Er beobachtete, was bestimmte Individuen unternommen haben, um der Inflation zu begegnen, und organisierte die Ergebnisse anhand der vier Kategorien. Dann betrachtete er Unternehmungen sowie Staaten, und ohne die innere Struktur dieser Einheiten zu kennen (black-box), konnte er doch anhand der Verteilung des Input-Output-Verhaltens Ähnlichkeiten erkennen. Das ist eine interessante Sache. Größere Systeme können sich so verhalten wie kleinere, ebenso wie sich Staaten genauso aggressiv verhalten können wie die Individuen, die sie führen. Am Beispiel Hitlers läßt sich das bis zu einem bemerkenswerten Grad aufzeigen. (DEUTSCH)

X. Schlußworte

Wir sind uns nur einig, daß es Inflation gibt, aber weder darin, woher sie kommt, noch wohin sie führt. Deswegen können wir uns auch nicht restlos darüber einigen, wie wir sie behandeln sollen.
Ich glaube, daß das Problem und seine Gefahr überschätzt werden, erstens weil wir mehr an die Möglichkeiten inflatorischer Selbstbeschleunigung als Selbstkorrektur denken und damit Schumpeters Botschaft (für deren genaue Zitierung ich Prof. Aker danke) vergessen – obwohl sie sich seitdem immer wieder bestätigt hat. Der zweite Grund liegt in unserer größeren Sensivität gegenüber dem in jeder Gesellschaft präsentem sozialen Abstieg: der Gefahr, daß man die einmal erreichte Position nicht »für immer« halten kann. (HANKEL)
Aber da liegt doch der Widerspruch: Die Inflation, die Fortschritt bringen soll, bringt Rückschritt. (DEUTSCH)
Richtig, weil ein Gruppen- gegen ein Gesamt-Interesse steht. Weil Sparer-Interesse über Investoren-Interesse geht, weil, wenn niemand mehr etwas verlieren will, keine Anpassung (die Verzichte ein-, nicht ausschließt) mehr möglich ist. Nur, das Paradoxe ist, daß gerade dadurch Inflation entsteht und verstärkt wird. Die Investoren müssen die Sparer überlisten, also kalkulieren sie deren (zu) hohe Sparzinsen in ihre Preise ein, was nur den stärksten unter ihnen gelingt – mit der Folge wachsender Oligopolisierung. Die ihre Real-Löhne verteidigenden Gewerkschaften werden entweder mit noch höheren Inflations- oder noch höheren Arbeitslosenraten (oder beidem) konfrontiert. Das die Inflation ablehnende System ist überdeterminiert, es kann das erstrebte (Verteilungs)Gleichgewicht weder halten noch erreichen.
Und das wegen einer exogenen Bedingung, auf die keine nationale Stabilisierungspolitik Einfluß nehmen kann: das exterritoriale Geld- und Kreditangebot. Die imperfekte Geldverfassung erlaubt den imperfekten (oligopolistischen) Marktverfassungen buchstäblich alles, was nationale Regierungen gerne verboten sehen: Inflation und Monopolisierung.
Das einzige was die Preis- und Beschäftigungsmacht der Monopole beschneiden würde, wäre mehr Wettbewerb durch höhere Produktivität.
Nur wenn es gelänge, den Prozeß, der bisher von weniger Wettbewerb zu mehr Monopol geführt hat, wieder umzudrehen, so daß über den monopolistischen Wettbewerb auch wieder mehr Angebots- und

Preisdruck möglich wird, läßt sich das Übel steuern. Deswegen glaube ich, daß es langfristig besser ist, der Inflation die Chance zu lassen, sich über die Verbesserung der Real-Bedingungen wieder selbst zu korrigieren als sie über wettbewerbsfeindliche (und insoweit auch antimarktwirtschaftliche) Stabilisierungspolitik zu bekämpfen, die die Stagflation nur verschärft. (HANKEL)

Mein Urteil geht in dieselbe Richtung. Natürlich beschreiben meine Typen und ihre typischen Antiinflationsreaktionen nur ein denkbares Verhalten, doch die Frage ist, ob dieses Verhalten durch Fakten gedeckt ist oder nicht. Und ebenso natürlich sind diese Kategorien und ihre denkbaren Kombinationen auf Situationen wachsender Unsicherheit bezogen, und die Frage ist nicht, ob sie dafür brauchbar sind, sondern ob sie für solche Analysen gebraucht werden, und zwar mit nachweislich besserem Resultat als andere.

Prof. Hagers Einwand, daß diese Kategorisierung vielleicht etwas mit dem allgemeinen Problem der Unsicherheit, aber nicht unbedingt mit dem speziellen der Inflation zu tun habe, trifft nicht den Punkt. Jeder Wissenschaftler muß sich für *ein* Konzept entscheiden und es testen, sonst geht er wie der Esel des Buridan zwischen zwei Heuhaufen, zwischen denen er sich nicht entscheiden kann, zugrunde. Inflation ist ein komplexes Problem. Viel zu komplex, um es Ökonomen, Politologen oder gar Politikern allein zu überlassen. Es geht alle an, die tagtäglich mit einem Portemonnaie voller Geldscheine herumlaufen. (ISAAK)

Ich habe aus dieser Konferenz einiges für mich gelernt. Ich danke denen, die uns mit ihren Papieren eine so lebhafte und menschliche Diskussion ermöglichten, gleichzeitig allen, die daran teilnahmen. (DEUTSCH)

E. Bedeutsame Veröffentlichungen auf dem Gebiet der Inflation

Aliber, R. Z. (Hrsg.): National Monetary Policies and the International Financial System, University of Chicago Press, Chicago und London 1974

Bach, George: The New Inflation: Causes, Effects, Cures, Brown University Press, Providence 1972

Bach, G. L. und Stephenson, James B.: Inflation and the Redistribution of Wealth, in Review of Economic and Statistics, Vo. 56, Februar 1974, S. 1–13

Becker, Gary: A Theory of the Allocation of Time, in Economic Journal, September 1965

Block, Fred. L.: The Origins of International Economic Disorder: A Study of United States International Monetary Policy from World War II to the Present, University of California Press, Berkeley/California 1977

Brandt, Willy u. a.: North-South: A Programme for Survival, The MIT Press, Cambridge/Mass. 1980

Branson, W. H.: Macroeconomic Theory, The Macmillan Comp., New York 1972

Brillembourg, Arturo: The Dynamics of Inflation: Forward Contracts and Money, in IMF Staff Papers, Vol. 26, Nr. 24, Dezember 1979

Bronfenbrenner, M: Elements of Stagflation Theory, ZfN, 1976, 36 (1–2), S. 1–8

Bronfenbrenner, M. und Holzman, F. D.: A Survey of Inflation, in AER, Vol. 53 (4) S. 593–661

Cairncross, Alec: Inflation, Growth and International Finance, George Allen and Unwin, London 1975

Claassen, E.-M.: Weltinflation, München 1978

Claassen, E.-M. (Hrsg.): Kompendium der Währungstheorie, München 1977

Claassen, E.-M.: Zins und Inflation: Bemerkungen zu einer Synthese der Wicksellschen und Fisherschen Inflationstheorie, in: Zeitschrift für Nationalökonomie, 34 (1974)

Celio, N. (Hrsg.): Inflationsbekämpfung unter veränderten wirtschaftlichen und sozialen Bedingungen, Bern-Stuttgart 1976

Cohen, Benjamin: Organizing the World's Money: The Political Economy of International Monetary Relations, Basic Books, New York 1977

Dahrendorf, Ralf: Lebenschancen, Suhrkamp Verlag, Frankfurt 1979

Davenport, John, A.: A Testing Time for Monetarism, in: Fortune, 6. Oktober 1980, S. 42–28

Deutsch, Karl: Limited Growth and Continuing Inequality; Some World Political Effects, in Tides Among Nations, Kapitel 17, The Free Press, New York 1979, S. 315–327

Ehrlicher, W. und Becker, W. D. (Hrsg.): Die Monetarismus-Kontroverse. Eine Zwischenbilanz, in: Beihefte zu Kredit und Kapital, Heft 4, Berlin 1978

Fautz, W.: Verteilungskampfhypothesen der Inflation. Eine kritische Übersicht, in: Schweizerische Zeitschrift für Volkswirtschaft und Statistik, 114 (1978)

Friedman, M. (Hrsg.): Studies in the Quantity Theory of Money, University of Chicago Press, Chicago 1956

Friedman, Milton: Unemployment versus Inflation?: An Evaluation of the Phillips Curve, in Occasional Paper 44 of the Institute of Economic Affairs, London 1975

Frisch, H.: Neue Inflationstheorie, Vandenhoeck and Ruprecht, Goettingen 1980

Frisch, H.: Inflation Theory 1963–1975: A »Second Generation« Survey, in Journal of Economic Literatur XV 4, Dezember 1977

Gordon, W. M.: Inflation, Exchange Rates and the World Economy: Lectures on International Monetary Econmics, University of Chicago Press, Chicago 1977

Haberler, Gottfried: Two Essays on the Future of the International Monetary Order, in Economic Quarterly Review, Nummer 7, Juni 1974

Hicks, J. R.: The Crisis in Keynesian Economics, Blackwell, Oxford 1974

Hirsch, Fred und Goldthorpe, John: The Political Econmomy of Inflation, Harvard University Press, Cambridge/Mass. 1978

Hirsch, Fred: Social Limits to Growth, Routledge Kegan Paul, London 1978

Isaak, Robert, A.: European Politics: Political Economy and Policy Making in Western Democracy, St. Martins Press, New York 1980

Johnson, H. G.: Inflation and the Monetary Controversy, Amsterdam 1972

Johnson, H. G.: Secular Inflation and the International Monetary System, in JMCB, Vol. 5 (I), S. 509–520

Jones, Aubrey: The New Inflation: The Politics of Prices and Incomes, André Deutsch, London 1973

Katzenstein, Peter, J.: Capitalism in One Country?: Switzerland in the International Economy, in International Organization, Vol. 34, Nr. 4, Herbst 1980, S. 507–540

Keohane, Robert, O.: The International Politics of Inflation, Paper prepared for the Brooking Project on the Politics and Sociology of Global Inflation, (mimeographed), September 1978

Keynes, J. M.: A Treatise on Money, Vol. II, The Applied Theory of Money, Macmillan, London 1930

Keynes, J. M.: The General Theory of Employment, Interest and Money, Macmillan, London 1936

Keynes, J. M.: How to Pay for the War, in The Collected Writings of John Maynard Keynes, Vol. IX, Essays in Persuasion, The Macmillan Press Ltd., London und Basingstoke 1972

Khan, Mohsin: Inflation and International Reserves: A Time-Series Analysis, in IMF Staff Perpers, Vol. 26, Nr. 24, Dezember 1979

Klaus, J. (unter Mitarbeit von N. Müller): Inflationstheorie, Darmstadt 1974

Kleinewefers, H.: Inflation und Inflationsbekämpfung in der Schweiz, Frauenfeld 1976

Krause, Lawrence und Salant, Walter S. (Hrsg.): Worldwide Inflation: Theory and Recent Experience, The Brookings Institute, Washington D. C. 1977

Laidler, D. W.: Essays on Money and Inflation, Manchester U. P. and Chicago U. P., Manchester und Chicago 1975

Laidler, D. und Parkin, M.: Inflation: A Survey, in The Economic Journal, 85, Dezember 1975, S. 709–809

Lal, Depak: Unemployment and Wage Inflation in Industrial Economies, OECD, Paris 1977

Levinson, Charles: Capital, Inflation and the Multinationals, George Allen and Unwin Ltd., London 1971

Linder, Staffan Burenstam: The Harriet Leisure Class, Columbia University Press, New York 1970

Lohr, Steve: Making it in 1980: Inflation Rewrites Rules, in The New York Times National Recruitment Survey, 12. Oktober 1980, S. 5 ff.

Lundberg, E.: (Hrsg.): Inflationtheory and Anti-Inflation Policy, The Macmillan Press Ltd., London und Basingstoke 1977

Maital, S.: Inflation, Taxation and Equity in EJ, March 1972, 82 (325), S. 159–167

Maneval, H.: Die Phillips-Kurve. Empirische, theoretische und wirtschaftspolitische Aspekte, Tübingen 1973

Müller, N.: Anspruchsverhalten sozialer Gruppen und Inflation, Köln 1976

Mundell, R. A.: Monetary Theory: Inflation, Interest and Growth in the World Economy, Goodyear Publishing Comp., Pacific Palisades, Calif. 1971

Newlyn, W. T. und Bootle, R. P.: Theory of Money, Clarendon Press, Oxford 1978

O'Brien, D. P.: The Classical Economists, Clarendon Press, Oxford 1975

OECD: Economic Outlook 26, Dezember 1979, Paris 1979

OECD: United States: OECD Economic Survey, August 1980, Paris 1980

Okun, Arthur: Fowler, Henry und Gilber, Milton: Inflation: The Problems it Creates and the Policies it Requires, New York University Press, New York 1970

Okun, Arthur und Perry, George (Hrsg.): Curing Chronic Inflation, The Brookings Institute, Washington D. C. 1978

Phillips, A. W.: The Relationship between Unemployment and the Rate of Change on Money Wage Rates in the U. K. 1861–1957, in Economica (NS), Vol. 25 (100) S. 283–299

Pütz, T. (Hrsg.): Studien zum Inflationsproblem, Berlin 1975

Rahmann, B.: Inflation, Arbeitslosigkeit und Einkommensverteilung in der Bundesrepublik Deutschland 1960–1976, in: Kredit und Kapital 10 (1977)

Rocard, Michel und Gallus, Jacques: L'Inflation au Coeur, Gallienard, Paris 1975

Schumpeter, Joseph, A.: Kapitalismus, Sozialismus und Demokratie, Leo Lehnen Verlag GmbH, München 1950

Schumpeter, J. A.: The Theory of Economic Development, Cambridge/Mass. 1955

Siebke, J.-Willms, M.: Zinsniveau, Geldpolitik und Inflation, in: Kredit und Kapital, 5 (1972)

Steinmann, Gunter: Inflationstheorie, Paderborn 1979

Streißler, E. – Beinsen, L. – Schleicher, St. – Suppanz, H.: Zur Relativierung des Zieles der Geldwertstabilität, Göttingen 1976

Streißler, E.: Die schleichende Inflation als Phänomen der Politischen Ökonomie, Basler Wirtschaftswissenschaftliche Vorträge, Zürich 1973

Trevithick, J. A.: Keynes, Inflation and Money Illusion, EJ, March 1975, 85 (337), S. 101–113

Trevithick, James, A: Inflation, Penguin Books Ltd, Middlesex 1977

Weber, Max: The Methodology of the Social Sciences, in Shils, E. A. und Finch, H. A., The Free Press, New York 1949

Weber, Max: Economy and Society, Bedminster Press, New York 1968

Weintraub, Sidney: Capitalism's Inflation and Unemployment Crisis, Addison-Wesley Publishing Co. Reading/Mass. 1978

Wicksell, Knut: Geldzins und Güterpreise (berichtigter Nachdruck der Ausgabe Jena 1898) Aalen 1968

Williams, Charles: Runaway Inflation: The Onset, Theodor Gaus' Sons, New York 1972

Willms, M.: Monetäre Zwischenziele europäischer Zentralbanken, in: Wirtschaftsdienst 58 (1978)

Willms, M.: Der Inflationsprozeß in der Bundesrepublik und die Geldpolitik der Bundesbank, in: Cassel, D. – Gutmann, G. – Thieme, H.J. (Hrsg.): 25 Jahre Marktwirtschaft in der Bundesrepublik Deutschland, Stuttgart 1972

Woll, A. (Hrsg.): Inflation: Definitionen, Ursachen, Wirkungen und Bekämpfungsmöglichkeiten, München 1979

Woll, A. – Faulwasser, B. – Ramb, B.-Th.: Beschäftigung, Geld und Preisniveaustabilität. Empirische Untersuchungen zum Inflationsproblem, Opladen 1977

Ziercke, M.: Die redistributiven Wirkungen von Inflationen, Göttingen 1970